前橋歴史断簡

知られざる13の謎に挑む

はじめに

私は歴史の専門家ではありません。歴史を体系的に学んだことはなく、いわば素人であり、自称「にわか郷土史家」です。個人的に関心を持った、あるいは疑問をもった事柄を調べてきました。それらの多くは、これまで注目されてこなかった事柄です。本書の内容のほとんどは誰も書いていませんので、本書で初めて知る内容かと推測します。

私が前橋の歴史に関心をもつようになったのは３人の先人によります。

最初のきっかけは萩原朔太郎です。朔太郎が短歌や詩に詠い、評論の文章に残し、写真を撮影した前橋の１１１カ所の足跡を２００２年ごろから調べ始めました。朔太郎を案内人にして明治・大正・昭和の前橋の歴史を知ることになりました。これらの調査の蓄積は、特定非営利活動法人波宜亭倶楽部《はぎていくらぶ》の有志の執筆によって『朔太郎と前橋』（前橋文学館発行、２００９年。現在は絶版）という形になりました。

２人目は安井与左衛門政章《やすいよざえもんまさあき》です。名前を知ったのは前橋市中央児童遊園（るなぱあく）にある安井与左衛門功績碑を見てからです。江戸時代末期に前橋に赴任した与左衛門は、１５０年以上続いた利根川による前橋城などへの浸食（川欠《かわかけ》）をくい止めます。当時の、そして現在につながる前橋の恩人と言えます。与左衛門については、２０１３年から「群馬県医師会報」や『前橋風・創刊号―再考・前橋城―』（特定非営利活動法人まやはし、２０１５年）に書いてきました。

３人目は酒井忠清《さかいただきよ》です。利根川の川欠を調べていくと必然的に江戸時代初期に遡ります。藩主が酒井氏の時代です。第４代前橋藩主の酒井忠清は「下馬将軍《げばしょうぐん》」と呼ばれました。多くの書物で専制政治家として書かれ、当初は私もそう思っていました。しかし、江戸にいる忠清から前橋の家老たちに宛てた書状を勉強するうち、従来の忠清像はちょっと違うのではないか、と思うようになりました。忠清の書状は県内の研究者の方々のご協力も得て『前橋風・第3号—酒井忠清申渡状109通の翻刻』（特定非営利活動法人まやはし、2019年）として出版されました。

この3人のことに限らず、調べたことを折々に発表してきました。本書の半数は既発表の原稿の中から選びました。大きく手を加えたため初出時とは趣が変わっている原稿もあります。残りの半数は未発表原稿です。

本書は、私が疑問を持ち、自分なりに調べてみて得られた到達点です。しかし、まだまだ課題が残りました。多くは未解決のままです。一つの事柄を追求していくと疑問が出てきて、それを掘り下げると更に疑問が出てくる、という繰り返しです。その点では、本書は調査の中間報告です。未解決の課題および本書の誤りについて、御教示をお願いする次第です。

本書出版の意図は、前橋の歴史を調べるおもしろさを少しでも感じていただきたいためです。調べることは簡単ではありませんが、新しい知見を見つけたときは、ちょっとした感動があるものです。そして、歴史の知識が増えると、その分、物の見方も変わってきます。前橋の景色を見ても、それまでとは違った景色が見えるはずです。それは、郷土史を学ぶ際のささやかな楽しみです。

目次

1

地名「前橋」の由来は何か

1　はじめに

「前橋」の漢字を初めて使用したのは豊臣秀吉です。でも、前橋の名づけ親は秀吉ではありません。誰が前橋の名づけ親か、あるいは、どうして前橋という名前になったのか、はたまた、いつから前橋と呼ばれていたのか。調べてみましたが、これが意外と込み入っています。

前橋の地名に関する通説は次の3つに要約できます。(1)、(2)

A　前橋の古名は厩橋《まやはし》である

B　厩橋が前橋に替わったのは、前橋藩主酒井忠清《ただきよ》の代のころ（1650年頃）である

C　厩橋の由来は、東山道《とうさんどう》（畿内から東国への伝令道路）の群馬駅《くるまのうまや》近くの橋を厩橋《うまやばし》と呼んだことによる。（駅は伝令の休憩・宿泊施設であり、伝令が使う馬を飼う厩があった。群馬県内には五つの駅があり、群馬駅は群馬県庁付近にあったと推定される）

これら3つはほぼ確定しているためか、近年は本格的な検討がなされていません。本稿では、現在集めうる史料から通説の根拠と問題点を整理します。なお、文中の仮名の「まやはし」は「まやばし」、「まへはし」は「まえばし」と発音したと考えられます。

2　「前橋の古名は厩橋」

前橋の地名に関する延宝《えんぽう》7年（1679）までの一次史料をまとめた結果が図1です。(3)〜(69)「●」印は1

	西暦	厩橋	前橋	まやはし	まへはし
	1520				
	1525	●		●	●
	1530				
	～～				
	1550	●			●
	1555	●●			
	1560	●●●●			
	1565	●●●●●●		●	
	1670	●●●●●			
戦	1675	●●●			
国	1580	●●●●●●		●●	
時	1585	●●●	●		
代	1590	●●●●	●▲		
↓	1595	●●			●
↑	1600	●●●			▲
江	1605				
戸	1610				
時	1615				
代	1620			●●●●	
	1625				
	1630	●▲	●▲		
	1635	●			
	1640	●			
	1645	●	●		
	1650		●		
	1655		●●		
	1660		●●		
	1665		●●●		
	1670		●●●		
	1675		●●		

図１　地名「前橋」の推移

年は５年間を示す。例えば「1550」は1550年～1554年。延宝７年（1679）までの史料を記載。●は１史料。ただし、同一人物・同一家族での同じ年の史料は複数あっても１史料とした。▲の史料の年代は推定で記載したもの。

つの史料を示します。同一人物・同一家族で同じ年に複数の史料があった場合も1史料としています。江戸時代初期は一般的にも史料が少ない関係で、図1でもその期間は少なくなっています。なお、本稿での「戦国時代」は安土桃山時代を含めています。

史料上では、前橋の地名に関する語句が出てくるのは大永《だいえい》7年（1527）の「厩橋」(3)が最初です。それ以前にはありません。

以下、通説のAから順に述べます。

(1)漢字の「厩橋」と「前橋」

図1を概観すると、漢字では、1527年から「厩橋」が見られ、天正《てんしょう》17年（1589）に「前橋」が出て来る(41)までは「厩橋」のみです。天正17年からは「厩橋」と「前橋」が混在しながら推移し、慶安《けいあん》2年（1649）(62)以降は「前橋」のみになっていきます。このことから、「厩橋」から「前橋」に変わったと言えます。

図1は群馬県外も含む全史料ですが、前橋市域の史料に限っても同じ傾向があります。1500年前後の厩橋長野《ながの》氏から天正18年（1590）(46)の平岩親吉《ひらいわちかよし》（徳川家康の家臣）までは一貫して「厩橋」を使用しています。そして、酒井氏が慶長《けいちょう》6年（1601）に藩主になってから少し変わっていきます。多くの場合は「厩橋」が使われているのですが、前橋藩酒井家第2代藩主の忠世《ただよ》のときは「前橋」と「厩橋」が混在し、第4代の忠清の代の慶安2年（1649）以降は「前橋」だけが使用されるようになります。（表1。詳細は後述）。

表１　酒井家歴代での前橋の呼称

藩主	在位	藩主本人	幕府	その他
重忠	1601～1617		厩橋	厩橋、(前橋)
忠世	1617～1636	まや橋、まやはし、前橋	厩橋	厩橋、(前橋、まへはし)
忠行	1636			
忠清	1637～1681	厩橋、前橋	前橋	厩橋、前橋
忠挙	1681～1714	前橋	前橋	前橋、まや橋

括弧は正確な年代が特定できない史料での表記。
空白は不明。

これらの結果は、江戸時代の2つの書物の記述と一致します。貞享《じょうきょう》元年（1684）の『前橋風土記《まえばしふどき》』[70]に「前橋は古くは厩橋と曰《い》う」とあり、1700年代後半の『直泰夜話《なおやすやわ》』[71]にも「前橋は往古は厩橋と申し候《そうろう》」とあります。『前橋風土記』にはいつから厩橋と呼ばれたかは記されていませんが、『直泰夜話』には先の文に続いて「平岩殿など在城の頃は、利根川細くて、厩郭《うまやくるわ》より利根川に橋を架けて、古市《ふるいち》村の方へ往来有りし故《ゆえ》、厩橋と申し候《そうろう》」とあり、平岩親吉在城のころに厩郭に因んで厩橋となったとしています。しかし、近年では『直泰夜話』のこの一節は否定されています。

なお、「馬屋橋」[72]が1回、「前林」[73]が2回、史料に出てきます。興味を引く言葉ですが、少数であることや前橋の地名の議論には登場しないため、今回は割愛しました。

「前橋の古名は厩橋」と言う際には「古名」の意味が問題です。「古名」を、古くからの、以前からの、という意味で使用するのは誤解を招きます。厳密な意味では、「古名」でなく「旧名」、「前名」が正しいでしょう。１５２７年以前の史料には「厩橋」が無いからです。「前橋の直前の名称は厩橋」とは言えますが、「前橋の古くからの名称は厩橋」とは言えません。

(2)仮名《かな》の「まやはし」と「まへはし」

漢字は「厩橋」から「前橋」になっていますが、仮名はどうでしょうか。なお、「うまやはし」は史料には一切出て来ません。

「厩橋」の仮名は「まやはし」であるとする従来の論拠の一つは、永禄《えいろく》8年（１５６５）の『長楽寺《ちょうらくじ》永禄日記』(15)です。ここには、「厩橋」、「厩ハシ」、「マヤ橋」の3種の表記があります。よって「厩橋」の仮名は「まやはし」です。また、酒井家第2代藩主の酒井忠世の元和《げんな》6年（１６２０）前後の書状(55)に「まやはし」、「まや橋」とあることも根拠でした。これらのことから、前橋の漢字は「厩橋」、仮名は「まやはし」とされてきました。

実は、この2史料よりも古い史料が2つあります。中世の上野国《こうずけのくに》の状況などを論ずる際には引用されるのですが、前橋の地名に関連付けて論及されることはありませんでした。この2史料には、前橋の地名の基本的な問題が集約されています。

①大永7年（1527）12月16日「長尾顕景《ながおあきかげ》書状(3)」

前橋の地名が史料上で初めて登場するのは、１５２７年の「長尾顕景書状」に出てくる「厩橋宮内《くないの》大輔《たいふ》」という人物名です。厩橋（厩橋城。県庁付近）に拠点を持ち、宮内大輔という官職名を称した人物を指します。この人物が誰であるかは諸説あるのですが、厩橋長野氏であることは確かです。箕輪《みのわ》城《じょう》を拠点とした箕輪長野氏の同族です。1527年には前橋の地域を厩橋長野氏が支配していました。厩橋長野氏の勢力増大に伴って「厩橋」の地名が世に知られるようになりました。

この文書にルビはありませんが、別の2つの史料から「厩橋」の仮名が分かります。1つは、先の「長尾顕景書状」と一連の書状である「徳雲軒性福条書写」(4)に「まやはし」とあります。この史料は「写し」ですが、原史料の写真があり「まやはし殿」と記されています。内容から「まやはし殿」とは厩橋宮内大輔です。徳雲軒は総社《そうじゃ》（前橋市総社町）の長尾顕景の家臣とされています。前橋市域の北西部の総社では「厩橋」の仮名は「まやはし」でした。

2つ目は、1510年～1560年と推定される、和歌山県熊野那智大社実報院の『諸国旦那之大帳』(5)です。「上野国のまへはし殿は、名字は長野と名乗られているが、石上《いそのかみ》である」（原文：上野国まへはし殿、字ハなかのと御なのり候へとも、いその上也）とあります。「まへはし殿」は厩橋長野氏のことですので、「厩橋」の仮名は「まへはし」となります。

2史料とも同じ厩橋長野氏を指しているのですが、仮名は「まやはし」と「まへはし」の2通りあります。「まやはし」は地元前橋の総社町、「まへはし」は和歌山県、と地理的な違いがあります。前橋市域では「まやはし」だったと言ってもよいのですが、単純に断定できないのは次の史料があるためです。

②天文《てんぶん》21年（1552）5月の「仁王経科註見聞私」の奥書[6]

「仁王経科註見聞私」は、山梨県身延山久遠寺《くおんじ》の日叙《にちじょ》が30歳のときに、今の伊勢崎市の満善寺《まんぜんじ》での修行（経の書写）の際に書いたものです。原史料の写真では漢字の「厩橋」に片仮名で「マヘハシ」とルビがふってあります。ルビは後世に加筆される場合もありますが、ここでの「厩橋《マヘハシ》」の文字の左右の行間の幅からは当時に書かれたものに見えます。また、「厩橋《マヘハシ》」の前後に書かれている地名は全て片仮名表記になっています。よって、「マヘハシ」のルビは日叙自身が記したと考えられます。

問題は書かれた場所が伊勢崎市だった点です。伊勢崎市は前橋の南西に隣接します。日叙が「まへはし」とした理由としては、日叙の出身地（未確認）や山梨県での呼び方が「まへはし」だった可能性もありますが、伊勢崎市域で「まへはし」だったためと考えるのが妥当でしょう。そうならば、和歌山県の実報院の『諸国旦那之大帳』の「まへはし」とは意味合いが違ってきます。前橋市域の南東部で「まへはし」だったからです。

いずれにしても、伊勢崎市や和歌山県では「まへはし」でした。「厩橋」は単純に「まやはし」ではないのです。「まやはし」と「まへはし」の2種類の仮名の存在は、地域ごとの発音や方言が関係しているのかもしれません。あるいは「厩橋」は「まやはし」とも「まへはし」とも読んだのかもしれません。これは後述します。

3　「厩橋」が「前橋」に変わったのは、酒井忠清の代のとき

⑴「前橋」に変わったのはいつか

表1は前橋藩酒井雅楽頭《うたのかみ》家の江戸時代前期の藩主（重忠《しげただ》－忠世－忠行《ただゆき》－忠清－忠挙《ただたか》）の代ごとの前橋の呼称です。藩主本人、幕府、その他の3種に分けて記してあります。

重忠が「厩橋」と書いた史料はありませんが、寛永18～20年（1641～1643）に幕府が編纂した『寛永諸家系図伝《かんえいしょかけいずでん》』(59)（以下『寛永系図』）には「厩橋城領」とあり、他の史料(51)～(53)でも「厩橋」です。

忠世の代では、先述しました通り、元和6年（1620）前後の忠世の書状(55)では「まやはし」(56)、「まや橋」と書いていますし、他の史料(57)でも「厩橋」です。ただし、これまで紹介されたことのない史料では「前橋」を使用していることが分かりました。

重忠や忠世と同じ年代と推定される史料には「まへはし」(54)や「前橋」(58)もありますが、年代が特定できないため、図1では「▲」印で示しました。

忠行についても『寛永系図』に「家督賜《かとくたまわる》」とだけあって所領名がなく、他の史料でも不明です。

忠清については『寛永系図』では所領名は書かれずに「家督賜」だけになっています。寛永14年（1637）の史料(60)では「厩橋」、正保《しょうほう》2年（1645）9月27日の史料(61)でも「厩橋侍従《じじゅう》酒井河内守《かわちのかみ》源《みなもと》忠清」とありますが、慶安2年（1649）1月17日の寄進状(62)には「前橋侍従源朝臣《あそん》酒井河内守忠清」となっています。厩橋から前橋に変わっています。そして、忠清が家老たちに宛てた明暦《めいれき》3年（1657）以降の申渡状《もうしわたしじょう》109通(64)の中に12回出て来る前橋の呼称はすべて「前橋」です。また、幕

府から忠清に宛てた承応《じょうおう》2年（1653）以降の老中連署奉書《ろうじゅうれんしょほうしょ》[63][65][67][69]（老中が連名で出す幕府の公文書）でもすべて「前橋」が使われています。更に、前橋藩領であった伊勢崎市域の2つの村の寛文《かんぶん》7年（1667）[66]と延宝《えんぽう》2年（1674）[68]、前橋市域の1つの村の延宝8年（1680）[74]、の合計3村の名主の書状でも「前橋」となっています。つまり、慶安2年以降は藩主忠清自身も、江戸幕府も、そして前橋藩領の村の名主も「前橋」を使用していたのです。

　忠清の息子の忠挙の代では忠挙自身[75]も幕府[76]も名主[77]も「前橋」を使用しています。忠挙が編纂を命じた風土記の名称も『前橋風土記』です。

　以上のことから、「厩橋」から「前橋」に変わったのは、正保2年（1645）9月から慶安2年（1649）1月の間です。

　「前橋」に変わった時期が書かれている史料は、『直泰夜話』と前橋市の妙安寺《みょうあんじ》の『妙安寺一谷山記録・寺宝』[78]の2つです。ただし、2史料とも酒井氏が前橋から姫路に移った寛延《かんえん》2年（1749）以降に書かれた回顧的記述です。『直泰夜話』には「咸休院《かんきゅういん》様（忠挙）の御代のとき、幕府へ御届けになって前橋と文字を改められた」（原文：咸休院様御代、公儀へ御届け有りて前橋と文字を御改め遊ばされ候）とあります。しかし、忠清のときに既に公儀（幕府）からの老中連署奉書で「前橋」になっていることから、「改め」たのは忠挙の代ではなく忠清の代であったことは明らかです。また、『妙安寺一谷山記録・寺宝』には注記で「慶安年中の頃より前橋と改り申し候」とあります。「慶安年中の頃」と漠然とした書き方ですので正確には不明ですが慶安前後だったのでしょう。

　ともあれ、『直泰夜話』も『妙安寺一谷山記録・寺宝』も「前橋」へ「改め」、「改り」とあります。

改める際、忠清は全く別な地名に改名することもできたはずです。が「前橋」にしました。忠清はたまたま「前橋」を思いついたのでしょうか。そうではないでしょう。おそらく「前橋」あるいは「まへはし」が既にあったことを知っていたのでしょう。「厩橋」と「前橋」が併存していた中で、「前橋」を選んだと考えられます。

「前橋」に改名した理由は不明です。何らかの出来事が契機になったとすれば、正保2年9月から慶安2年1月の期間内では3つの可能性が推測されます。1つは、正保3年（1646）8月に忠清が前橋に帰国した際です。何らかの理由でこのタイミングで変更したのか。2つ目は、正保5（1648）年2月15日の改元のときです。正保の発音は「焼亡」に似ていて不吉、などの理由で、[79]慶安に改元されました。改元に合わせて地名を変えたのか。3つ目は、慶安元年3月7日に嫡子《ちゃくし》（長男）の忠明（忠挙）が誕生したことです。慶事を祝っての地名変更か。

⑵「前橋」の仮名表記

「前橋」の仮名表記の史料については、忠清の代のものは今のところ見つけ得ていません。

忠挙の代の仮名表記は、柳沢吉保《よしやす》の側室・正親町町子《おおぎまちまちこ》の『松陰日記《まつかげにっき》』[80]にあります。元禄《げんろく》10年（1697）〜宝永《ほうえい》3年（1706）の記述の中に、忠挙のことを「まや橋の侍従」、「まや橋の少将」と記しています。この日記は町子が1人で書いたのではなく、吉保も関わっていたといいます。柳沢吉保は将軍徳川綱吉《つなよし》の側用人《そばようにん》という立場であり、かつ、忠挙の娘槌姫《つちひめ》が吉保の嫡男吉里《よしさと》に嫁いでいます。ならば、忠挙の領地が「前橋」であることは当然知っています。その上で仮名表記を「まや橋」としています。ということは「前橋」の仮名は「まやはし」だったと考えられます。

忠清が「まへはし」に決めたなら、忠挙も「まへはし」にしたでしょう。忠挙の代に「まやはし」となっているということは、忠清の代も「まやはし」だったことを示唆します。ただし、忠清が公に「まへはし」と決めたとしても、慣れ親しんだ呼び方はすぐには変わらないために「まやはし」となっているのかもしれません。

仮名が「まやはし」から「まへはし」に変わった時期を今回は確認できませんでした。

4　厩橋の由来は、東山道の群馬駅《くるまのうまや》近くの橋を厩橋《うまやばし》と呼んだことによる

(1)通説の確認

通説では「厩橋《まやはし》から前橋《まへはし》に変わった」とされています。そして、漢字の「厩橋」と仮名の「まやはし」に注目し、地名の由来を「厩《うまや》の橋《はし》」であるとします。更に、「厩」とは、奈良時代から平安時代（700~800年代）にあった東山道駅路の国府《こくふ》ルートの群馬駅《くるまのうまや》あるいは駅の厩であるといいます。群馬駅は現在の県庁付近にあったとされます。国府ルートとは、国府（元総社小学校の地にあったことが有力）を経由する伝令道路です。当時の利根川は現在の桃ノ木川《もものきがわ》~広瀬川流域を流れていて、現在の元総社小学校と県庁とは地続きでした。群馬駅（県庁付近）近くには西方の榛名山麓からの川か利根川（現広瀬川）から引いた川が流れていて、駅《うまや》の近くに架かった橋を厩橋《うまやばし》と呼んだ、としています。この通説では、仮名は「うまやはし」→「まやはし」→「まへはし」と変化したとされます。

⑵通説の問題点

①1527年以前に「厩橋」の文献がないこと

通説の「厩橋の語源は、奈良～平安時代800年前後にあった、東山道の群馬駅近くの橋」とした場合、そこから戦国時代1527年までには700年間の空白期間があり、連続性が確認できていません。史料がないのにもかかわらず、1527年の「厩橋」と700年前の駅とを単純に結び付けてよいのでしょうか。仮に、1527年以前の史料に「厩橋」とは別な地名が出てくれば、「駅の橋」由来説は根本から崩れることになります。ただし、1527年以前の史料に厩橋が出てこない理由として、厩橋は群馬駅近くにあったものの小集落で小字《こあざ》などの狭い地域だったため史料には出なかった、という可能性はあります。

1527年以前の史料に「厩橋」がないことを単純に考えるなら、それ以前には厩橋の地名は無かったということです。「厩橋」は戦国時代になって新たに命名されたと考えることも十分可能です。

②「厩橋」の仮名は「まへはし」もあった

従来の通説では、「厩橋」の仮名として「まやはし」だけが紹介され、「まへはし」もあったことは全く指摘されてきませんでした。仮名の「まへはし」は、地名の由来を考える際には重要です。

従来の地名の検討では、漢字を優先させてきたきらいがあります。しかし、一般的には、地名の漢字は要注意です。身近な例では、群馬《くるま》の語源は、決して「馬が群れている良馬の産地」から命名されたのではありません。仮名の「くるま」が語源であり、群馬の漢字は当て字のようです[81]。当て字から語源を

表２　地名の由来

	地名の由来	命名時期	古名	奈良時代	戦国時代
通説	厩の橋	奈良時代	？	まやはし＜厩の橋＞	まやはし・厩橋
仮説1 古名	崖地の谷の端	奈良時代以前	むまやはし＜崖地の谷の端＞	まやはし	まやはし・厩橋
	前方の橋	奈良時代以前	まへはし＜前方の橋＞	まへはし	まへはし・厩橋
仮説2 新地名	前方の端	戦国時代	—	—	まへはし・厩橋＜前方の端＞
	昔の橋	戦国時代	—	—	まへはし・厩橋＜昔の橋＞

〈　〉は推定される語源。

考えるのは明らかに誤りです。その一般論から言えば、「厩」や「橋」からではなく、「まやはし」や「まへはし」から由来を考えるべきでしょう。仮名の「まやはし」や「まへはし」に「厩橋」の漢字を当てただけかもしれません。

③群馬駅が県庁付近にあった証拠がない

史料上でも考古学的にも、県庁付近に群馬駅があったという十分な証拠はまだありません。発掘調査[82]で、県庁敷地内に古代の公共施設があったことは推測されていますが、あくまで推測のレベルです。

5　地名の由来を考える

以上の検討を踏まえて、地名の由来を推論してみましょう（表2）。

(1)仮説1：古名の可能性

「厩橋」が奈良時代に名付けられたとした場合、それ以前に今の県庁付近に地名はなかったのでしょうか。地名は地形の特徴に由来する場合が多いものです。地形に特徴のない大草原の中やランドマークとなるような物が無い場所であれば地名が無くて当然です。しかし、今の県庁付近には古墳があった可能性が高く、旧利根川（現在の桃ノ木川～広瀬川）の渕に近く、かつ、群馬郡《くるまのこおり》の東北の端にありました。土地に特徴はあったのです。ならば、奈良時代以前から地名があったと考えるほうが自然です。その古名があったとすれば、「駅近くの橋」は語源ではなく、古名が語源でしょう。あるいは、古名はあったものの、700～800年ころに駅という新しいランドマークができたために、その駅近くの橋に因んで「厩橋」に改名したのでしょうか。

　古名の手がかりは、結局のところ、「厩橋」、「前橋」、「まへはし」、「まやはし」の4つの言葉しかありません。そして、先述した通り、地名の由来を考える場合、漢字よりも仮名が重要です。そこで、「まやはし」と「まへはし」の仮名の語源をみてみます。

①まやはしの語源

「うまやはし」が語源だった場合、昔は「う」は発音されませんので、「うまやはし」でなく「むまやはし」でした。「むまや」3文字では駅、厩の意味でしょう。「はし」は、端、橋、です。この場合、古名は不明→奈良時代「まやはし〈厩の橋〉」→戦国時代「まやはし（厩橋）」だったでしょうか。これが通説です。〈〉は推定される語源です。

　一方、「むま」だけだと別の意味になります。「むま」は「うば」から変化した言葉であり、[83]「うば」の意味は崖地。「や」の意味は、岩、谷、屋、家、八、野。「はし」は、端、橋、です。今の県庁付近は、崖で谷になり、陸地の端でした。それらを合わせた「むまやはし」は崖地の谷の端の意味になります。これも県庁付近の地形に当てはまるように思われます。古名「むまやはし〈崖地の谷の端〉」↓奈良時代「まやはし」↓戦国時代「まやはし（厩橋）」（仮名の「まやはし」に漢字の「厩橋」を当てた）、と変化したのでしょう。

②まへはしの語源

「まえ」の意味は、前方、昔、であり、「はし」は、端、橋。「まへはし」の意味は、前方が端、前方の橋、あるいは、昔の橋、昔の端、でしょう。

「橋」の場合、駅の「前の橋」だけでなく、古墳・館・砦・城などの建造物の「前の橋」、「昔の橋」でも可能でしょう。既述しましたように、今の県庁付近には古墳があった可能性が高く、旧利根川の渕に近く、かつ、群馬郡の東北の端にありました。この場合、古名「まへはし〈前方の端、前方の橋〉」↓奈良時代「まへはし」↓戦国時代「まへはし（「厩橋」の漢字を当てた）」と変化したのでしょう。

③「まやはし」が先か「まへはし」が先か

以上の①と②は史料によって前橋の地名を推測したものですが、実はもっと簡単に結論が出る方法もあります。それは、言語学などの学問に基づいて、「まやはし」から「まへはし」に変わるのか、「まへはし」から「まやはし」に変わるのか、をはっきりさせることです。一方向にしか変化しないならば、いずれが古いか明確になります。しかし、両方向への変化が可能ならば、歴史史料に戻るしかありませんが。

通説では「まやはし」から「まへはし」に変わったと言われます。先の項で仮名の変化は「うまやはし→まやはし→まへはし」と書きました。しかし、「まやはし」は「まへはし」に直接は変わりません。「まやはし」から「まへはし」への変化の過程を示さなければ通説は意味を持たないはずなのですが、これまではそこまで踏み込んだ史料はありませんでした。変化の過程を詳述した文献は1つだけあります。[81]「マヤハシで―(ヤの母音転訛)↓マイハシ―(イの音変化)↓マヒハシ―(ハの母音変化)↓マヘハシ」であるとしています。言語学の素養のない筆者にはこの変化の是非は判断できません。

逆に「まへはし」から「まやはし」はどうでしょうか。これまではそれを論じた史料はありませんので、筆者独自に推論してみます。「へ」を「え」と発音したと仮定するなら、「まえばし」は「まいぇばし」(ma-ye-ba-shi)ではなかったか。この場合「まへはし」↓「まいぇはし」↓「まやはし」とはならないのでしょうか。

あるいは、「まへはし」と「まやはし」の2つの表記があるということは、発音そのものがどちらにも発音できるような紛らわしいものだったのかもしれません。「まやばし ma-ya-ba-shi」とも「まえばし ma-e-ba-shi」とも発音できる言葉は「まぃぇあばし ma-yæ-ba-shi」でしょうか。日本人が苦手な「æ」ならば両方の発音が可能です。本来は1つの言葉だったものを2つの発音の仕方があった、ということでしょう。これは、戦国時代に「æ」の発音があったという前提上の推論です。

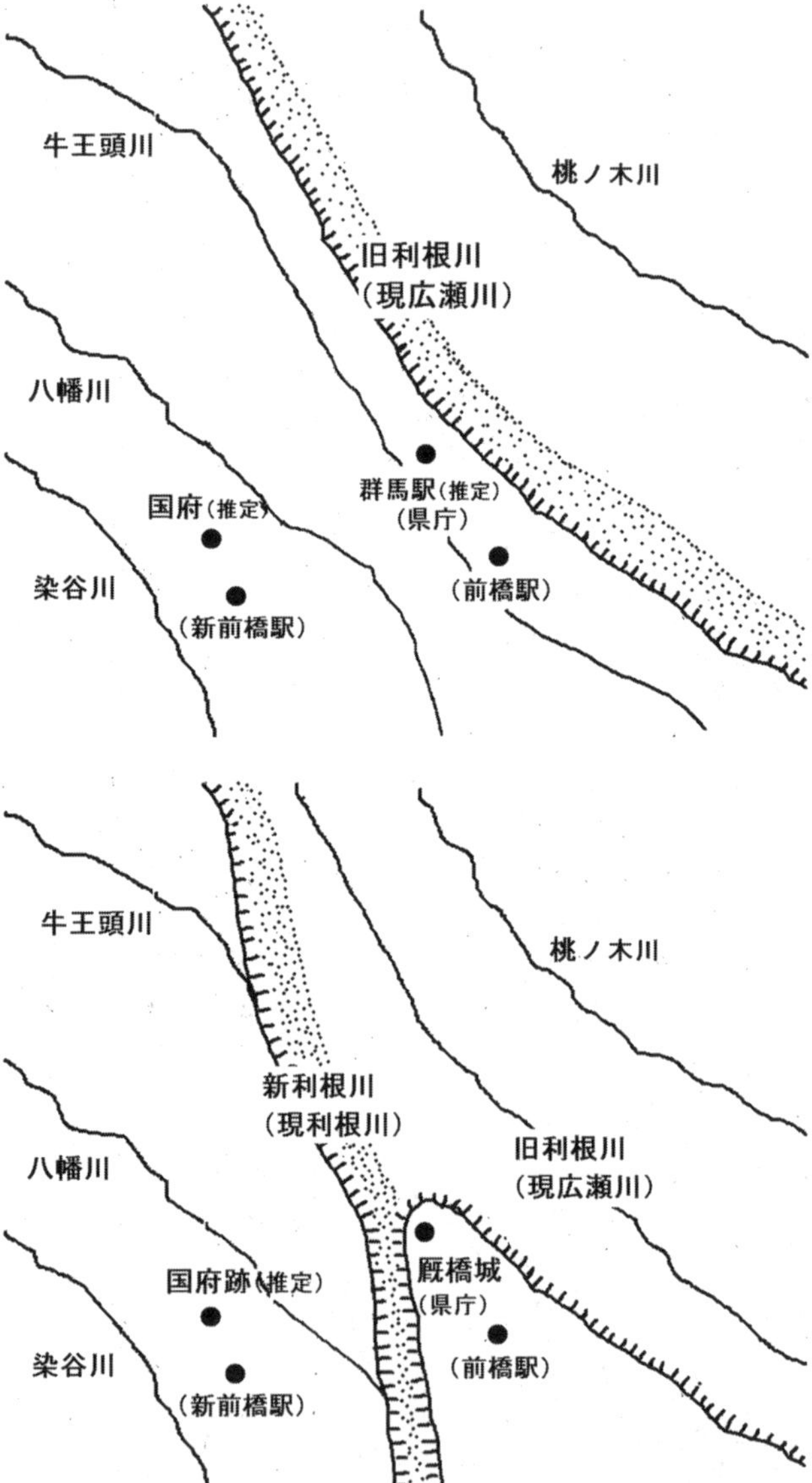

図２　利根川の変流の前（上）と後（下）のイメージ図
この図は推定に基づく想像図であり変流の概念図である。

⑵仮説2：新地名の可能性

そもそも、1527年までの史料に「厩橋」が全く無いことは何を意味するのでしょうか。突然「厩橋」の地名が登場している点からは、新たに付けられた地名と考えることもできます。それは、応永《おうえい》34年（1427）ころの利根川の変流[84]によって、県庁付近の地形が激変したことが関係しているのでしょう。（図2）

旧利根川は応永34年ころまでは現在の桃ノ木川から広瀬川あたりの流路でした。前橋台地の北東縁に沿って県庁の北方で南東に向かい、県庁の東方を流れていました。現在の県庁付近にあった群馬駅《くるまのうまや》と現在の元総社小学校にあったと推定される国府とは地続きでした。2つの施設の間には、今の利根川ほど広く深い分断はなく、西方の榛名山麓からの川（今の牛王頭川《ごおうずがわ》などか）ないしは車川（推定）と呼ばれた川が流れていたでしょう。通説では、この川には群馬駅の近くで橋が架かっていたらしく、この橋を厩橋《うまやばし》と呼んだとしています。

応永34年ころに利根川の本流は現在の広瀬川（旧利根川）から現在の利根川（新利根川）に変流しました（広瀬川は支流になった）。前橋台地の上を流れていた榛名山系の川に旧利根川が流れ込み、流れを奪って川幅を広げ、前橋台地を削って真っ直ぐ南に流れるようになりました。新利根川の誕生です。

変流以前に県庁付近を北西から南東に流れていた榛名山系の川は新利根川に吸収・合併され、新利根川以東への流れが遮断されることになります。西側の地域との交通も分断されました。また、新利根川と県庁付近とは高低差が大きくなり、県庁付近では新利根川から水を引き込めなくなります。その結果、県庁付近には川は無くなり橋も不要になります。昔の川跡や昔の橋は残ったかもしれませんが。

県庁付近は利根川の変流によって水利が途絶えたでしょう。生活用水は井戸水を汲み上げたかもしれませんが、水田等の耕作はできなくなったでしょう。また、砦や館（後の城）の周囲の堀の水は確保できなくなったでしょう。そうなると元の村や館は縮小されたか消滅です。応永34年の変流からの70～80年間、１５００年過ぎまでは県庁付近はほぼ空白地域だったのではないでしょうか。その根拠として、永正《えいしょう》６年（１５０９）の『東路《あずまじ》の津登《つと》』[85]に厩橋の地名が出てこないことが挙げられます。この書には、大胡、青柳、荒蒔（荒牧）は出てきますが厩橋は出てこないのです。これは、厩橋が存在しなかったか、規模が小さかったことを示すのでしょう。

利根川の変流によって県庁付近のすぐ北で利根川は分流し、東は旧利根川（現広瀬川）、西は新利根川によって区切られ、ちょうど三角形の頂点のような地域として残りました。三角形の頂点ならば、城の構えとしては好都合です。そこで、県庁付近に水利を復活させるための用水路として、広瀬川の北方の上流から取水する（水を引く）ことになります。これが風呂川《ふろがわ》です。風呂川の土手の造成には日数と人手を要します。この人足は厩橋付近にはいなかったはずなので、別な場所から集めたのでしょう。ということは、厩橋長野氏は当初は現在の県庁付近とは別な場所（同族のいる箕輪か。あるいは、北方や西方には長尾氏がいたので、南方や東方か）に勢力を有していたのでしょう。[86]風呂川ができて初めて厩橋に拠点を移したのかもしれません。以上の経緯のため、１５２７年に突然「厩橋」の地名が登場するのではないでしょうか。

先に引用した『直泰夜話』を思い出して下さい。「前橋は往古は厩橋と申し候、平岩殿など在城の頃は、利根川細くて、厩廓より利根川に橋を架けて、古市村の方へ往来有りし故、厩橋と申し候」。この文章の後半の内容は誤っていますが、注目すべきは、「往古」と言ってもせいぜい平岩親吉の時代の１５９０年代としている点です。厩橋の地名の由来についての当時の認識として、厩橋の地名は平岩氏のずっと前からあったのではないことを示唆しているのです。奈良時代から続いた地名であれば、このような表現にはなっていないでしょう。途中でつけられた地名、という意識が窺《うかが》えます。

「厩橋（まへはし）」の地名が利根川の変流後に新しく命名されたとした場合、地名の由来は、「厩の橋」ではないでしょう。「昔の橋」があったことによる「まへはし」か、あるいは、地形的にはまさに「前方が先端部」、「前方の端」になったことによる「まへはし」か、いずれかでしょう。

6　おわりに

史料に基づき前橋の地名の由来を検討しました。結果は以下のようにまとめられます。

⑴前橋の地において「厩橋」は「前橋」の旧名です。それは戦国時代以降に限って確かであり、室町時代以前は不明です。また、「厩橋」の仮名は「まやはし」だけでなく「まへはし」もありました。

⑵「厩橋」の由来を奈良時代の群馬駅に求めるには史料不足です。「駅《うまや》（あるいは厩《うまや》）の橋」由来説が定説になるためには、少なくとも、①県庁付近に群馬駅があったこと②奈良時代から室町時代の間の史料に前橋の地名を指す「厩橋」の文字があること③言語学上で「まやはし」から「まへはし」への変化が必然であること、の３点が必要です。

⑶「厩橋」から「前橋」に変わったのは酒井忠清の代です。ただし、仮名の「まやはし」から「まへ

はし」に変わった時期は不明です。

⑷「まやはし」、「まへはし」の仮名からは、「厩《うまや》の橋《はし》」とは別な由来が考えられます。例えば、「崖地の谷の端」に由来する「むまやはし」、「前方の橋」に由来する「まへはし」、「昔の橋・前方の端」に由来する「まへはし」などです。

前橋の地名については、まだまだ分からないことが多いのが現状です。いつから「厩橋」と呼ばれたのか、「前橋」との関係はどうだったか、「前橋」に正式になった年月日はいつか、そして今と同じ「まえばし」と呼ぶようになったのはいつからか、などなどです。最後の「まやばし」から「まえばし」へ呼称が変化した時期の特定は意外と難しそうです。万延元年（１８６０）の各国武鑑(87)においてさえもまだ「まやはし」としているからです。「まえばし」に統一されたのは結構新しく、例えば明治になってから、という可能性もあるのかもしれません。

いずれにしても、後考を待ちたいと思います。

＊本稿のように文字を扱う場合には、本来は原史料に基づくべきところですが、今回は多くの場合で翻刻文に拠ったことをお断り致します。

注

1　前橋市史編さん委員会『前橋市史・第2巻』前橋市、1973年
2　群馬県史編さん委員会『群馬県史・通史編3』群馬県、1989年
3　大永7年（1527）12月16日「長尾顕景書状」上杉家文書（『大日本古文書 家わけ十二ノ一』東京大学史料編纂所、1931年、『前橋市史・第6巻』1985年、『群馬県史・資料編7』1986年、に所収）

本状は、総社の長尾顕景が、同族である越後の長尾為景（上杉謙信の父）に送ったもの。長野左衛門大夫が長尾顕景を滅ぼそうとして攻めてくるので援軍を出して欲しい、と依頼している。本状中に、厩橋宮内大輔が日夜攻めている、との文章がある。

本状の作成年は『大日本古文書 家わけ十二ノ一』では「未詳」、『前橋市史・第6巻』では「大永7年」、『群馬県史・資料編7』では「大永7年か」とし、近年では、黒田、久保田が以下の史料で「大永4年」としている。本稿では大永7年とした。

・黒田基樹「戦国期上野長野氏の動向」『日本史攷究』35号、2011年、および黒田基樹「足利長尾氏に関する基礎的考察」荒川善夫他編『中世下野の権力と社会』岩田書院、2009年（ともに『戦国期 山内上杉氏の研究』岩田書院、2013年、に所収）

・久保田順一「長野方業」『戦国人名辞典』吉川弘文館、2006年

4　大永7年（1527）11月17日「徳雲軒性福条書写」上杉家文書（山田邦明『戦国のコミュニケーション』吉川弘文館、2001年に所収）

5　年月不詳の実報院（米良十方主）「諸国旦那之大帳」熊野那智大社文書（永島福太郎・小田秀樹校注『史料纂集 古文書編24 熊野那智大社文書 第6』1977年、『群馬県史・資料編7』1986年、に所収）

ここに「上野国まへはし殿字ハなかのと御なのり候へともいその上也、箕輪殿、大こ殿」とある。まへはし殿＝前橋殿、なかの＝長野、いその上＝石上、大こ＝大胡、であり、まえはし殿、箕輪殿、大胡殿が揃っている期間は限定される。厩橋長野氏は、早ければ15世紀末、遅くとも1527年に厩橋城主となり、永禄3年（1560）に上杉謙信に城を明け渡すまで厩橋城主であった（その後は謙信の配下となる）。箕輪長野氏は永禄9年（1566）に武田信玄によって滅ぼされた。この2点から、『旦那之大帳』のこの頃は、早ければ1560年以前、遅くとも1566年以前の記録である。

6　身延文庫所蔵（宇高良哲「安保氏の御嶽落城と関東管領上杉憲政の越後落ち」『埼玉県史研究 第22号』1988年および埼玉県『新編埼玉県史・資料編9』埼玉県、1989年、に所収）

内容としては、後北条（小田原の北条氏）が上杉憲政や上野南部を攻めた様子などが書かれている。これを書いた日叙は後に身延山第15世となり、天正5年（1577）没。日叙は30歳のとき、伊勢崎市（前橋市の南西に隣接している）の満善寺にいて、平時は満善寺で、戦乱時は利根川の中洲に逃れる生活の中で経の書写を行っていた。『仁王経科註見聞私』の書写が終わったのは天文21年（1552）5月3日であり、奥書の記述も同日であろう。

7
弘治3年（1557）8月、遊行上人体光句集「石苔下」（『群馬県史・資料編7』および廣木一人・松本麻子編『連歌大観・第2巻』株式会社古典ライブラリー、2016年、に所収）

文中に「厩橋千句」、「厩橋光明寺興行」、「厩橋上泉興行」、「厩橋にて長野弾正小弼《だんじょうしょうひつ》興行」の語句が出て来る。遊行上人とは、時宗《じしゅう》の開祖・一遍（1239～1289）を指すが、後に、時宗教団の指導者の地位の呼称となる。本山の遊行寺は神奈川県藤沢市。「石苔」は、遊行29世の体光上人が、関東における5年間の遊歴後に記したもので、各地で連歌の会を開いたことが書かれている。語句中の長野弾正小弼が誰なのかには諸説ある。この句集には、「長野信濃守所望、利根河近き所在原氏の人なん」とあり、長野信濃守（＝長野業政。本来は箕輪城を居城にしていた）が利根川近くにいたことになる。

8
永禄2年（1559）8月7日「北条家印判状写」（『群馬県史・資料編7』に所収）

厩橋長野氏は後北条側についていた。箕輪長野氏は上杉憲政側につき、長尾影虎（上杉謙信）側であった。永禄3年（1560）8月に上杉謙信の越山（新潟から群馬に攻め入る）があり、厩橋長野氏は謙信に服して厩橋城を明け渡す。厩橋城は謙信の部下が城主となる。

なお、永禄3年（1560）12月14日現在の一次史料として、「赤城神社年代記録」（五来重編『修験道資料集［I］東日本編』、名著出版、1983年）と「赤城神社『年代記』」（宮城村誌編集委員会『宮城村誌』宮城村役場、1973年）がある。前者を原資料として後者が書かれたようである。貴重な史料ではあるが、本稿の目的である地名については以下のような相違があるため、本稿では採用を控えた。

	赤城神社年代記録	赤城神社『年代記』
永禄3年	厩橋×2回	厩橋×2回
永禄4年	厩橋	前橋
天正18年	（記載なし）	厩橋
慶長6年	前橋	厩橋
寛永3年	前橋	厩橋（寛永2年）

9
永禄4年（1561）1月～3月（推定）「関東幕注文」『大日本古文書 家わけ十二ノ一』東京大学史料編纂所、1931年

（『前橋市史・第6巻』に所収）

「関東幕注文」とは、長尾景虎（のち、上杉政虎、輝虎、謙信）が越後から関東に進出した際、謙信に服属した関東の武士を「衆」ごとに把握して家紋を記したもの。「関東幕注文」の作成年については、池上裕子「関東幕注文をめぐって」『新潟県史研究』第11号、1982年、に論じられている。

10 永禄5年（1562）3月14日「北条氏照書状」（『群馬県史・資料編7』に所収）

北条氏照は、氏康の三男であり、氏政の弟で、氏邦の兄。後北条家の宗家は、早雲→氏綱→氏康→氏政（弟が氏照、氏邦）→氏直、と継承。

11 永禄5年（1562）？正月14日「上杉輝虎朱印状」（『同書』に所収）

12 永禄6年（1563）閏10月27日「上杉輝虎書状写」（『同書』に所収）

13 永禄7年（1564）卯月3日「上杉輝虎書状」（『同書』に所収）

14 永禄8年（1565）2月24日「上杉輝虎書状写」（『同書』に所収）

15 永禄8年（1565）正月〜9月「長楽寺永禄日記」。義哲著、峰岸純夫校訂『長楽寺永禄日記』続群書類従完成会、2003年（『前橋市史・第6巻』に所収）。

長楽寺（太田市。天台宗）の住職である義哲が記した、永禄8年正月〜9月までの日記である。本日記に「厩橋」12回、「厩ハシ」2回、「マヤ橋」1回、の3通りの表記が出てくる。厩橋の漢字にルビは振られていないが、厩橋の仮名表記は「まやはし」だったことが確認できる。

16 永禄9年（1566）5月9日「上杉輝虎願文」（『群馬県史・資料編7』に所収）

17 永禄10年（1567）極月（12月）2日「上杉輝虎書状写」（『同書』に所収）

18 永禄10年（1567）？卯月7日「山吉豊守《やまよしとよもり》書状」（『同書』所収）。山吉豊守は上杉謙信の家臣。

19 永禄10年（1567）卯丁「由良成繁事書案」（『同書』に所収）

天文10年（1541）秋のこととして「厩橋賢忠」のことが出てきて、「厩橋」も2回ある。由良氏は元は横瀬氏を名乗った。横瀬氏は岩松氏に仕えていたが、下克上を起こして主家から新田金山城を奪い、姓を横瀬から由良に改めた。初めは上杉謙信、次いで北条氏康に属した。氏康のもとで、永禄12年（1569）の謙信と氏康との相越同盟を成立させるのに大いに貢献した。

20 永禄12年（1569）？3月20日「武田信玄書状」（『前橋市史・第6巻』に所収）

21 永禄13年（1570）庚午3月22日「上杉輝虎印判状」（『同書』に所収）

22 元亀2年（1571）4月16日「北条《きたじょう》高広寄進状」（『同書』に所収）。
北条高広は上杉謙信の家臣。永禄5年（1562）5月ころから厩橋領域を統括した。

23 元亀3年（1572）正月27日「武田信玄朱印状写」（『同書』に所収）

24 元亀3年（1572）2月16日「上杉謙信書状」（『同書』に所収）

25 天正2年（1574）2月5日「上杉謙信書状」（『同書』に所収）

26 天正5年（1577）9月吉日「北条《きたじょう》景広書状」（『宮城村誌』所収）。北条景広は北条高広の息子。

27 天正7年（1579）11月16日「武田勝頼印判状」（『前橋市史・第6巻』に所収）

28 天正7年（1579）極月28日「北条《きたじょう》高広判物」（高崎市史編さん委員会『新編高崎市史・資料編4』高崎市、1994年、に所収）

29 天正10年（1582）2月28日「北条氏邦書状」（『群馬県史・資料編7』、『新編高崎市史・資料編4』に所収）。
この文書に「まやはし衆」とある。作成年については、『群馬県史・資料編7』では「天正15年（1587）推定」、『新編高崎市史・資料編4』では天正10年（1582）としている

30 天正10年（1582）4月21日「高野山清浄心院上野国日月供名簿（一）」（『新編高崎市史・資料編4』に所収）

31 天正10年（1582）5月23日「北条氏邦書状写」（『同書』に所収）

32 天正10年（1582）5月「滝川一益定書写」（『同書』に所収）
滝川一益は織田信長の家臣。厩橋城主となった。

33 天正10年（1582）11月～天正11年（1583）5月ころ「小田原一手役書立写」（埼玉県『新編埼玉県史・資料編8』埼玉県、1986年、『群馬県史・資料編7』、『新編高崎市史・資料編4』に所収）。
この文書は、後北条一族・重臣・支城主を書いたもの。作者は北条氏照の本領の家臣、小田野源太左衛門尉とされる（長塚孝「『小田原一手役之書立』考」『戦国史研究』第17号、1989年）。

『新編埼玉県史・資料編8』では「毛利殿《まやはし》」とあり、これを採用した。「毛利殿」は、北条《きたじょう》弥五郎高広（北条《きたじょう》丹後守高広の息子。景広の弟）。「北条《きたじょう》氏は大江広元の曾孫基親の子孫とされている。広元の子季光が相模国毛利庄に居たので毛利を称した。その孫基親は越後佐橋庄に住み、その弟時親は安芸吉田庄に住んで各々越後、安芸の毛利氏の祖となった」（今井善一郎「初期の前橋城主について」『群馬文化』78・79合併号、1965年）。永禄5年（1562）5月ころに上杉謙信から厩橋城を任された北条《きたじょう》氏は、後に武田信玄の家臣となった。そして天正11年（1583）9月に後北条に厩橋城を明け渡す。北条《きたじょう》氏は上杉謙信→武田信玄→後北条、と主家を替えた。

なお、『群馬県史・資料編７』では「毛水」（ルビ：まやはし）と記され、『新編高崎市史・資料編４』では「毛水」（ルビ：まやばし）と記されている。作成年は天正17年（１５８９）に豊臣秀吉が小田原の後北条を攻めたときのものとしている。

34 天正11年（１５８３）９月24日「北条氏照朱印状」（『前橋市史・第６巻』に所収）

35 天正12年（１５８４）正月７日「北条氏直書状」。（新編高崎市史・資料編４』に所収）。
　北条氏直は氏政の次の後北条家当主。

36 天正12年（１５８４）８月16日「北条《きたじょう》高広書状」（『前橋市史・第６巻』に所収）

37 天正15年（１５８７）７月18日「北条《きたじょう》高広安堵状」（『同書』に所収）

38 天正15年（１５８７）丁亥２月26日「北条家朱印状」（『群馬県史・資料編７』、『新編高崎市史・資料編４』に所収）

39 天正16年（１５８８）正月４日「北条家朱印状」（『群馬県史・資料編７』、『新編高崎市史・資料編４』に所収）

40 天正17年（１５８９）９月26日「北条家朱印状」（『前橋市史・第６巻』、『群馬県史・資料編７』、『新編高崎市史・資料編４』に所収）

41 天正17年（１５８９）「北条家人数付」（『群馬県史・資料編７』、『新編高崎市史・資料編４』に所収）。
　この文書は、豊臣秀吉が小田原攻略のために、敵である後北条の戦力を調査・作成して関係者に配布した文書であり、戦力の１つに「前はし城」が挙げられている。同年に、同じ趣旨で作成された「関東八州城之覚」（『群馬県史・資料編７』、『新編埼玉県史・資料編８』、『新編高崎市史・資料編４』に所収）に「前橋」が挙げられている。『新編高崎市史・資料編４』には原文書の写真があり「前橋」の文字が書かれている。

42 天正18年（１５９０）卯月28日「豊臣秀吉朱印状」（『群馬県史・資料編７』、『新編高崎市史・資料編４』に所収）。
　この文書に「前橋」の表記がある。

43 天正18年（１５９０）ころか「猪俣能登守覚書」（『群馬県史・資料編７』に所収）。
　この文書に「前橋」の表記がある。猪俣能登守は猪俣邦憲（生年不明～１５９０年没か）。猪俣は北条氏邦に仕える。氏邦が上野国の総司令官になり、猪俣は箕輪城代や沼田城代などを務めたという。猪俣が名胡桃《なぐるみ》城を謀略で乗っ取り、それが秀吉の小田原攻めの理由（口実）となったという。

44 天正18年（１５９０）５月２日「河嶋重続書状」（『群馬県史・資料編７』、『新編高崎市史・資料編４』に所収）。
　河嶋重続は伊達家の家臣。秀吉の小田原攻めや前田利家が厩橋城を受け取ったことなどを伊達家に報告した。

45 天正18年（１５９０）？12月14日「安藤清広書状」（『群馬県史・資料編７』に所収）。

安藤清広は北条氏康の軍団である「白備え」所属の伊豆衆21家の１つ。

46 天正18年（１５９０）か翌年「平岩親吉書状」（『群馬県史・資料編７』に所収）。
天正18年～慶長６年（１６０１）の期間、平岩親吉は厩橋城主だった。

47 文禄２年（１５９３）２月「前橋町連尺商人頭木島家由緒書」（『群馬県史・資料編14』に所収）

48 文禄４年（１５９５）正月３日「豊臣秀吉朱印状」（『新編高崎市史・資料編４』に所収）。
この文書には「まへはし　平岩七介居城」とある。

49 慶長３年（１５９８）６月「高野山清浄心院上野国日月供名簿（一）」（『同書』に所収）

50 慶長５年（１６００）４月23日「高野山清浄心院上野国日月供名簿（一）」（『同書』に所収）

51 慶長７年（１６０２）３月９日「本多正信書状」（妙安寺文化財調査委員会『妙安寺一谷山記録・寺宝』前橋市教育委員会、１９８７年、に所収）。書状の写真あり。

52 慶長８年（１６０３）３月７日の本願寺の教如書状（『同書』に所収）

53 慶長８年（１６０３）正月晦日「横田河内守重忠書状」（『同書』に所収）。書状の写真あり。
横田河内守重忠は東本願寺の家老だったようだ。

54 １６００～１６０５年ころと推定される「北爪右馬助覚書」南部文書（『群馬県史・資料編７』に所収）。
この文書では「まへはし」が６回記載されている。

北爪右馬助は赤城山麓粕川町周辺の出身と推定されている。北条氏邦の家臣であったが、北条氏滅亡（１５９０年）後に南部藩に仕官した。藩主である南部利直（天正４年・１５７６年生～寛永９年・１６３２年没。在位慶長４年・１５９９年～寛永９年・１６３２年）に自分の戦功（39の首を取った）の覚書を提出した。仕官の時期は不明であり本文書の作成年も不明だが、北条氏滅亡後そう遅くない時期で、利直が藩主になって早いの時期と推定し、１６００～１６０５年とした。

55 元和６年（１６２０）～同９年（１６２３）ころの「酒井忠世書状影写」酒井家文書。姫路市立城郭研究室所蔵、前橋市立図書館マイクロフィルム利用。
酒井忠世は幕府の老中・大老を務めた。藩主在位は元和３年（１６１７）～寛永13年（１６３６）。一連の52通の書状の中に、「まや橋」が２回、「まやはし」が７回、記されている。

56 寛永10年（１６３３）４月17日「忠世の東叡山への献上石の銘文書」酒井家文書（前橋市立図書館マイクロフィルム０３９・２１３）に「前橋侍従酒井雅楽頭源朝臣忠世」とある。

57 寛永11年（１６３４）暮晩春（３月）15日「宣如書状」（『妙安寺一石山記録・寺宝』に所収）

58　１６３０年代と推定される「石川忠総留書」内閣文庫（『群馬県史・資料編7』に群馬県関連の箇所を抜粋所収）
　この文書に「厩橋」が6回、「前橋」が1回記載されている。同一人物が同一文書の中で厩橋と前橋の２つを使用しているのは『石川忠総留書』だけである。

　石川忠総は天正10年（１５８２）生〜慶安3年（１６５０）没。3回の移封の後、近江膳所藩主（滋賀県）となる。この文書には明応3年（１４９４）〜寛永8年（１６３１）までのことが記されていることから、早ければ１６３１年、遅くとも１６５０までに書かれた文書であろう。

59　寛永18〜20年（１６４１〜１６４３）『寛永諸家系図伝』（日光東照宮社務所編集『日光叢書 寛永諸家系図伝 第一巻』続群書類従完成会、１９８９年、に所収）。
　幕府が編纂した本書では、重忠が「上州厩橋城領三万三千石」、忠世が「（父の）遺領跡三万三千石等賜厩橋城」とあり、忠行と忠清はともに「家督賜」とだけある。

60　寛永14年（１６３７）霜月（11月）「浄法寺等長楽寺末寺連署書状」（『長楽寺文書』続群書類従完成会、１９９７年、に所収）

61　正保2年（１６４５）9月27日酒井忠清の「琉球中山王への書翰回答」（『姫陽秘鑑・巻7』酒井家文書、に所収）

62　慶安2年（１６４９）1月17日「酒井忠清前橋八幡社領安堵状」前橋八幡宮所蔵。
　本状には「前橋神宮寺八幡領」、「前橋侍従源朝臣酒井河内守忠清」、「前橋 神宮寺」とある。同日に発給された玉村八幡宮、三夜沢赤城神社への寄進状でも「前橋侍従源朝臣」となっている。

63　承応2年（１６５３）11月17日「老中奉書」酒井家文書（『群馬県史・資料編14』に所収）

64　明暦3年（１６５７）〜延宝8年（１６８０）「酒井忠清申渡状」酒井家文書（『前橋風・第3号—酒井忠清申渡状１０９通の翻刻—』特定非営利活動法人まやはし、２０１９年、に所収）

65　寛文6年（１６６６）10月4日「老中奉書」酒井家文書（『群馬県史・資料編14』に所収）

66　寛文7年（１６６７）8月23日「八寸村田方年貢上納目録」（伊勢崎市『伊勢崎市史・資料編2』伊勢崎市、１９８９年、に所収）。八寸村は伊勢崎市域。

67　寛文10年（１６７０）7月朔日「前橋城普請許可奉書」酒井家文書

68　延宝2年（１６７４）1月21日「戸屋塚村年貢上納目録」（『伊勢崎市史・資料編2』に所収）

69　延宝4年（１６７６）9月23日「前橋城普請許可奉書」酒井家文書

70　古市剛著（『群馬県史料集・第1巻』１９６５年に所収）

71 勅使河原三左衛門直泰著、宮下藤雄校註『直泰夜話』１９６６年。底本となった写本原本は前橋市立図書館所蔵。
本書の中に「前橋は昔は厩橋と言った。平岩親吉殿が城主であった１５９０~１６０１年ころには、利根川は細くて、お城の厩廓（厩曲輪＝うまやぐるわ。馬を飼育・管理した区域）から利根川に橋を架けて、古市村（現在の古市町）のほうと往来したため、厩橋と言った」（原文：前橋は往古は厩橋と申し候、平岩殿など在城の頃は、利根川細くて、厩廓より利根川に橋を架けて、古市村の方へ往来有りし故、厩橋と申し候）とあり、以前は厩橋の語源として紹介されることもあったが、近年では紹介されていない。それは、この文章には誤りが２つあるからである。１つは、１６００年頃の利根川は細くはなく、ほぼ現在と同じ幅があったと考えられ、橋を架けることはできなかった。橋を架けられないなら厩橋と称することもない。２つ目は、そもそも平岩は厩橋という地名の城主になったわけであり、改めて厩橋と名付けることはありえない。

72 文禄４年（１５９５）「高野山清浄心院上野国日月供名簿（一）」（『新編高崎市史・資料編４』）に所収）。
名簿とは供養者の名前と住所である。ここに「馬屋橋橋林寺」とある。

73 慶長６年（１６０１）の４月８日と４月27日「高野山清浄心院上野国日月供名簿（二）」（『同書』に所収）

74 延宝８年（１６８０）11月「勢多郡上泉村金右衛門分年貢割付状」（『群馬県史・資料編14』に所収）

75 「酒井忠挙書状」酒井家文書（『群馬県史・資料編14』に所収）

76 天和３年（１６８３）２月４日「老中連署奉書」を含む８通の連署奉書、酒井家文書。

77 宝永元年（１７０４）11月「勢多郡大島村内下大島年貢割付状」（『群馬県史・資料編14』に所収）

78 妙安寺文化財調査委員会『妙安寺一谷山記録・寺宝』前橋市教育委員会、１９８７年

79 所 功編著「日本年号史大事典」雄山閣、２０１４年。
「正保」から慶安に改元された理由は不明としている。京都で「正保は焼亡と響きが似ている」などの噂が重なったためのようである。

80 正親町町子著、上野洋三校注『松蔭日記』岩波書店、２００４年

81 福田浩『地名考証 群馬—府県名の地名学的考察—』週間サンデージャーナル、２００１年

82 群馬県教育委員会文化財保護課『前橋城遺跡Ⅱ』１９９９年

83 楠原祐介等『古代地名語源辞典』東京堂出版、１９８１年

84 近藤義雄「利根川の変流」『群馬県史しおり』『群馬県史・通史編３』１９９０年

85 永正６年（１５０９）『東路の津登』「群書類従」巻第３３９（『前橋市史・第６巻』、『群馬県史・資料編７』に所収）。

津登とはお土産のこと。本書は、連歌師宗長《そうちょう》（宗祇の弟子）が永正6年7月に駿河を出発し、関東各地を歴遊して12月に鎌倉に着くまでを記している。8月に、現在の前橋市域の「大胡上総介館」に1泊し、「青柳という里」を過ぎ、「荒蒔和泉入道宿所」に立ち寄っている。しかし、厩橋の文言はない。本書には、「はま川並松別当」（「並松」は「並榎」が正しい）のことが「此別当、俗長野、姓石上也」とあり、箕輪長野について書かれている。とすると、同族の厩橋長野のことも知っていたであろうから、もし厩橋長野が既に前橋の地にいたとすれば厩橋にも寄るのが自然であろう。しかし、厩橋には寄っていない。

因みに、現在の前橋市域に存在する多くの地名が戦国時代以前の史料に登場している。それを列挙する（順不動）。朝倉、芳賀、桂萱、時沢、大胡、高井、荒巻（荒牧）、大室、総社、細井、青柳、三俣、上泉、神塚（幸塚）がある。

86　当時の前橋市域の中で「厩橋宮内大輔」と関連する官職名の人は、赤城神社宮司が「宮内少輔」を称していた。１５２７年の「厩橋宮内大輔」と関係があるのだろうか。

87　各国武鑑は、群馬県教育会『群馬県史・第1巻』群馬県教育会、１９２７年、の見返しに引用されている。

2　厩橋城を「関東の華」と言ったのは誰か

1　はじめに

前橋は「関東の華《はな》」と呼ばれます。由来は、慶長《けいちょう》6年（1601）、酒井重忠《しげただ》が川越城から厩橋《まやばし》城（後の前橋城）に移封《いほう》（国替《くにがえ》。異動）になる際、徳川家康から「汝に関東の華を与える」と言われたとのことからです。「関東の華」とは本来は前橋城のことでしたが、のちに前橋を指すようになりました。これは前橋の歴史においては常識でした。

しかし、疑問があります。「関東の華」の語句は『三河物語《みかわものがたり》』にあるといわれてきましたが[1]、『三河物語』には出てきません。また、江戸時代の酒井家関連の史料にも「関東の華」は登場しないのです。不思議です。

家康は本当に「関東の華」と言ったのか、あるいは、「関東の華」は、いつ、誰が、どこに記したのか、関係史料を順に辿ってみました。

2　重忠の国替

厩橋城への国替の際に家康が言ったとされる言葉なら、当然、当時の国替について書かれた箇所に記されるものです。しかし、そもそも慶長6年当時の史料は現存しません。後世の史料では、移封の事実のみの記述が殆んどなのです。

その中で移封にまつわるエピソードを記している史料は2つあり、家康の言葉を書いているのは1つだけです。」

⑴「二つと無き城なり」

1つは、慶長6年から150年以上後に書かれた『姫陽陰語《きよういんご》』(2)、『通夜垂言録《つやすいげんろく》』(3)、『姫路騒動実記《ひめじそうどうじっき》』(4)、『噂物語《うわさものがたり》』(5)の4冊です。4冊ありますが1つとカウントしているのは、4冊とも寛延《かんえん》4年（1751）の姫路騒動の顛末《てんまつ》を書いている点で同じであり、文章もほぼ同じだからです。これらの書物では移封時の家康の言葉が後年に回顧的に引用されています。

姫路騒動とは、寛延4年に姫路の酒井家で起きた刃傷《にんじょう》事件です。家老の川合勘解由左衛門《かわいかげゆざえもん》が、家老と藩主側近を殺害し、自身は切腹した騒動です。この騒動には伏線がありました。酒井家は寛延2年（1749）に前橋から姫路に移封になりました。酒井家から幕府に働きかけた結果といいます。その移封に強硬に反対したのが川合でした。移封決定を知った川合は前橋から江戸にかけつけ、藩主酒井忠恭《ただずみ》に対して姫路への移封反対の意見を述べます。反対する理由の中で前橋城についての家康の言葉を引用するのです。

川合は、まず、天正《てんしょう》18年（1590）に重忠が川越城1万石を拝領した際の家康の言葉を述べています。当時、重忠は勘解由《かげゆ》と称していました。

（権現様《ごんげんさま》＝家康、は）勘解由、其の方に宜《よろ》しき城を遣《つか》わし度《た》く思うのだが、先《まず》は、川越の城はかきあげの城であるが、城主と成る様に、

（家康様は、重忠よ、お前に良い城を与えたいと思うのだが、まずは、川越城は手軽に造った城ではある

が、そこの城主になるように）

関ケ原の戦いの翌年、慶長6年（1601）、重忠は2万石を加増されて厩橋城に移封になっています。家康は言います。

前橋は、江戸表《おもて》の城の縄張《なわばり》を以《もっ》て取り立て候《そうろう》城の事《こと》なれば、二つと無き城なり、これより外《ほか》に其の方が城と名付け持つべき城はなし、必々永代所替《えいだいところが》え等致さず、此方《こなた》よりも申し付けまじ、

（前橋城は江戸城と同じ曲輪《くるわ》の配置で築いた城なので、2つとは無い城である。これより他にお前の城と名付けて持つ城はない。必ず永代にわたって所替えなどはせず、私からも申し付けることはない）

権現様から「二つと無き城」、「必ず必ず永代にわたり所替えはしない」とまで言われた厩橋城である、自分から進んで、その城を去って姫路に行くのはもってのほかである、川合の思いは強かったようです。2年後に川合が殺害したのは姫路への移封を推進した家老と藩主側近でした。

川合が引用した家康の言葉には「宜しき城」や「二つと無き城」があります。この言葉の意味から「関東の華」を類推できます。類推できますが、「関東の華」そのものではありません。

⑵重忠は国替に反対

2つ目は昭和30年（1955）の『川越夜話』(6)です。重忠は前橋への国替に反対したといいます。大筋は左記の通りです。

幕府の要人が重忠に前橋への国替を内命したが、重忠は反対した。国替の理由がはっきりしなかったからである。「これ（内命）が正しき幕政からの移封とか、または領民から領主に不平が起

こってのことか、ないしは公儀に対して不都合の処置があっての移封ならばともかくも、何ら不都合もないのに幕政に参ずる一、二の徒輩が勝手の国替案には断乎《だんこ》不承知」と言い放った。また、幕府の再度の使者に向かって「強いて国替を強行するなら弓矢の功で賜った城であるゆえ、弓矢で奪い取れ」とまで豪語した。これには将軍の側近も困って、天海《てんかい》大僧正に取り成しの仲介を依頼して白紙に戻して時を置いたので、改めて妥協案が成立した、という。

ここには「関東の華」は出てきません。また、「という」とあり、伝聞のようです。

重忠の国替反対の話は『新編物語藩史・第3巻』(7)や『川越市史』(8)でも書かれています。前者では「天海のとりなしで家康より『汝に関東の華を与える』といって転封させ」としています。国替反対を収めるための言葉として「関東の華」が出てきます。ただし、この2つの著作でも「いわれている」という記述になっています。天海は家康のブレーンの一人であり、家康への取りなし役でもありました。また、川越の喜多院《きたいん》の住職でした。それからすると、あり得そうな話です。

しかし、天海は慶長14年（1609）にはじめて家康に仕え、(9)慶長17年（1612）に川越の喜多院の住職になっています。(10)慶長6年に重忠のことを「天海が取りなす」ことはあり得ません。また、重忠が移封に反対したとする『川越夜話』の記述の根拠となる出典を探してみましたが、見つけ得ていません。3つの著作とも「という」、「といわれる」と断っていますので、これらは伝聞と考えられます。

伝聞が作られた背景としては、重忠の後の川越藩主が8年間不在だったことが関係しているようです。8年後に重忠の弟の忠利《ただとし》が川越藩主になりますが、その経緯の理由として、重忠が前橋移封に反対したためと憶測されたのではないでしょうか。また、天海が家康の取りなし役であった事実と喜多院の住職だったこととを組み合わせて上記の話が作られたのでしょう。なお、『前橋市史』(11)でも『群馬県史』(12)でも重忠の前橋への移封は事実だけの記載です。「関東の華」の語句は出てきません。

そこで、改めて、「関東の華」が出てきそうな史料をあたってみました。まずは江戸時代の史料から。

3　酒井家関連史料

酒井家関連史料の中で、慶長6年の家康の言葉あるいは「関東の華」が書かれている可能性のあるものは以下の通りです。

(1)藩主の書状(13)

酒井雅楽頭《うたのかみ》家初代前橋藩主は酒井重忠です。その書状等に「関東の華」があれば確実ですが、そもそも重忠の書状はわずかしかありませんし、移封についての記述は管見の限り残っていません。重忠以降の藩主である第2代忠世《ただよ》、第4代忠清《ただきよ》、第5代忠挙《ただたか》の書状には「関東の華」の語句は見出せません。第3代忠行《ただゆき》の書状は残っていません。

(2)重朗日記抜粋《しげあきにっきばっすい》(14)

「重朗日記」は重臣の関友之助重朗と父が同時代に書いたものを重朗が抜粋したものです。概ね延宝《えんぽう》8年（1680）からの記録であり、重忠の厩橋移封は回顧の記述です。ここには「同（慶長）六辛丑《かのとうし》年、上州前橋の城に移さる、封を増し三万三千石を領す」と移封と加増の事実のみ記載されています。

⑶前橋《まえばし》風《ふ》土記《どき》(15)

藩主・忠挙が命じて貞享《じょうきょう》元年（１６８４）に編纂されたもの。重忠移封は「慶長六年、此の城を以《も》って河内守《かわちのかみ》酒井重忠に賜《たま》う」とだけあります。

⑷直泰夜話《なおやすやわ》(16)

酒井家が寛延《かんえん》２年（１７４９）に前橋から姫路に移った後、勅使川原三左衛門直泰《てしがわらさんざえもんなおやす》が前橋時代を回顧して書き残した著作。ここには藩主のことや家臣たちの多くのエピソードが書かれています。エピソード集という性質上、「関東の華」があってもよさそうですが、見つかりません。

⑸六臣譚筆《ろくしんたんぴつ》(17)

享和《きょうわ》元年（１８０１）に松下高保ら６人の家臣によって編纂された著作。前橋時代とともに姫路時代の多くの逸話が書かれています。重忠に関しては少なく、また家康から重忠への言葉もないようです。

⑹摘古採要《てきこさいよう》(18)

『六臣譚筆』の執筆者の一人である松下高徐《たかのぶ》（高保から改名）による天保《てんぽう》８年（１８３７）の編著。前橋、姫路の両時代の多くの逸話が掲載されていますが、「関東の華」はありません。

(7) 姫陽秘鑑《きょうひかん》[19]

幕末1860年代に藩主・忠績《ただしげ》の命によって伊奈平八《いなへいはち》らが酒井家の史料を集めて編纂したもの。多くの史料が引用されていますので、江戸時代に「関東の華」の言葉を記載した史料があれば引用されるはずです。しかし、「関東の華」の語句はありません。

(8) 村翁夜話集《そんのうやわしゅう》[20]

安政《あんせい》3年（1856）以降の幕末期に福本勇次が執筆した著作。内容は姫路時代に限定されており、前橋時代の記述は見当たりません。

(9) 酒井家史料《さかいけしりょう》[21]

明治後期から大正初期に編纂されたもの。藩主の事績が編年体で記されています。『姫陽秘鑑』、『姫陽陰語』、『通夜垂言録』、そして『摘古採要』、『六臣譚筆』など多くの史料が引用されています。『姫陽秘鑑』同様に酒井家関連史料が揃っているのですが、「関東の華」の語句は探し出せません。

以上、酒井家関連史料を見てきました。家康の言葉となると酒井家にとって名誉なことです。仮に伝聞であっても必ず書き残されたでしょう。特に、エピソード集の『直泰夜話』、『六臣譚筆』、『摘古採要』には積極的に取り上げられたはずです。また、江戸時代末期の『姫陽秘鑑』と大正時代の『酒井家史料』では、それまでの多くの酒井家関連史料を収集して書かれています。これらの中に引用されていてもよさそうです。しかし、それらにも「関東の華」の語句は見出せないのです。

4　酒井家関連以外の史料

酒井家関連史料に無いなら、一般的に知られた史料ではどうでしょうか。

(1)三河物語と関連書物

大久保彦左衛門忠教《ただたか》が書いた『三河物語』（寛永《かんえい》7年・1630年前後[22]）に「関東の華」の語句があるといいます。が、筆者が読んだ範囲では見出せないことは冒頭に述べました。とすると、『三河物語』に似た書名の書物、あるいは大久保彦左衛門に関する書物にあるのでしょうか。

大久保彦左衛門のエピソードを記した『大久保武蔵鐙《おおくぼむさしあぶみ》』[23]にはありません。類似書名として『三河記《みかわき》』[24]がありますが、内容は天正5年（1577）までに限定された話題です。慶長6年（1601）の前橋移封には触れられていません。また、「三河記脱漏《だつろう》」[25]（『遺老物語』に収録）には「関東の義」という語句はありますが「関東の華」は見つかりません。

(2)徳川家康の発言

慶長6年に限らず、家康の逸話を書いた著作に書かれている可能性もあるでしょう。しかし、家康に関する書物は膨大ですので、すべてを読むことはとても無理です。今回は代表的なものに限りました。

家康の言動を記した書物としてよく知られるのは大道寺友山《だいどうじゆうざん》の著作です。友山の『岩渕夜話《いわぶちやわ》』（1700年代初頭）[26]、『駿河土産《するがみやげ》』（1720年頃）[27]、『落穂集《おちぼしゅう》』（享保《きょうほう》12年・1727年）[28]の3著で確認してみました。これらの中で、『落穂集』に、慶長6年に井伊直政が上州箕輪（現・高崎市）から近江国佐和山に所替えになったことは記されているのですが、同じ年の重忠の所替えについての記述はありません。

⑶その他

江戸時代中期までの将軍や大名などの言行を記した『明良洪範《めいりょうこうはん》』[29]には、忠清の話題は取り上げられているのですが重忠の話題は書かれていません。『明良洪範』からも引用している逸話集『武野燭談《ぶやしょくだん》』（宝永《ほうえい》6年・1709年頃）[30]には、重忠のことが一カ所だけ書かれています。訴訟についての重忠の裁き方を家康が聞き、「ひとしお酒井を秘蔵に思召《おぼしめ》しけり」（秘蔵＝大切にすること）とあります。前橋移封のことではありません。

また、江戸時代の全国の政情や文化的逸話を記したものに平戸藩主の松浦清《きよし》（号・静山）の大著『甲子夜話《かっしやわ》』（正篇、続篇、第三篇。文政《ぶんせい》4年・1821年〜天保12年・1841年）[31]があります。前橋時代の酒井家については、伊達騒動（仙台藩伊達家のお家騒動）に関連して酒井忠清邸での原田甲斐（仙台藩奉行）の刃傷や姫路時代の酒井家の話題はあるものの、重忠の前橋移封には触れていません。

以上の通り、筆者の調べた範囲では「関東の華」は江戸時代の上記の書物には見出せません。換言すると、『姫陽陰語』、『通夜垂言録』、『姫路騒動実記』、『噂物語』にしか、移封に関する家康から重忠への言葉がないのです。

5 「関東の華」の登場

では「関東の華」の語句が最初に見出せるのはいつでしょうか。それは明治になってから前橋で出版された書物の中です。

明治24年（1891）の保岡申之《やすおかしんし》『前橋繁昌記《はんじょうき》』(32)に「関東の華」の語句が登場します。この本の中で、深町藤蔵の書いた叙文（序文）に「(家康が厩橋城を)譜代の重臣酒井侯に賜い、且つ曰く『汝に関東の華を与う』と」とあります。また本文中の前橋の歴史の項目には小見出しで「前橋は関東の花たること」とあり、本文には「酒井侯川越より移りて本城の主となる時、家康公関東の花を与うの語あり」とあります。どこから引用したのか示されていませんので「関東の華」、「関東の花」の出典は不明です。引用した史料名が書かれていれば話は簡単だったのですが、残念ながら書かれていません。

その2年後の明治26年（1893）、高橋周楨《しゅうてい》『近世上毛偉人伝』(33)にも「関東の華」の語句があります。「河合勘解由左衛門伝」の項のうち、寛延2年（1749）の姫路への転封の際の河合勘解由左衛門の反対意見の中にあります。

(慶長6年・1601年に重忠が)前橋の城主に命せられ、二万石を加増せられ都合三万五千石に昇進せらる、其の節、家康公の上意に、関東の華を汝に取らすぞ、前橋は江戸表の縄張を以て取立

し事なれば比類なき城なり、必々永代所替致すべからず、又、此方よりも中附まじ、

これは、既述しました『姫陽陰語』などの4冊と同じ場面ですし、言葉も似ています。しかし、決定的に異なるのは、先の4冊には無かった「関東の華」の言葉が加わっていることです。

その後、明治43年（1910）の『前橋市案内』(34)には「家康、重忠に謂《いい》て曰《いわ》く、汝に関東の華を与う、と」とあります。この書物は、前橋で開催された「一府十四県連合共進会」(35)への参加者用に作成されたものです。共進会には94万人を超える来場者がありました。『前橋市案内』もそれなりに売れたでしょうから、県内外の人々に「関東の華」が知られるようになったでしょう。また、県内の歴史研究の重鎮であった豊国覚堂《とよくにかくどう》が大正元年（1912）の『前橋風土記』(36)の中で、前記の『近世上毛偉人伝』の文章をそのまま引用しています。大正期に入ってから徐々に「関東の華」の語句が定着していったと考えられます。

一方、他県ではどうだったのでしょうか。酒井重忠の前任地・川越では、先述しました『川越夜話』などでの「(重忠が前橋に移って）その後8年間、城主を欠いたのは、重忠が転封に強硬に反対し、天海のとりなしにより、『重忠には関東の華』を与えることとして厩橋を、そして、川越城主の新封は、彼の推挙を待つ、という経緯があったともいわれている」(37)としています。確かに「関東の華」の語句を使用しているのですが、出典は不明であり伝聞の域を出ないことは既に述べた通りです。

酒井家が前橋から移っていった姫路では、『姫路城史・中巻』(38)で姫路騒動について記しています。内容は『姫陽陰語』などと同じ記述であり、「関東の華」の言葉は書かれていません。

因みに、『前橋繁昌記』も『近世上毛偉人伝』も以文会《いぶんかい》という団体と深町藤蔵が関係しています。『前

橋繁昌記』は以文会が発行した書物であり、深町が叙文（序文）を書いています。以文会は明治23年（1890）に前橋で結成された社交倶楽部です。以文会は前橋の歴史にとって看過できない団体ですので、本書の別稿として、前橋の「以文会」と『前橋繁昌記』について記しました。

6　「関東の華」の由来

史料で追う限りでは、「関東の華」は『姫陽陰語』など江戸時代の書物にはありません。明治に入ってから『前橋繁昌記』の深町藤蔵の序と保岡申之の本文が最初です。その2年後には高橋周楨が姫路騒動の場面で使用しています。

江戸時代には無く、明治になって初めて出てくる理由は2点の可能性が考えられます。1点は、筆者の史料の見落としや調査不足、2点目は明治になって初めて使用された可能性です。

1点目については、今回は見つけ得なかった江戸時代の書物に「関東の華」の語句があり、保岡等は知っていたのかもしれません。保岡申之は儒学者の家に生まれています。祖父は『川越版日本外史』(39)を執筆した保岡嶺南《れいなん》（元吉）、父の正太郎は藩の儒学者、兄の亮吉《りょうきち》は明治時代に師範学校の教諭であり私塾も経営していました。そういう家庭環境で育った申之は儒学や古書に親しんでいたでしょうし、読んだ本の中に「関東の華」の言葉があったのかもしれません。あるいは、以文会の会員には兄の亮吉を始め師範学校・中学校の校長や教員など知識人も多く、古書に通じた人物もいたでしょう。そういう人たちから「関東の華」の言葉を教えてもらったのかもしれません。

2点目は、明治になって初めて使用された可能性です。「関東の華」という言葉は独特です。容易には思いつきません。「東北の華」や「四国の華」は聞きません。保岡中之や深町らはなぜ特異な言葉である「関東の華」を使用することになったのでしょうか。そのヒントは深町の序の中にあります。

明治十有二年、聖上駕《せいじょうが》を斯地《しち》に枉《ま》げらる、行在所《あんざいしょ》の門前、三万余梱《こり》の生糸累々《るいるい》堆積す、覧《み》る者覚えず賛賞す、時の右大臣岩倉具視《いわくらともみ》手を拍《う》て嘆じ曰く「日本の華なりと」嗚呼《ああ》関東の華は関東の果となり而《しか》して今や日本の華と称せらる、

（明治十二年、天皇陛下がこの地をご訪問された。行在所（ご宿泊所）の前に3万余りの梱包した生糸が累々と積まれた。右大臣の岩倉具視が手を打って感嘆して言った、「これは日本の華である」と。ああ、関東の華は関東の果実となり、今や日本の華と称される）

文中の行在所とは、当時の生糸改所《きいとあらためじょ》、現在の前橋プラザ元気21の場所です[40]。前橋生糸の壮観さを見た岩倉が「日本の華」と感嘆しています。この「日本の華」との表現を元に、保岡や深町、あるいは2人の周囲にいた知識人の中に「関東の華」の語句を連想した人物がいたのではないでしょうか。

7　おわりに

筆者の調べた範囲では、江戸時代の書物には「関東の華」の語句はありません。有ることを証明するのは簡単ですが、無いことを証明するのは容易ではありません。

江戸時代のいずれかの書物に「関東の華」の言葉があるかもしれません。ご存知の方はご教示くだされば幸いです。

ともあれ、後考に期待したいと思います。

注

1　中島明『前橋史帖』みやま文庫149、1997年

2　天保12年（1841）横堀豊五郎写、横堀春雄家文書、群馬県立文書館所蔵。
　同文書館には、他に、天保2年写の善養寺久志文書、などあり。『酒井家史料・70』に『姫陽陰語・巻2』の冒頭部が所収。国立国会図書館所蔵のものは宝暦3・4年（1753・1754）のころに書かれたようである。

3　清水純家文書、群馬県立文書館所蔵（『酒井家史料・70』に冒頭部が所収）

4　『酒井家史料・70』に冒頭部が所収。他の3冊に比して、文の脱落がある。

5　駒形義夫「関東の華『厩橋城』」『前橋風・創刊号』特定非営利活動法人まやはし、2015年、の中で引用。

6　岸伝平『川越夜話』川越叢書刊行会、1955年。
　重忠の逸話は「別稿埼玉史話」にあるというが、この史料を現在のところ見つけ得ていない。

7　大舘右喜「川越藩」『新編物語藩史・第3巻』新人物往来社、1976年

8　川越市庶務課市史編纂室『川越市史・第3巻近世編』川越市、1983年

9　辻達也『日本の歴史13江戸開府』中央公論社、1966年

10　『駿府記』（『史籍雑纂第2』図書刊行会、1911年、に所収）。
　慶長16年（1611）8月1日～同20年（1615）11月29日の記録。慶長17年（1612）4月19日に、天海が武州仙波に赴く挨拶のため家康に参府。

11　前橋市史編さん委員会『前橋市史・第2巻』前橋市、1973年

12 群馬県史編さん委員会『群馬県史 通史編４』群馬県、１９９０年
13 忠世、忠清、忠挙の書状は「酒井家文書」、姫路市立城郭研究室所蔵。前橋市立図書館マイクロフィルム利用。第３代忠行《ただゆき》は在位が短く、確認される書状はない。
14 関友之助重朗著、「酒井家文書」、姫路市立城郭研究室所蔵。群馬県立文書館所蔵製本利用。
15 古市剛著、貞享元年（１６８４）（『群馬県史料集・第1巻』１９６５年、に所収）
16 勅使河原三左衛門著。宮下藤雄校注、１９６６年。
17 堀田浩之「雅楽頭酒井家の『六臣譚筆』について」（兵庫県立歴史博物館紀要『塵界』第12号、２０００年）に基づき、重忠関連文章の原本を参照した。
18 松下高徐著、「酒井家文書」、姫路市立城郭研究室所蔵（津山邦寧翻刻、『城郭研究室年報』25～27号、姫路市立城郭研究室、２０１６～２０１８年、に所収）
19 「酒井家文書」、姫路市立城郭研究室所蔵。群馬県立文書館所蔵製本利用。
20 福本勇次著、『村翁夜話集』刊行会編、２０１５年
21 前橋市立図書館所蔵
22 齋木一馬・岡山泰四校注『日本思想大系26 三河物語・葉隠』岩波書店、１９７４年
23 塚本哲三校訂、有明堂書店、１９１３年
24 国文学研究資料室のデジタルデータ利用
25 「酒井家文書」、姫路市立城郭研究室所蔵。群馬県立文書館所蔵製本利用。。
26 『大日本思想全集第３巻』、大日本思想全集刊行会、１９３３年。岡崎市立中央図書館古文書翻刻ボランティア会編デジタルデータ利用。
27 岡崎市立中央図書館古文書翻刻ボランティア会編デジタルデータ利用
28 萩原竜夫・水江漣子校注『江戸史料叢書―落穂集―』人物往来社、１９６７年
29 真田増誉『明良洪範』国書刊行会、１９１２年
30 村上直校注『江戸史料叢書―武野燭談―』人物往来社、１９６７年
31 中村幸彦・中野三敏校訂『甲子夜話 正・続篇・３篇』平凡社、１９７７～１９８３年
32 以文会、１８９１年
33 成功堂、１８９３年。復刻版が吾妻書館から１９８２年に出版されている。

34　前橋市役所群馬県協賛会前橋委員部著、１９１０年
35　本書「『前橋市真景図』と『連合共進会』……」参照
36　豊国覚堂編・発行、１９１２年
37　大舘右喜「川越藩」『第2期物語藩史・第2巻』人物往来社、１９６６年。
　先に紹介した『川越市史・第3巻近世編』の引用箇所も大舘の執筆である。
38　橋本政次『姫路城史・中巻』姫路城史刊行会、１９５２年
39　来山陽著『日本外史』を保岡嶺南が校訂して出版した『校刻日本外史』。『川越版日本外史』として知られる。
40　現在の前橋プラザ元気21の西の坂道の歩道に行幸記念の石碑がある。また、前橋プラザ元気21の南の歩道には生糸改所を描いた石板のモニュメントが設置されている。

3　前橋藩の「御茶屋」はどこにあったか

1　はじめに

「御茶屋《おちゃや》」とは、お茶を売っている店のことではありません。多くは藩主の別荘・休憩所です。徳川将軍の御茶屋や全国の藩主の御茶屋の中には史跡・名勝・指定文化財になっているものもあります(1)。

前橋藩の御茶屋は現存していません。そもそも御茶屋があったこともあまり知られていないでしょう。前橋藩の御茶屋は江戸にもありましたが、本稿では前橋にあった御茶屋の場所だけでも確認しておきたいと思います。現存していれば重要な文化財になっていたことを惜しみつつ。

2　酒井氏時代の御茶屋

酒井氏時代（慶長《けいちょう》6年・1601年～寛延《かんえん》2年・1749年）の御茶屋と言えば観民亭《かんみんてい》です。前橋藩酒井雅楽頭家《うたのかみけ》5代藩主の忠挙《ただたか》（在位：延宝《えんぽう》9年・1681年～宝永《ほうえい》4年・1707年）が建てました。忠挙の父忠清《ただきよ》は大老となり「下馬将軍《げばしょうぐん》」と言われたほど権勢を振るいましたが将軍の代が替って隠居し、忠挙も幕府中央から遠避けられました。忠挙はその分、前橋で藩政に力を注ぎ、凶作に備えて穀物を備蓄する社倉《しゃそう》制を実施、藩校の好古堂《こうこどう》を創建、『前橋風土記《まえばしふどき》』(2)の編纂、検地の実施、まちの整備などを行いました。その人望は、「忠挙の墓石の苔を飲めばどんな病気でも治る」と言われたといいます。

2代藩主忠世《ただよ》、3代藩主忠行《ただゆき》、4代藩主忠清は幕府の仕事が多く前橋に帰ることが少なかったためか、前橋に御茶屋を建てていません。それに比べて忠挙は前橋に帰ることが多く、それが御茶屋を建てた一因かもしれません。また、忠挙が学問を好み風雅を楽しんだことも大きかったのでしょう。忠挙は御茶屋に観民（亭）と名づけました。観民とは、民の生活ぶりなどを観て政治に活かす、との意味[3][4]です。江戸から前橋に戻ったときにはよく観民亭を訪れ、眺めのよい観民亭から前橋十二景[5]を和歌に詠んでいます。

3　観民亭（観民御茶屋、観民園）

観民亭は現在の岩神町《いわがみまち》二丁目の観民稲荷神社脇に元禄《げんろく》3年（1690）に建てられました。今の観民稲荷は江戸時代も同じ敷地にあり、利根川の流れから見ると小高い丘の上に建っています。

周囲の雰囲気としては「園の裏には松の木々が茂っている。年を経た大木が三、四本あり、天を覆《おお》い枝は垂れ下がって周囲を蓋《おお》っていて、緑色の傘を開いてひときわ抜きんでて立っているよう」であり、そこに「茅《かや》ぶきの粗末な三四間《さんよんけん》（20畳〜30畳くらいか）の一つの家を作った[6]」。作ったとは言っても、「倹約のときなので家作《かさく》（新たに家を作る）、庭、囲いは作らずに簡単な造作をした」、「脇の屋敷にあった茶屋を引いてきたので野体《やてい》（自然のまま）の風情がある[4]」とあります。小さい簡素な御茶屋でした。観民亭の構造等は分かっていません。享保《きょうほう》5年（1720）に御茶屋を含む前橋藩の諸施設の図面が作成されたのですが[7]、今のところ発見されていません。観民亭は御薬園《おやくえん》（薬草園）も備えていたようで、家老が武州鳴戸の瓜（江戸柏木の成子《なるこ》の鳴子《なるこ》ウリ、か）の種を取り寄せて育てたこともありました[8]。

観民亭がいつまで続いたか定かではありません。少なくとも忠挙の生存中（享保5年・1720年死去）は存続したでしょう。享保7・8年（1722・1723）ごろから、同じ敷地内の弁財天の開帳があってにぎわうようになったようですので[3]、藩主の別荘地以外の目的でも人が集まるようになっています。正確な年月は不明ですが、第9代忠恭《ただずみ》の代（享保16年・1731年～寛延《かんえん》2年・1749年）のエピソードの中で「観民御茶屋に鞠場《まりば》砂（蹴鞠《けまり》の場所にひく砂）に相成《あいな》り[9]」とあります。このときはまだ「観民御茶屋」です。そして延享《えんきょう》4年（1747）の史料[10]では、家臣5人が「観民へ罷《まか》りこし、御茶屋跡の……」とあります。御茶屋「跡」となっていますので、このころまでには御茶屋としての機能はなくなったのかもしれません。

寛延2年には前橋の酒井氏が姫路へ、姫路の松平氏が前橋に所替《ところがえ》になります。所替のときには城や武器などの引渡しが行われます。その中で、前橋の酒井氏からは御茶屋の引渡しはなく、姫路の松平氏からは八代茶屋や室津茶屋が引渡されています[11]。観民亭が引渡し物件には入っていないのです。観民亭は簡素な作りだったため、建築から59年後の引渡し時には老朽化していたことが推測されます。既に御茶屋として使用していなかったことになります。ただし、引渡しのあった寛延2年ころと推定される「前橋御城之図[12]」には観民亭が描かれています。建物としては残っていたのでしょう。

4　観民亭の位置

観民亭の位置が地図上で明らかなものは、酒井氏時代の多くの絵図の中で「前橋御城之図」（地図1）だけです。前橋御城之図では観民亭は観民稲荷の北にあります。また、後世のものですが、昭和9年

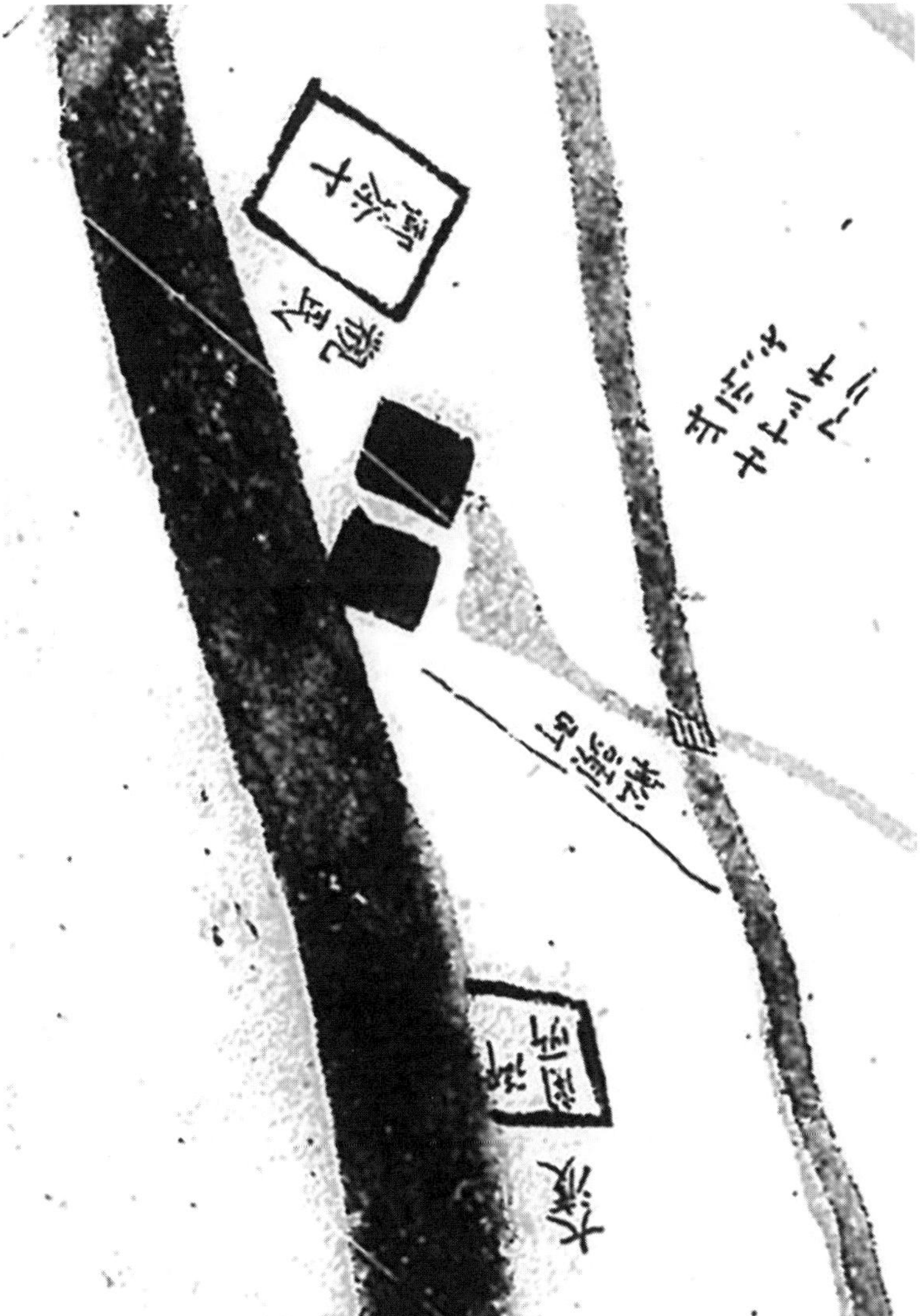

地図１　観民御茶ヤ　　『姫陽秘鑑・巻 22』（姫路市立城郭研究室所蔵）の「前橋御城之図」から

左の太い線が利根川、右の細い線が風呂川。黒い四角が観民稲荷と弁財天か。南に大渡御関所。「船頭町」や「此所ニモ士ヤシキアリ」の文字もある。

（1934）（推定）の「前橋市三千分一地形図」（地図2[13]）には「稲荷神社」の南東に「観民亭址《あと》」が記されています。ともに風呂川の西ですが、観民亭と稲荷神社との位置関係が逆になっています。

場所を示す文章は、忠挙の書簡[4]と『前橋風土記』（ここでは観民園の名称）の2つです。『前橋風土記』は貞享《じょうきょう》元年（1684）編纂ですので、そこに1690年建築の観民園（観民亭）が書かれていることを不思議に思われるかもしれません。観民園の項は後に加筆されたためと考えられています。観民亭の位置に関する記述を抜粋しますと、「園の向いは利根川を隔てて他領」（西側に利根川があり、利根川の西は前橋藩領ではなかった）、「茶屋から大渡《おおわた》りの関所が真近に見える」（観民園から大渡の関所がすぐ近くに見える）、「利根川の南岸上で広瀬川の北、両水の際《きわ》にあり」（後述）、「弁財天の社《やしろ》と小さな稲荷神社がある」（同じ敷地内に2つの神社があった）等とあります。

位置の記述は多くの点で地図1と合致しますが、問題は「利根川の南岸上、広瀬川の北、両水の際にあり」です。1つ目の「利根川の南岸上」とは、観民亭の北を利根川が流れていたことになります。地図1で見ると、観民亭は利根川の東ですので正しくは「東岸上」と書かれるべきであって「南岸上」は誤りかと思いました。

しかし、調べてみると、利根川は観民亭の北方で東へ蛇行していたのです。観民亭が建てられてから13年後の元禄16年（1703）には「上小出村《かみこいでむら》へ利根河より年来欠入《かけいり》し広瀬河との間が十一間《じゅういっけん》程になり[14]」、つまり、観民亭の北方にある上小出村では利根川が東に蛇行して広瀬川との間が11間（20m弱）になっている、とあります。正徳《しょうとく》2年（1712）には更に6間（約11m）に詰まっています[15]。そして、藩主が松平氏に変わってからの宝暦《ほうれき》7年（1757）には、とうとう利根川が広瀬川に達して決壊

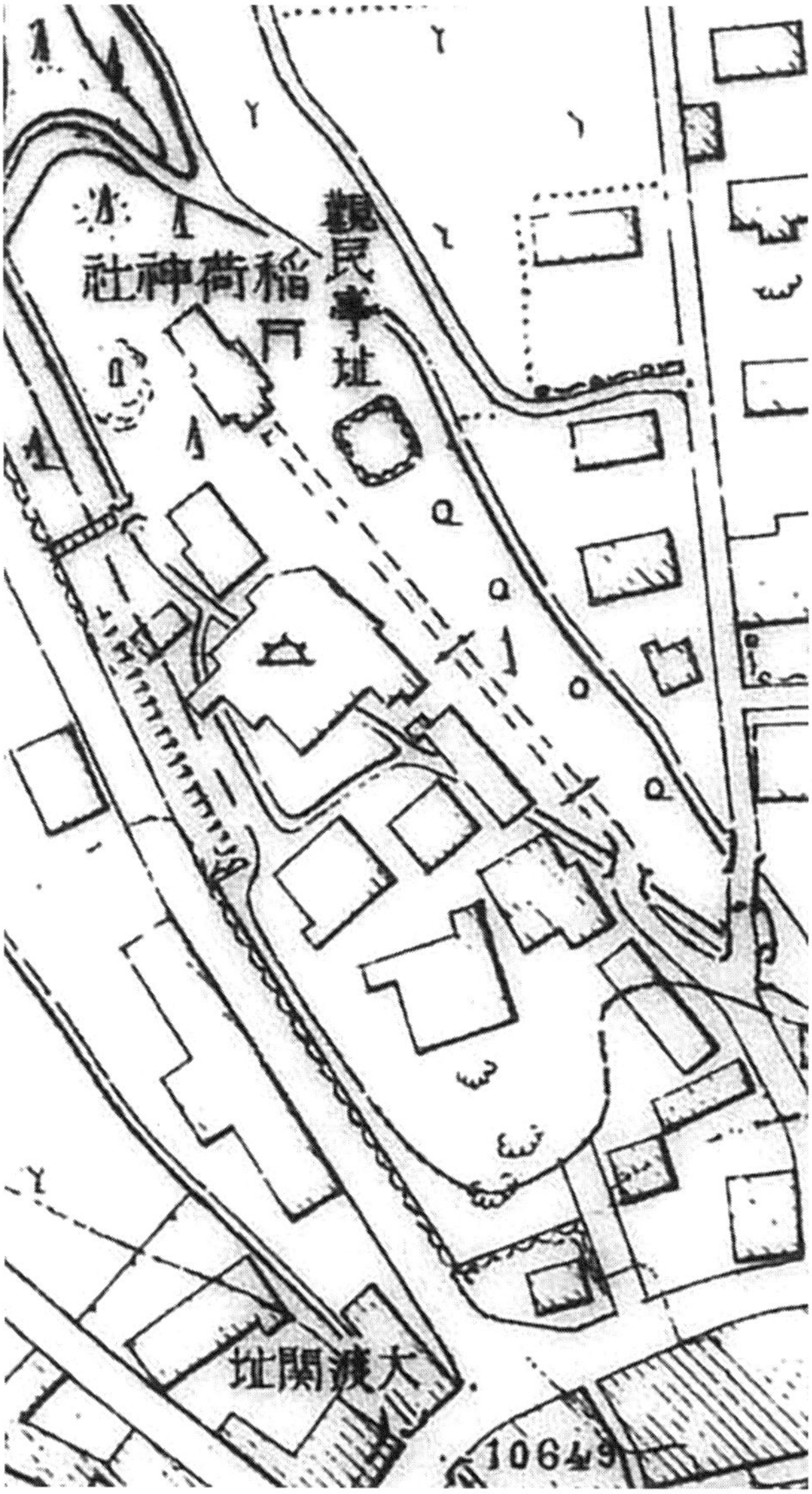

地図２　観民亭址　「前橋市三千分一地形図」（前橋市教育委員会文化財保護課所蔵）から

観民亭址の東脇が風呂川。南に大渡関址がある。

させてしまいます。[16]これらの史料から、観民亭が建てられた元禄3年にも既に利根川が東へ蛇行していたことが十分推定されます。利根川が東へ蛇行した分、観民亭の北側に位置する形になります。観民亭が利根川の南方になった状態だったのでしょう。

2つ目の、観民亭が「広瀬川の北」にあったという記述は不明です。広瀬川が観民亭の南まで蛇行しないと「広瀬川の北」とは言えません。しかし、それは物理的に無理なのです。位置関係で言いますと、観民亭のすぐ東側には風呂川が流れていて、風呂川の更に東を広瀬川が流れています。つまり、観民亭と広瀬川との間には風呂川が流れています。東を流れていた広瀬川が西へ蛇行して観民亭の南を流れるためには、風呂川を越えて（＝東側から風呂川を決壊させて）更に西へ蛇行しないと、観民亭の南にはならないのです。史料上で、酒井氏時代に風呂川が広瀬川によって決壊させられたという史料はないのです。となると、どう解釈すればよいか。正確には「南」とは言えないまでも、おそらく、観民亭の南西の位置で、広瀬川が風呂川にかなり接近していたのではないでしょうか。今の広瀬川は川底は深く、護岸工事が強固になされていますが、明治・大正時代になってからも広瀬川はずっと浅い川でした。容易に水が氾濫していました。まして江戸時代は底が浅く風呂川の近くにも流れていたのでしょう。

そういう意味でも、3つ目の「両水の際《きわ》にあり」となっていたのでしょう。観民の周辺では、利根川が西から接近し、東からは広瀬川が接近していたのです。

5　春秋亭《しゅんじゅうてい》（朝倉御殿《あさくらごてん》）

酒井氏時代には、観民亭のほかの御茶屋として春秋亭があります。春秋亭は、病弱な跡継ぎの忠相《ただみ》のために忠挙が建てたものです。「朝倉村の広瀬川の端に御茶屋をお建てになった、忠相様が前橋城にいるときに気分を晴らされるようお考えである。春秋亭とお名付けになられた。世間では朝倉御殿と言った」(17)。元禄17・宝永元年（1704）11月15日に、忠相のために朝倉村に御屋敷を建てるよう指示しています(18)。翌年の宝永2年には建てられたと考えられます。一般的には、小規模の別荘等を御茶屋と呼ぶのに対して、宿泊できる規模の大きなものは御殿と称されます。忠相は静養のためにある程度の期間を過ごしたでしょうから、春秋亭は御殿の部類に入ります。当然、観民亭よりも敷地も広く建物も大きかったでしょう。

春秋亭の正確な場所は不明です。今のところ手掛かりは2つです。1つは「朝倉村」、「広瀬川の端」の語句と、もう1つが絵図です。観民亭と同じく「前橋御城之図」に朝倉御殿が載っています（地図3）。この図では、「二子山《ふたごやま》」の南西に「朝倉ゴテン」があり、御殿の西側にも山と木々が書かれています。「朝倉ゴテン」の右上は3つの小山、左は2つの小山になっています。このあたりは朝倉・広瀬古墳群の地域ですので小山は古墳でしょうか。「二子山」の北に「サ子《ね》マサ道」（真正《さねまさ》道）が描かれています。「真正道」は一般的には「あずま道《みち》」、「東道」として知られます(19)。この絵図は正確な地図ではなく模式図ですので、それぞれの距離は不確かですが、広瀬川、端気川《はけがわ》（広瀬川の支流）、真正道（あずま道）、天王寺の位置関係から、「二子山」は現在の天川《あまがわ》二子山古墳でしょう(20)。真正道は二子山古墳の北を

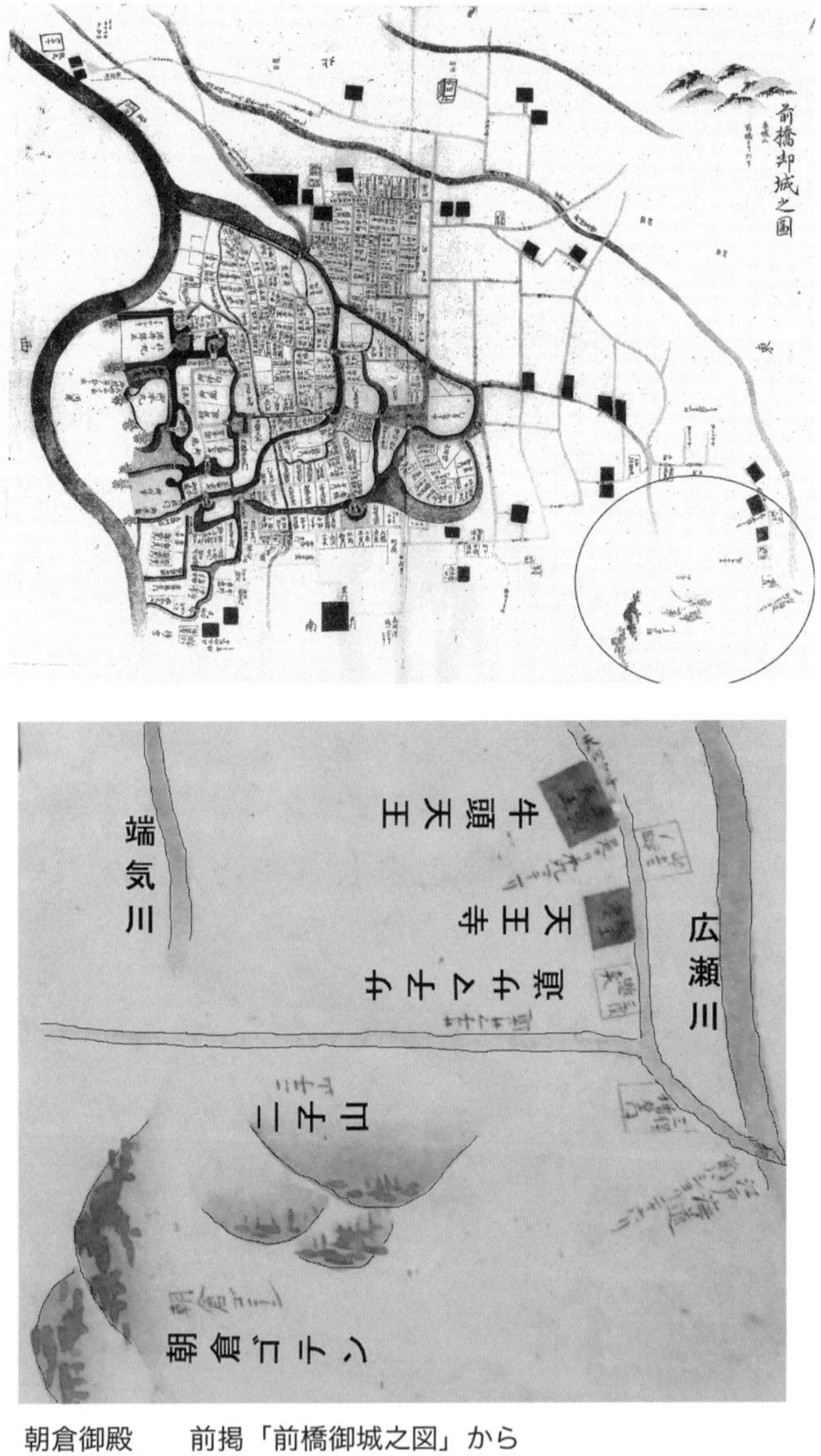

地図３　朝倉御殿　　前掲「前橋御城之図」から

上図が前橋御城之図の全体。その右下部の丸の範囲を拡大したものが下図。
ゴシックは加筆。

通っていました[21]。

春秋亭の場所について、『前橋市史・第3巻[22]』では、「広瀬川」とは広瀬川本流でなく支流の端気川と考え、そして、朝倉御殿は朝倉団地の北西隅で端気川の縁に御殿山と言い伝える場所があるので、その付近にあっただろうとしています。『上川渕村誌《かみかわふちそんし》』（朝倉村は以前は上川渕村に属していた）では、地図3から考えて『前橋市史』と似た場所を朝倉御殿跡としています[23]。端気川の畔で二子山古墳の南東、昔の字上海道《あざかみかいどう》、現在の朝倉町一丁目36番あたりです。

ただ、地図3では朝倉御殿は二子山の南西に描かれています。朝倉村は二子山の南東の地域であり、南西は天川村《あまがわ》です。つまり地図3だけで判断すると朝倉御殿は天川村の場所になります。ただし、朝倉御殿と呼ばれたのは朝倉村にあったための呼称ですから、これは単に地図3の精度の問題ということでしょう。

地図3の精度には疑問がありますので、もう一度、文章に戻ってみました。特に『前橋市史』で根拠に挙げられた「御殿山」を検討したところ、御殿山は朝倉団地北西の字上海道ではなく、それよりずっと南東の字若宮《あざわかみや》（地図4）の小字《こあざ》であったことが判明しました[24]。若宮は現在の朝倉町三〜四丁目、若宮公園周辺で八幡山古墳の北側あたりです。小字である御殿山の区域は確定できませんでした。この場所だとすると、まさに広瀬川の本流の端であり、『直泰夜話』の語句に一致します。ただし、二子山古墳からはだいぶ遠くなりますので、地図3には合致しなくなります。

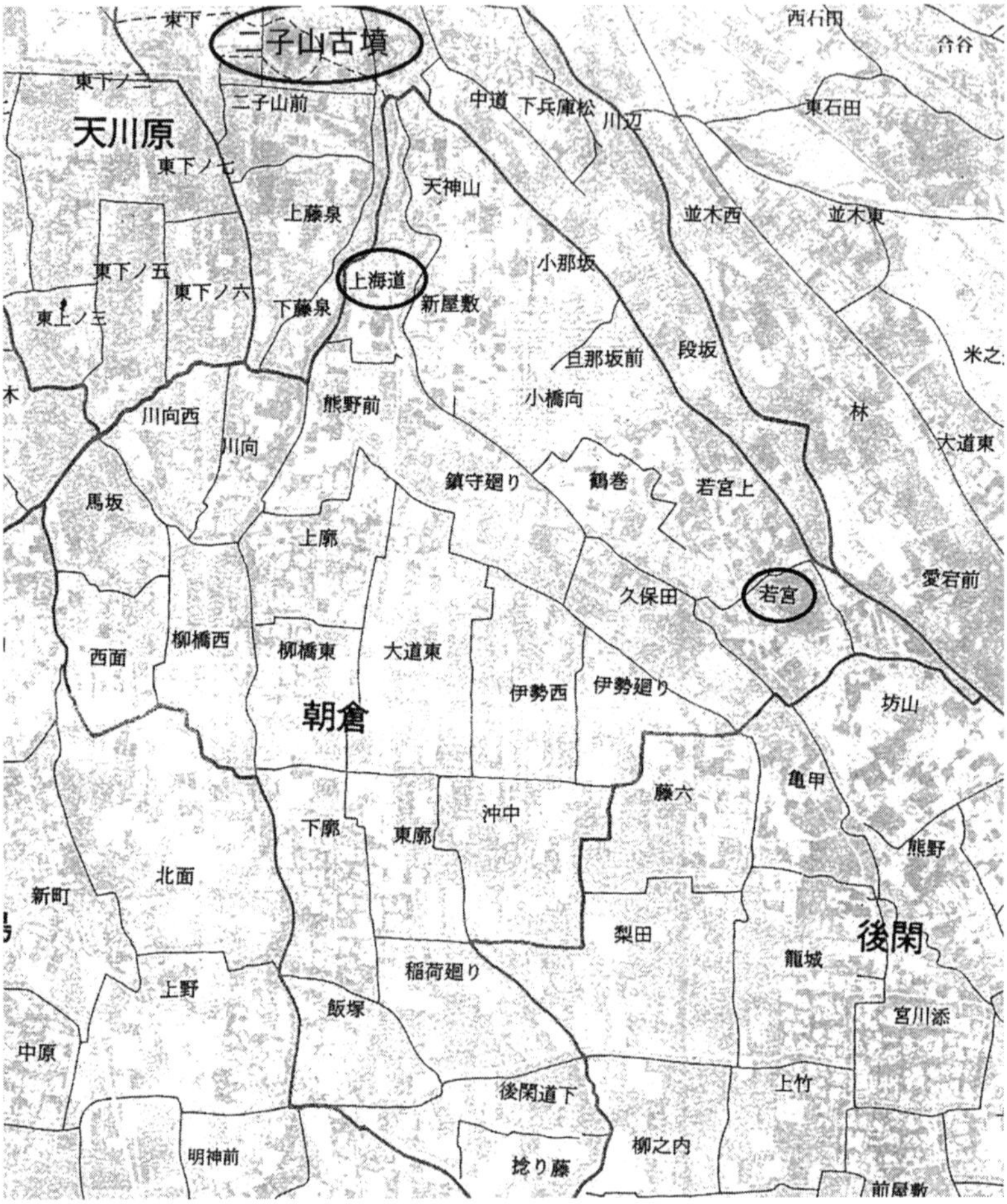

地図４　朝倉村の字　　『群馬県史 通史編 2』付図１「群馬・那和郡小字名図」から
二子山古墳からすぐ南南東が上海道。だいぶ離れた南東が若宮。

6　時代区分

寛延2年（1749）、酒井氏に代わって松平氏が前橋藩主になります。松平氏はその後、江戸時代末まで前橋の藩主だったのですが、前橋城にいたのは19年間だけです。御茶屋も19年間という短さです。その短さを見るため、少し話が逸れますが、江戸時代の前橋藩を概括してみます。

江戸時代（本稿では明治4年・1871年の廃藩置県までを含めた）の前橋は、前半148年間を酒井氏、後半122年間を松平氏が治めました。酒井氏の本城《ほんじょう》（居城）はずっと前橋城であり、前橋の地は前橋藩のままでした。松平氏の本城は、前橋城→川越城→前橋城と変わりました。それに応じて前橋は、前橋藩→川越藩→前橋藩と藩名が変わります。前橋藩が2回になりますので、区別するため最初の前橋を前期前橋、後の前橋を後期前橋とします。藩主の有無は政治的にも経済的にも前橋への影響は絶大です。藩主の本城という観点から、酒井氏時代は一括りにできますが、松平氏時代は3期に区分されます。よって、江戸時代の前橋の時代区分は4期に区分できます。ただし、これは筆者個人の考える区分と名称であり、定説ではありません。

時代区分ごとの特徴を述べてみます（表1）。

A　酒井氏時代　148年間　慶長6年（1601）～寛延2年（1749）

正確に言えば、江戸時代の前橋藩初代藩主は平岩親吉《ひらいわちかよし》です。平岩は天正18年（1590）に厩橋《まやばし》城主となり慶長6年に甲府城に移りました。代わって酒井重忠《しげただ》が川越から移ってきて、前橋藩酒井雅楽頭《うたのかみ》家

表１　藩主居城にもとづく時代区分

和暦	西暦	藩主	年数	時代	年数
		平岩氏	11年間		
慶長6年	1601				
		酒井氏	148年間		
	1700				
寛延2年	1749			前期前橋藩時代	19年間
明和5年	1768				
		松平氏	122年間	川越藩前橋陣屋時代	99年間
	1800				
	1867			後期前橋藩時代	4年間
明治4年	1871				

（他の家系の酒井家と区別するために雅楽頭家と呼ばれます）初代藩主となります。以後、寛延２年に姫路に移るまでの１４８年間、酒井雅楽頭家が前橋藩主でした。

B　松平氏前期前橋藩時代　19年間　寛延２年（１７４９）～明和５年（１７６８）

寛延２年、酒井氏が前橋から姫路へ移っていき、松平氏（松平大和《やまと》守家《のかみけ》。他の松平家と区別するため大和守家と呼ばれます）が姫路から前橋に移ってきます。しかし、酒井氏時代から始まっていた、利根川による前橋城への浸食が続き、明和《めいわ》５年、松平氏は前橋を去って川越に移ります。

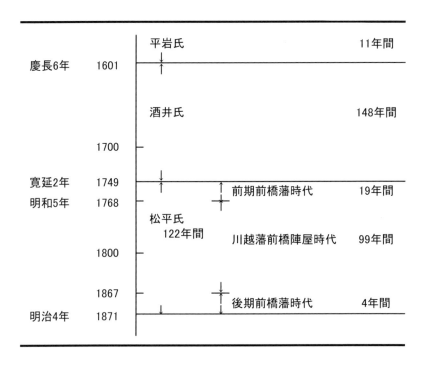

C　松平氏川越藩前橋陣屋《じんや》時代　99年間　明和5年（1768）～慶応《けいおう》3年（1867）
明和5年に藩主松平氏が川越城に移りますが、前橋は松平氏の領地のままでした。一国一城令のため前橋城は廃城となります。前橋は川越藩の分領となり、前橋陣屋（出張所）が置かれます。家臣とその家族、また松平家に関係する職人などの町民も川越に移ったため人口が激減し、前橋は衰退します。この99年間は、1601年以降、令和の現在までの400年以上の前橋の歴史の中で、前橋が一番元気がなかった時代かもしれません。

D　松平氏後期前橋藩時代　4年間　慶応3年（1867）～明治4年（1871）
慶応3年、前橋城を再築し、藩主松平氏が前橋に戻ります。藩名は川越藩から前橋藩に変わります。前橋城再築には生糸によって得た町民の財力が大きく貢献しました。しかし、すぐに明治維新となり、明治4年には廃藩置県となって前橋藩はなくなります。

7　松平氏時代の御茶屋

御茶屋の話に戻ります。

寛延2年、酒井氏に代わって松平氏が前橋藩主になったとき、御茶屋は引き継がれなかったことは既に述べました。観民亭の建物は残っていたようですが、既に御茶屋の機能はありませんでした。松平氏は新たに御茶屋を建てることになります。その御茶屋も前期前橋藩時代の19年間という短い期間しかあ

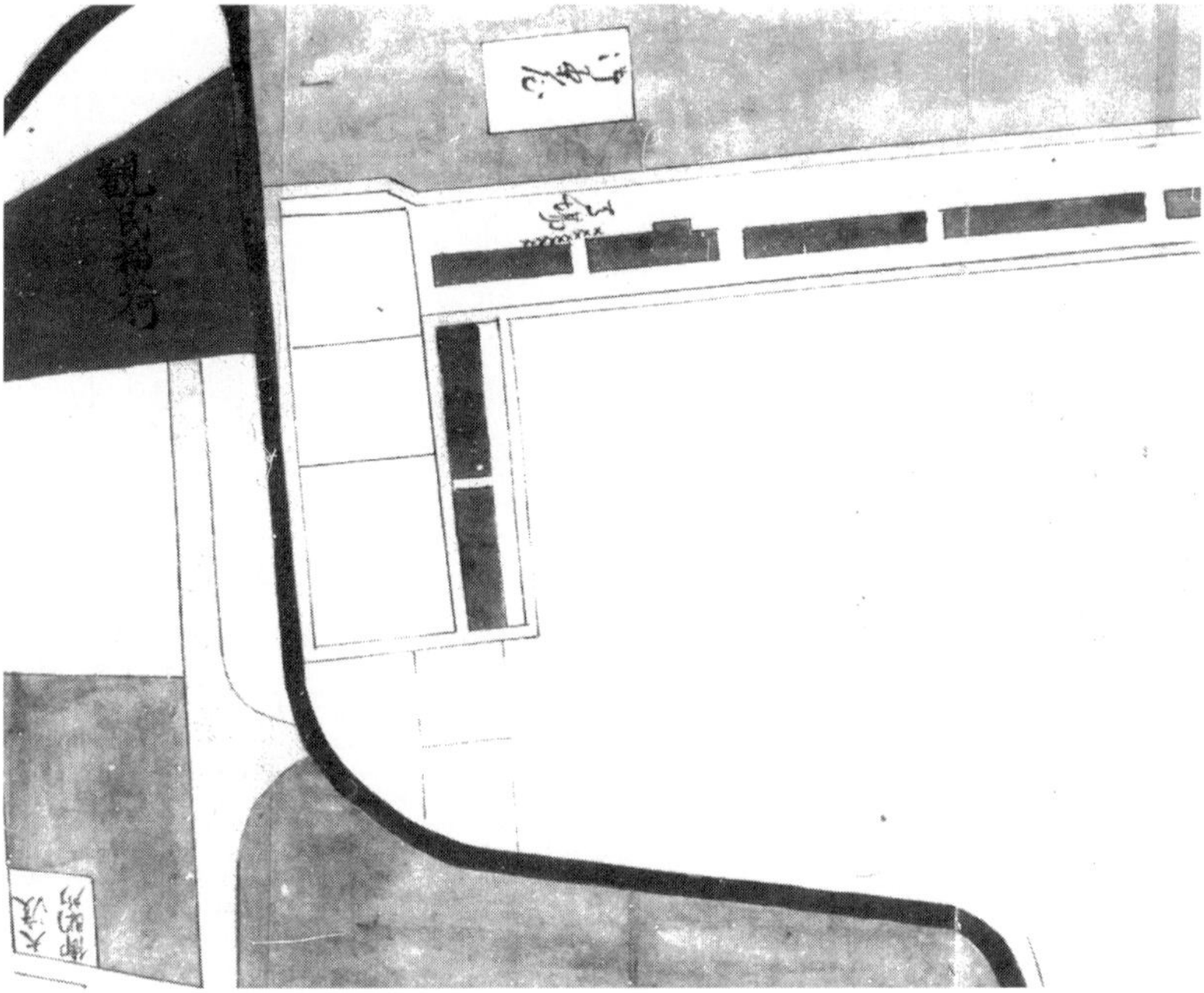

地図５　御茶屋　『前橋旧図』（群馬県立文書館所蔵）から
中央上に御茶屋、その下に馬場、左上に観民稲荷、左下に大渡御関所がある。

りませんでした。

このときの御茶屋の史料は『前橋藩松平家記録』（以下『記録』）と絵図があります。

『記録』では、寛延４年（１７５１）に「御茶屋新御殿[25]」、宝暦６年（１７５６）に「御茶屋新御殿[26]」、宝暦９年（１７５９）に「御茶屋御用勤向[27]」、明和４年（１７６７）に「御茶屋[28]」と、何回か触れられています。それぞれの前後の文章から推測すると、寛延４年は前橋の御茶屋、後者３つは江戸の御茶屋のことを指すようですがはっきりしません。

『記録』には前橋の御茶屋の場所は書かれていませんが、明和５年（１７６８）作成の前橋城絵図の『前橋旧図[29]』に御茶屋が描かれています

（地図5）。観民亭があった観民稲荷の東、風呂川を隔てた場所（現・岩神町二丁目）です。この一帯は酒井氏時代には武士の屋敷がありました（地図1）。

この「御茶屋」の文字を初めて見たときは、絵図の年代がまだ分からないときでしたので、「観民亭か！」と思ったものです。しかし、明らかに観民亭とは位置が違います。それにしてもこんな近くに建てるとは……。余程、このあたりの風情が御茶屋にふさわしい場所だったのでしょう。川越に移るまではここが御茶屋でした。松平氏前期前橋藩時代には他に御茶屋はありません。

なお、宝暦5年の『記録』には、「観民御長屋《おんながや》」[30]のことが出てきます。当時の「御長屋」は、藩主が前橋城に帰っているときに、身の回りの世話をする家臣が宿泊するところを指すことがあります。そのための御長屋は本丸付近にありました。「観民御長屋」も、藩主が御茶屋を利用するとき用のものかもしれません。ただし、御長屋には家臣の数家族が日常的に暮らしていました。自分が暮らす長屋の修理をするときは自分自身で行うよう指示が出されています。長屋には御茶屋を管理する家臣が住んでいたのかもしれません。

川越へ移っていった川越藩前橋陣屋時代は当然のことながら御茶屋は閉鎖されます。跡地については、文政《ぶんせい》6年（１８２３）2月に「御茶屋跡、御林町歩三町六反拾《じゅう》四歩」[31]、同年11月に「岩神村地内御薬屋」[32]（「御薬屋」は「御茶屋」の誤植か）、天保《てんぽう》5年（１８３４）に「御在城の節御茶屋」、「御茶屋跡」[33]など、とあります。地図5の御茶屋の跡地は林や畑になっていることが書かれています。長屋も取り壊されたのでしょう。

慶応3年（１８６７）に前橋城が再築され、藩主が前橋に戻ってからの後期前橋藩時代の御茶屋の史料はありません。松平氏は経済的に困窮《こんきゅう》しており、再築前橋城の造作もかなり省略された質素なものでした。御茶屋を造る余裕もなかったと思われます。

8　おわりに

以上、酒井氏の観民亭・春秋亭と松平氏の御茶屋の場所を確認してきました。この3つは現在の前橋には残っていません。できれば、3つの御茶屋を復元して、前橋の歴史の一幕に思いをはせる施設にするとともに、市民の憩いの場にしたいところです。しかし、復元するにしても図面が残っていませんので不可能です。

そして、何よりも、復元を希望する人が今の前橋にどれくらいいるでしょうか。そちらが気になります。厳しい現状を踏まえるならば、せめて標柱くらいは建てられないかと思う次第です。

また、不明なことが残りました。春秋亭（朝倉御殿）の場所は特定できませんでした。これについては後考を待ちたいと思います。

注

1　防府市・1654年、新発田市・1630年頃、佐賀市・1846年、松山市・1660年など。

2　古市剛著、貞享元年（1684）。今井善一郎訳・校訂「前橋風土記」『群馬県史料集・第1巻』群馬県文化振興会、1965年。
3　勅使河原三左衛門著、宮下藤雄校訂『直泰夜話』66項、1966年。
　ここに「易の観卦に観民の生と言う語に依って観民と御名付け成され候」とある。
4　忠挙が法眼友元に宛てた元禄3年（1690）5月の書簡（「砂川氏所蔵文書」、『酒井家史料・30』前橋市立図書館所蔵、に所収）。
　この書簡に「園を観民と才次郎名付け申し候」とある。才次郎とは藩校の儒師であった斉藤才次郎。
5　『摘古採要』（『姫陽秘鑑』酒井家文書、姫路市立城郭研究室所蔵、に所収。更に『酒井家史料・30』に所収）。
　12景は、越後積雪、赤城近翠、伊香保浴泉、榛名連峰、浅間暮煙、妙義恠厳、利根大渡、惣社幽寺、前橋城楼、筑波茂陰、広瀬清陰、稲荷叢祠、の忠挙の和歌による。
6　『前橋風土記』に「圓裏に松樹有り、年を経たるもの三四株、天を凌ぎ枝は垂下して四辺を蓋い緑傘を開いて卓立するが如し」、及び「一茅屋の三四間なるを架し」とある。
7　『姫陽秘鑑・巻39』（前橋市史編さん委員会『前橋市史・第2巻』前橋市、1973年、に所収）
8　『六臣譚筆』（『酒井家史料・54』に所収）
9　『酒井家史料・56』
10　「町井五郎大夫御知行召し放たれ候事」『姫陽秘鑑・巻40』（『酒井家史料・62』に所収）
11　『六臣譚筆』酒井家文書（『酒井家史料・65』、『前橋市史・第2巻』に所収）
12　『姫陽秘鑑・巻22』。
　『前橋市史・第2巻』には観民亭が載った絵図が紹介されていて「姫路資料による」とある。この「姫路資料」が『姫陽秘鑑・巻22』であり、冊中に綴じ込まれたカラーの絵図が「前橋御城之絵図」である。この絵図が描かれている年代は、家老名から寛延2年（1749）頃と推定される。「前橋御城之図」全体は、野本文幸「前橋城絵図帖」『前橋風・創刊号』特定非営利活動法人まやはし、2014年、に所収。
13　前橋市教育委員会文化財保護課所蔵。前橋市立図書館にコピーあり。
14　『重朗日記抜粋』元禄16年（1703）4月21日条、酒井家文書、姫路市立城郭研究室所蔵（『酒井家史料・39』に所収）。群馬県立文書館所蔵製本・前橋市立図書館マイクロフィルム利用。
15　『重朗日記抜粋』宝永7年（1710）6月23日条（『酒井家史料・46』に所収）

16 前橋市立図書館編『前橋藩松平家記録・第5巻』煥乎堂、1995年、宝暦7年（1757）5月7日条
17 前掲『直泰夜話』、218項。
「朝倉村広瀬川の端に御茶屋を建てらる、永昌院（忠相）様御在城中の御慰所に遊ばされるべく思し召しなり、春秋亭と御名付け遊ばされ候、世上にては朝倉御殿と申し候」とある。

18 『重朗日記抜粋』元禄17・宝永元年（1704）11月15日条（『酒井家史料・40』に所収）。
なお『前橋市史・第3巻』では『重朗日記抜粋』の記述を元禄14年、建築を元禄15年とし、また「御座敷」としているが、それぞれ、誤りである。

19 「真正」は、真政、実正、真正などの表記もあり一定していない。漢字表記は、①「さねまさ」の漢字の最も古い史料と考えられ、かつ一次史料である寛文5年（1665）前後の「酒井忠清申渡状」酒井家文書、姫路市立城郭研究室所蔵（『前橋風・第3号：酒井忠清申渡状109通の翻刻』特定非営利活動法人まやはし、2019年、に所収）、②天和4年（1684）の「前橋外曲輪御絵図」（前橋市立図書館所蔵）、③群馬県立文書館所蔵『小字名調書』（明治14年『地理雑件』）、の3史料で「真正」となっていることから、当初および正しくは「真正」であったと考えられる。そのため本稿では「真正」を使用する。

　真正道（真正街道）は、現在では高崎方面から東に進んで前橋に向かい、南部大橋（ここに真正の渡しがあった）を越え、北に向かい群馬県庁に至る道とされる。地図3の場所は通らない。地図3を通るのはあずま道である。あずま道は東山道などと同様に、古代の官道（公の道）の名残といわれ、古くからあった。高崎や前橋を通り、伊勢崎、太田方面に通じていた。『前橋市史・第2巻』には「前橋御城之図」が模式化されて載っているが、「サ子マサ道」を「アヅマ道」と書き換えてある。

　しかし、地図3では「真正道」となっている。「前橋御城之図」の描かれたころの前橋地域では真正道と呼ばれていたのである。同じ道であっても地域によって呼び名が異なることはよくある。あずま道が正式名称で、真正道は前橋地域での通称だったのだろう。

　前橋藩の渡しは、北から大渡、真正、福嶋（福島）、五料の4カ所の渡しがあった。真正以外の3カ所は地名が渡しの名称になっている。しかし真正については問題が残る。『小字名調書』では、真正の場所は、大字《おおあざ》である「宗甫分村《そうほぶん》」（今の南町の一部）のうちの「字《あざ》」（通常はこれが小字《こあざ》）は「村内《ムラウチ》」になっている。真正の場所の小字は本来は村内なのである。しかし『小字名調書』では小字であるはずの「字」の「村内」の下に「小字」欄が設けてあり、そこに真正《サネマサ》と記されている。小字である「村内」の地域内の更なる小字として真正が記されているのである。元の小字から細分化したものを小字として

いるのだろう。つまり「真正」は新しく作られた地名である可能性がある。新しい地名であるとすると、次の伝説との関わりがあるかもしれない。

「朝倉村誌稿」（前橋市史資料、阿佐美嘉内著）によると、昭和初期には真正道の近くに「実政山」（原文通り）と呼ばれる場所があり、この場所が、広瀬川が利根川の本流であったときの実政の渡しの場所であった、そして利根川の本流が今の利根川になったことに伴い実政の渡しの名がそちらに移った、という伝説があるという。（利根川の変流は応永34年・1427年ころに起こった。近藤義雄「利根川の変流」『群馬県史しおり』1990年）。

この伝説は興味深い。なぜなら、阿佐美が書いた「実政山」の文字ではなく「実正山《サネマサヤマ》」ならば朝倉村にあったからである。『小字名調書』で、「字」若宮上《ワカミヤカミ》の下欄の「小字」に実正山がある。同じあずま道の東に旧利根川の実正があり、西に新利根川の真正があったわけである。同じ道の旧と新の渡しの場所がともに「さねまさ」である。これは偶然だろうか。

旧利根川の本流が今の広瀬川の流路だったころ、今の南部大橋あたりは陸続きであり（本書「地名『前橋』の由来」参照）、あずま道が通過するだけの特徴のない区域だったはずである。当然、特別な小字の名称を必要としなかっただろう。新利根川が宗甫分村を流れるようになって渡しが作られると事態が変わったのだろう。渡しの名称が必要になり、新たに地名が付けられたのだろう。当時、旧利根川の広瀬川は川幅も狭くなり水量も減ったので渡しを必要としなくなっていた。そこで、旧利根川の「さねまさ」の渡しの名称を新利根川で引き継いだのではないか。「あずま道が利根川を越える場所は、さねまさの渡しである」ことを変えないためには、むしろ、そうする必要があったのかもしれない。結果、発音はそのまま残り、一文字の漢字が変わって「真正の渡し」として引き継いだのではないだろうか。……そんな推測も考えらる。

20　貞享元年（1684）の『前橋風土記』（注2）には、「双子山 群馬郡天川村の西にあり」、「女溝《おんなぼり》 天川原双子山の北にあり」とある。この「双子山」は位置から天川二子山古墳であり、地図3の「二子山」も同じであろう。

21　あずま道はおおよそ現在の南部大橋から群馬県立生涯学習センター南に至る道路である。今の道路は直線的であり二子山古墳の南を通過しているが、本来のあずま道は一直線ではなかった。天和4年（1684）の「前橋外曲輪御絵図」（前橋市立図書館所蔵）によると、途中から北東に曲がり、古墳の北を通ってから古墳を回り込むようにして南下して江戸街道に至る。そして江戸街道と交差して伊勢崎方面に向かった。これは明治18年（1885）の「第一軍管地方迅速図」でも同じであり、古墳の北を回り込んで通っていた。

22　前橋市史編さん委員会、1975年

23　上川渕村誌編纂委員会『上川渕村誌』1979年

24　前掲『小字名調書』。『群馬県史 通史編2』付図1「群馬・那和郡小字名図」。

25 『前橋藩松平家記録・第2巻』（以下『記録』）寛延4年7月4日条
26 『記録・第4巻』宝暦6年4月22日条
27 『記録・第6巻』宝暦9年8月24日条
28 『記録・第11巻』明和4年10月23日条
29 群馬県立文書館所蔵。作成年については、本書「前橋城絵図『前橋旧図』はいつ描かれたか」参照。
30 『記録・第4巻』宝暦5年9月17日条
31 『記録・第17巻』文政6年2月5日条
32 『記録・第17巻』文政6年11月4日条
33 『記録・第20巻』天保5年10月25日条

4　大老・酒井忠清（第４代前橋藩主）は専制政治家か

1　はじめに

江戸時代、最高権力者は徳川将軍です。当時は、立法・行政・司法の三権が分離していず、将軍は一人で強大な権力を持っていました。酒井雅楽頭忠清《さかいうたのかみただきよ》は老中・大老でしたが将軍をも凌ぐほどの権力を持ったとされます。酒井家の上屋敷《かみやしき》が江戸城大手門の下馬札《げばふだ》の場所（図1）にあったことから、「下馬将軍」と呼ばれました。(1)

この「下馬将軍」説をはじめとして、忠清は江戸時代から昭和までの長い間、「専制政治家」、「専横」、「独裁」などのレッテルが貼られてきました。『前橋市史』(2)や『群馬県史』(3)での評価も同じです。果たしてそうなのか。本稿では、幕府における忠清専制説の根拠を概観するとともに、忠清が江戸から前橋の家老たちに宛てた命令書（申渡状《もうしわたしじょう》）から見える前橋藩主忠清の姿を紹介します。

2　忠清の略歴

忠清が生まれる前年、元和《げんな》9年（1623）に徳川秀忠が隠居し家光が将軍になっています。忠清は寛永《かんえい》元年（1624）に譜代《ふだい》名門の酒井雅楽頭家宗家《そうけ》の嫡男として生まれました。祖父の忠世《ただよ》は徳川家康・秀忠・家光の3代の将軍に仕え、家光の時代に老中になり後に大老になりました。(4)寛永13年（1636）に、忠世と父忠行《ただゆき》が相次いで死去し、寛永14年（1637）、忠清は14歳（数え年）で前橋藩の第4代藩主になっています。写真1は「伝　酒井忠清坐像」です。忠清の像や絵はこれまでは残って

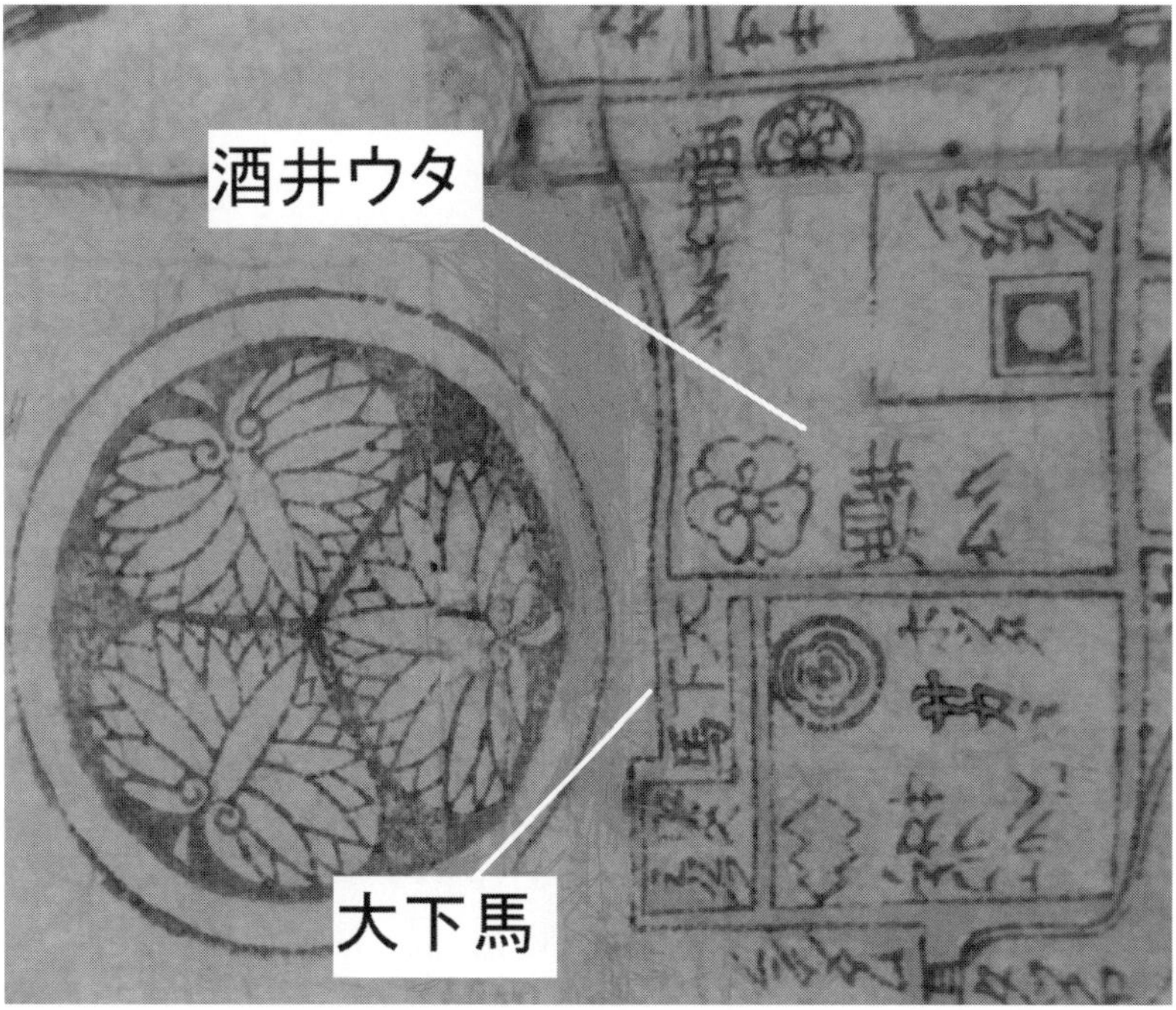

図1　酒井家上屋敷と大下馬（「江戸絵図」享保8年から。群馬県立文書館所蔵。資料名は「江戸図面」）
葵の紋が江戸城、「酒井ウタ」が酒井家上屋敷、「大下馬」に下馬札があった。

いないとされてきましたが、群馬県立歴史博物館にあります。この像の詳細は不明です。今後の研究が待たれます。

慶安《けいあん》4年（1651）に家光が死去し、11歳の家綱《いえつな》が4代将軍になります。その2年後、承応《じょうおう》2年（1653）に忠清は30歳の若さで老中となりました。それもいきなり老中首座でした。さらに寛《かん》文《ぶん》6年（1666）には43歳で大老職に就き、延宝《えんぽう》8年（1680）に解任されるまで14年間務めています。慶安4年（1651）から延宝8年（1680）までの29年間の家綱の治世の中で、忠清は27年間、老中・大老として活躍しました。

写真１　伝 酒井忠清坐像　像高 36.5cm　群馬県立歴史博物館所蔵

　この時期は徳川政権が草創期から確立期に移る時期です。例えば、3代家光死去の際に江戸城に集められた大名を前に、大老が「若し天下を望まれんと（する）ならば此の節にて候ぞ」と言ったといいます。これは4代家綱が将軍になる頃にはまだ徳川の天下が当然のこととは思われていなかったことを示しています。5代綱吉《つなよし》以降はこういう話はないといいます(5)から、家綱時代に徳川政権が確立したと考えられます。

　家綱時代には、それまで徳川将軍と各藩主との私的で個人的な主従関係から、徳川家（を頂点とした幕府という機構）と藩主の家（という機構）との公的な支配関係に変わっていきます(6)。組織化された全国的な管理統制がなされるのです。(5)(7) それに伴い、職制も細分化され、多くの法令や規則が出されています。例えば、武家諸法度や諸宗寺院法度が出され、殉死の禁止、証人制（江戸に藩主の妻子を人質として住まわせた制度）の廃止、枡《ます》と秤《はかり》の統一などがあります。(5)(7)(8) これらを主導した幕府の中心に忠清がいました。

将軍家綱が病弱であったことや、幕府首脳部の中でも譜代名門の家柄や首脳部経験からも忠清は抜きん出ていたため、忠清に権力が集中しました。その立場にいたことから「専制」批判が大きかったことは想像にかたくありません。問題は、その批判が正しかったか、です。

忠清「専制」の主な根拠として、「下馬将軍」の呼称、伊達騒動と越後騒動の裁き、そして将軍後継問題（いわゆる宮将軍《みやしょうぐん》擁立説）があります。

3　「下馬将軍」の呼称

忠清の権勢に関して『江戸聞見録』(1) では次のように書かれています。句読点・ルビ・括弧は原文に加筆。

前橋少将酒井雅楽頭、天下の権を握り、政事は巨細となく皆その手より出る。（略）名付けて下馬将軍という。その心は城門下馬の牌《ふだ》以外の将軍と言うが如し。また、高砂《たかさご》将軍と号す。高砂という謡本《うたいぼん》に皆漏るること無しといえる文句有るによりて、天下のこと皆雅楽頭の指南に漏るるものなしという心なり。四海の貢献（貢ぎ物）はその門に充ち満ちぬればその富いうばかり無し」、「雅楽頭を饗応す、といえば行幸《ぎょうこう》（天皇の外出）の装いより夥《おびただ》しく、新たに殿（立派な建物）を造り、接伴《せっぱん》（接待。ここでは接遇か）の人に厚く物品を贈り、取りなしよき様に思い、四海の珍を集め（略）忠清は権力を握り、大事も小事も全て忠清が決めていたので下馬将軍とも高砂将軍とも言われたとしています。

忠清が「下馬将軍」と呼ばれたことに関して、辻達也は「下馬将軍」説を否定しました。(7) 辻は、「下馬将軍」の呼称を定着させた根拠史料『武門諸説拾遺《ぶもんしょせつしゅうい》』は後世の記述も少なくないことから、書の成立は寛政《かんせい》年間以降であり、内容も好事家の見聞雑記書としています。後世の噂や評論であって不確実ということです。同じく根拠史料とされた『君臣言行録《くんしんげんこうろく》』にある忠清の権勢を示すとされた文は、忠清一人に対してのものではなく、当時の老中全てに対しての批判であり、それを後世に注釈した際に忠清に対するものと誤釈したことを指摘しました。併せて、『談海《だんかい》』や『玉滴隠見《ぎょくてきいんけん》』にも忠清の悪評はあるものの忠清の専横を非難したものではなく、これらもまた、他の幕府閣僚全体への悪評であるとしています。逆に、両書には忠清に好意的評価をしていることも記しています。結論として、下馬将軍説は忠清から1世紀あとの明和《めいわ》・天明《てんめい》期の加筆ないしは創作だろうとしました。

福田千鶴は、元禄《げんろく》3年（1690）ごろの『土芥寇讎記《どかいこうしゅうき》』、延宝8年（1680）から元禄15年（1702）までの見聞録『御当代記《ごとうだいき》』に「下馬将軍」の表記があることから、遅くとも5代将軍・綱吉の治世期には成立していたとしています。(8)

ともあれ「下馬将軍」の呼称は忠清の在職時のものでなく後世の造語のようです。ニュアンスは中傷・非難に近いものですので、意図をもった風評だったのかもしれません。

4　伊達騒動・越後騒動

伊達騒動は仙台藩伊達家のお家騒動です。万治《まんじ》3年（1660）に藩主が隠居させられ、あとを継いだ2歳の藩主のもとで重臣同士の紛争が続きました。伊達安芸の領地での争いを藩内で解決できず、寛文11年（1671）に幕府に訴えがあり、3月に忠清邸にて、大老忠清と老中の前で関係者の尋問がありました。その審議の途中で、仙台藩奉行（家老）の原田甲斐が伊達安芸に切りかかり、この2人を含む4人が死亡しています[9]。

忠清は万治3年の藩主の隠居に幕閣として深く関わり、悪臣と結託して便宜を図った、というのが通説でした。それに対して、笠谷和比古は、藩主隠居は伊達一門の親族会議の結果であるとしました[10]。福田千鶴は、忠清は取次《とりつぎ》（各藩の相談役であり幕府閣僚とのパイプ役。各藩にはそれぞれに依頼する老中や旗本がいた）として消極的にしか関わっていないとするとともに、寛文11年の訴訟は審議途中で中断されたため、忠清の大老としての職権が発動されたわけではないとしています[8]。

越後騒動は越後高田藩のお家騒動です。延宝2年（1674）に藩主松平光長の嫡子が死去したあと後継者争いが起こっています。一旦は決着しますが、延宝7年（1679）になって家老・小栗美作が自分の嫡子を光長の養子にするとの風評から家中《かちゅう》が対立しました。光長は一門の松平近栄や松平直矩に相談し調停を依頼しています。忠清は松平直矩と親しかったことおよび取次の立場で関わったに過ぎません[8]。しかし、このときの処罰が小栗に寛大であったため、忠清が小栗から賄賂を受け取ったという噂が流れました。

この越後騒動には2つの大きな問題がありました。1つは、将軍の内意が示されても高田藩が従わなかったこと、もう1つは、その将軍内意の内容が老中が決めたままであって将軍が関わっていなかったらしいこと、です。これは将軍の権威が絶対ではなかったことを示します。家綱の次に将軍になった綱吉が将軍職に就いて4ケ月後の延宝8年(1680)12月から越後騒動の再審が開始され、同月に忠清が大老職を解任されています。そして延宝9年(1681)5月に綱吉による裁決があり、御三家に次ぐ格式があった松平光長の高田藩も改易《かいえき》(領地没収)になりました。

5 将軍後継問題=宮将軍擁立説

忠清専制の最たるものとして挙げられるのが「将軍後継問題」、俗に言う宮将軍擁立説です。忠清は、家綱の次の将軍として有栖川宮《ありすがわのみや》を推したとされます。自分の意のままになる宮将軍を立てて権力を保持しようとした、というものです。その前後の経緯は次の通りです。

延宝7年(1679)　4代将軍・家綱、体調不良
延宝8年(1680)　5月　綱吉、兄・家綱の養子となる
　　　　　　　　　　家綱、死去。後継の子なし
　　　　　　　　8月　綱吉、五代将軍に就く
　　　　　　　　12月　忠清、大老職解任

越後騒動の再審開始

延宝9年・天和元年（1681）
　5月　忠清、死去
　　　綱吉、越後騒動を裁く
　12月　堀田正俊、大老に就く

「宮将軍擁立説」は定説化して多くの書物に書かれています。しかし辻達也は、その根拠となった主要史料の『御当代記』と『武野燭談《ぶやしょくだん》』の2つとも噂話であることから「宮将軍擁立説は抹殺すべき根拠もないが、確実性も乏しい」とし、その説が出たのは、「忠清の罷免《ひめん》を人々が意外としたから」であり「要するに忠清が宮将軍擁立を提唱したために失脚したのではなく、罷免されたが故に宮将軍説が流布されたと考えるべき」としました。(7)

福田千鶴は、詳細に史料を検討した結果、家綱の余命はもっと長いと推測されていたので、延宝8年5月の会議では次期将軍の話でなく養子を決めることであったこと、もしその養子が将軍になっても中継ぎと考えられていたこと、などを指摘し、忠清の専制の根拠とはならないとしました。(8)

史実では、家綱の養子選定の経過は不明です。誰が誰を推したかも分かりません。しかし、綱吉政権になってから忠清が解任され堀田正俊が大老になったことから、世評として、正俊が綱吉を推して忠清が別の人を推したと推測されたのでしょう。「別の人」とは有栖川宮であったかもしれませんし、19歳の綱豊（＝綱吉の次の6代将軍・家宣《いえのぶ》）であったかもしれません。少なくとも綱吉ではなかったようです。

6　忠清専制説への個人的疑問

忠清専制説の立場からは、宮将軍推挙は忠清が「専制政治」を続けたかったためと考えるのでしょう。しかし、選定会議があった場合、もし忠清が有栖川宮を推し正俊が綱吉を推したのだとすれば、これはまさに「合議の結果」であって忠清「専制」説をむしろ否定することになるのではないでしょうか。

また、忠清は寛永14年（1637）に10万石で世襲し、寛文3年（1663）に13万石、延宝8年（1680）に15万石となっています（因みに、譜代筆頭の彦根井伊家は30万石です）。加増の幅では、忠清のあとの大老になった堀田正俊は慶安4年（1651）に1万石、延宝7年（1679）に4万石、延宝9年（1681）には9万石になっていますし、綱吉の側用人の柳沢吉保は530石から15万石に、それぞれ加増されています(8)。これらと忠清を比較した場合、「専制政治を行った」にしては加増が少な過ぎるのではないでしょうか。

そして、忠清の後の忠挙《ただたか》の時代には、前橋藩は財政に苦しみ、たびたび姫路などへの移封を画策しています。その史実からは、忠清が私腹を肥やして前橋藩に注いだとは考えられないのではないでしょうか。

忠清は延宝9年・天和《てんな》元年（1681）5月に死去しています。墓は前橋市紅雲町の龍海院《りゅうかいいん》にあります（写真2）。酒井家歴代藩主墓群の一画です。

写真２　酒井忠清墓（龍海院）

7　前橋藩主忠清

以上、中央政界における忠清の専制政治説でした。ここからは、忠清が前橋の家老たちに宛てた１０９通の書状[11]を通して、前橋藩主としての忠清の姿を探ります。今回は５つの視点から見ていきます。書状は、忠清が家老たちに申し渡す形式になっていますので、以下「申渡状」とします。

(1) 109通

そもそも、申渡状が１０９通もあることが意外でした。老中、大老の仕事で忙しかったにもかかわらず、これほど多くの申渡状があることが驚きです。１０９通は「酒井家文書」に残されているものだけですが、他にもあることが確認できますので、もっと多くの文書を送っています。公務多忙なため前橋にほとんど帰れない状況を補うために申渡状を発給したのでしょう。申渡状で藩政の細かな指示を出しています。

登場人物は家臣から百姓まで４００人を超えていますし、地名も70町村以上が出てきます。４００人以上の人物たち全員を直接知っていたわけではないでしょうが、内容については細かいことまで掌握していました。武士に限らず町民や農民の処罰まで指示しています。「こんな細かいことまで！」と思われることも家老任せにせず、自ら決定・決済しています。

(2)巡見使《じゅんけんし》への対応

「専制政治家」ならこんな指示はしないのではないか、と思うのが巡見使（将軍に代わって各地の世情を視察する）への対応です。寛文11年（１６７１）２月の文書[12]には以下の5条の指示があります。

一、領分中困窮《りょうぶんちゅうこんきゅう》致し候所《そうろうところ》、麦并《むぎなら》びに鳥目借《ちょうもくか》し申すべき事《こと》、（領分中で困窮したところには麦と金銭を貸すこと）

一、城下の町、国廻衆《くにまわりしゅう》三人の旅宿心当《こころあ》て仕《つかまつ》り、三ヶ所入れ申すべく候間《そうろうあいだ》、畳表《たたみおもて》なども替えさせ申すべく候事《そうろうこと》、（城下の町で、国廻衆（巡見使）３人の旅の宿を手配し、３カ所に入るようにするので、畳表なども替えさせること）

一、領分中高札《こうさつ》・制札《せいさつ》等、文字見えざるをば立て替え申すべく候事、（領分中の高札や制札など、文字が見えないものは立て替えること）

一、領内へ珍《めずら》しき医者、又は出家・儒者・神道者など参り候《そうら》はば、江戸へ伺い、差し置き申すべく候事、（領内へ見かけない医者、または僧・儒者・神道者などが来たら、江戸に問い合わせ、その

ままにしておくこと）

一、領内へ先年　公儀より御法度《ごはっと》書きの通り、いよいよ油断無く申し付け候《そうろう》様《よう》に、諸《しょ》代官へ申し渡すべき事、（領内へ先ごろ公儀からの法令書の通り、いっそう油断なく申し付けるように代官たちに申し渡すこと）

2か月後の4月6日にも重ねて指示(13)を出します。

国廻りの衆御通《おとお》りの刻《きざみ》、万端《ばんたん》念を入れ申し付け候《そうろう》様《よう》に代官どもに申し渡すべく候、委曲《いきょく》は、川田金左衛門、口上《こうじょう》に申すべく候、（国廻りの衆が御通りの時は、万端念を入れて申し付けるように代官たちに申し渡すように。詳細は、川田金左衛門が口頭で伝える）

続いて5月には、国廻り衆対策として、例年5月頃に実施していた代官の異動を延期しています(14)。

代官替えの儀、当年は国廻りも御通り候間、来春申し渡し然るべき事、（代官の交替の件は、今年は国廻りもお通りになるので、来春に申し渡すことが適切である）

巡見使は藩の状況の善悪、落ち度などをチェックします。大老の立場としては自分の藩運営の落ち度を見せるわけにはいきませんので、注意すべきことを指示したのでしょう。巡見使への他藩での準備がどの程度であったか不明ですので、2月の5つの指示が細かいのか簡単過ぎるのかは判断できません。4月の指示の際は川田金左衛門を使者として送っています。口頭で細かな指示があったのでしょう。また、新任の代官では不慣れなことがあるかもしれないため、現職の代官を留任させています。

万端の準備をした上で国廻り衆を迎えています。少なくとも専制政治家の慢心があるとは思えません。

⑶被災者などへの対応

「忠清は細やかな配慮をする人だったかもしれない」と思わせるのが被災者などへの対応です。明暦《めいれき》3年（1657）に江戸で起きた「明暦の大火」（振袖火事）のためか前橋で起きた火災のためかは不明ですが、火災を契機にして城内にあった8つの寺院を城外に移転させ、寺跡に16人の家臣屋敷を割り当てています。このときに限らず、火事の被災者には、武士・町民・農民に限らず、建築資材の材木・竹・かやを与えたり、金銭を貸したり、麦を貸したりしています。これは他藩でも一般的なことですが、他藩とは異なるかもしれない対応について、明暦4年・万治《まんじ》元年（1658）2月～4月の申渡状から抽出してみます。

・2月6日の申渡状。[15] この指示の前に5つの寺院跡を6人の家臣に割り当てています。

城内諸寺《しょじ》立《た》て候《そうろう》について、引料《ひきりょう》ばかり遣《つかわ》し候ても、自分にて作事《さくじ》成《な》り難《がた》く候はば、くりにても立《た》て候て、遣《つかわ》し然《しか》るべき事、（城内の諸寺を城外に建てることについて、移転費用だけ与えても、自力で建築するのが難しければ、庫裏を建てるよう藩から人を遣わすのが適切である）

以下の対策も同じですが、これらの指示は家老や年寄からの提案があったためなのか現場からの要望があったためかは分かりませんが、忠清が発案者ならば緻密な配慮を欠かさない人だったのでしょう。

・2月6日の別の申渡状。[16] この指示の前に、22人の家臣に与えた武家屋敷の規模（奥行3間《けん》5・4m×間口6間11mなど）が各人ごとに箇条書きで列挙されています。

右の通りに下《くだ》され候《そうろう》間《あいだ》、竹木・かや、自分に取り候儀、罷《まか》り成る間敷《まじ》く候、人足《にんそく》にて居屋敷《いやしき》迄、相《あい》届け申すべく候、（右の通りの規模の屋敷を与えるので、建築資材となる竹や茅を自分で取ってく

ることについては、実施できないだろうから、藩からの人足に屋敷まで届けさせるように）

・以下2条はともに2月24日付の申渡状[17]。この日までに8寺院の移転を指示しています。

城内諸寺立《た》て直し候について、こぼち候寺の家、新地《しんち》迄人足《にんそく》にて相届け連々《つらつら》立て申すべく候事、（城内にある諸寺を城外に建て直すことについて、取り壊した寺院で使用していた建材を、新しい寺院の場所まで藩からの人足に運搬させ、念を入れて寺を建てること）

江戸より参《まい》り候者ども町屋《まちや》に罷《まか》り在《あ》り候《そうら》はば、商《あきない》罷《まか》り成《な》る間敷《まじ》き由《よし》、尤《もっとも》に候間、家賃とらせ申すべく候事、（江戸から前橋に行く者たちが町屋に居るならば、町屋が商売できないとのことはもっともであるので、町屋に家賃を与えること）

江戸から前橋に来るのは、被災してのことなのか江戸からの使者として来るのかは不明ですが、使者ならば1人か2人の少人数ですし、使者が利用する使者屋敷は町の中に確保されていましたので、町屋への迷惑は無かったはずです。町屋の商売に影響するほどになるのは、被災して前橋へ移った人数が多かったためでしょう。

・4月11日の申渡状[18]

類火《るいか》に逢い候者《もの》ども、諸々《もろもろ》の借金、当年差し上げ候儀、赦免の事、（類焼に遭った者たちの諸々の借金のうち今年の返済については免除すること）

この文は、被災という点からは、現在の新型コロナウイルス感染症のことを思ってしまいます。

⑷もめごと・処罰に対する姿勢

忠清像を知るための格好なものとしては、もめごと・処罰に対しての姿勢があります。寛文12年（1672）の申渡状[19]です。

玉村領茂木村《もぎむら》田口孫助と申す者出入《でいり》の儀《ぎ》、孫助理運候間《りうんそうろうあいだ》、孫助申し候通《そうろうとお》りに仕《つかまつ》るべき事《こと》、

（玉村領茂木村の田口孫助と申す者のもめごとの件については、孫助の言うことは道理にかなっているので、孫助の言う通りに対処すること）

「出入（もめごと）」の内容は不明です。前橋の家老たちが孫助のもめごとへの処罰に迷ったのでしょうか。ここで肝心なことは「理運」の語句でしょう。忠清は「道理に合っているか否か」で考えています。おそらく、もめごと対応以外でも合理的に考える人だったと思われます。

万治2年（1659）には、死罪になった盗人を雇った町人の処罰について即決せずに再考しています[20]。この町人は、他の者と同様に牢屋に入れてから追放することに決まっていましたが、「先に追放を申し付けた者どもとは様子が違っているので」と追放せずに牢に入れたままにするように指示しています。最終的な処分がどうなったかは申渡状には出てきませんが、地元前橋では追放と決めた町人を忠清が再検討したのでしょう。

万治2年（1659）の申渡状[21]です。

苗ヶ嶋《なえがしま》村の盗人《ぬすびと》の儀、三度拷問仕《つかまつ》り候ても白状仕らず、其の上証拠もこれ無く候はば所払《ところばらい》申すべき事、（苗ヶ嶋村の盗人の件については、3度拷問しても白状しないこと、その上、証拠が無いならば追放とすべきこと）

盗人は通常は死罪ですが、3回拷問しても自白せず、また証拠もないので追放にしています。無罪でもよさそうですが、疑わしい点があったのでしょうか。

逆に、通常の刑よりも重くした処罰もあります。[22] 草を盗んだ者に5カ所の傷を負わせて殺した例です。殺した後にそのままにして届け出なかったことと、草を盗んだ場合には通常は罰金で済ますところを殺してしまったことの2点から、今後の処罰の前例として死罪を申し付けています。

(5)農民に対して

農民に対して我慢を強いる指示があります。延宝7年（1679）のことです。[23]
佗領《たりょう》と公事《くじ》・出入《でいり》これ有り候節《そうろうせつ》、此方《こなた》の百姓《ひゃくしょう》、随分堪忍《かんにん》仕《つかまつ》り候様《よう》に、代官どもに申し渡すべき事、（他領との間で訴訟やもめごとがあったときは、こちらの百姓に出来る限り我慢するように、代官たちに申し渡すこと）
もめごとを避けるための方策でしょう。他藩でも同様な命令が出ていたのか分かりませんが、農民にとっては辛かったかもしれません。
半面、農民保護の指示もあります。
寛文元年（1661）8月21日に、[24]
当作毛能《さくもうよ》く候由《そうろうよし》に候間《そうろうあいだ》、免相《めんそう》少しあげ候ても能《よ》くこれ有るべく候哉《や》、莵角検見《とかくけみ》に念を入れ候様《そうろうよう》に申し渡さるべく候、（今年の稲の出来は良好とのことなので、年貢率を少し上げてもよいだろう。いずれにしても収穫の検分を念を入れて行うように申し渡すこと）

と指示したものの、その翌日[25]に、

一両年《いちりょうねん》は、百性《ひゃくしょう》も困窮致し候の様に申し候間《そうろうあいだ》、如何之《いかがこれ》有るべく候哉、（ここ1～2年は百姓も困窮しているとのことなので、このことをどうしたものだろう）

と要再検討としています。そして11月[26]には、

領分中百性ども、草臥《くたびれ》候の様に相聞《きこ》へ候の間、壱石《いっこく》（に付き）弐升宛加免《にしょうずつかめん》申し付け候間、其の通り、代官共《ども》に申し渡さるべき事、（領分中の百姓が疲れていると聞いているため、一石につき二升ずつの減免をすることを申し付けるので、その通り代官たちに申し渡すこと）

と逆に年貢率を下げて減税しています。忠清の恩情を感じさせます。

また、延宝2年（1674）には年番の家老に宛てた指示[27]があります。

領分中百性《ひゃくしょう》ども飢え申す様に相《あい》聞こえ候間《そうろうあいだ》、油断無く相改《あいあらた》め申し付けらるべく候、一人《いちにん》も餓死候《そうら》はば、其《そ》の方年番候條《ほうねんばんそうろうじょう》、越度為《おつどた》るべく候、（領分中の百性たちが飢えているように聞こえるので、油断なく注意するよう申し付けるように。もし、一人でも餓死するならば、其の方が年番であるが故に落度である）

農民を思う気持ちが表れています。藩主を宣揚するためにエピソードを創作したり誇張することはありますが、ここでは忠清自身の言葉です。まさしく事実です。

8　おわりに

従来、酒井忠清は専制政治家「下馬将軍」として知られてきました。しかし、2000年に福田千鶴著『酒井忠清』が出版されて以来、忠清像は画期的に変わったと思われます。福田は「彼（忠清）ほど実証的な検討を経ぬまま、ステレオタイプな専制的政治家として描かれてきた人物はいないのではないだろうか」と考え、それまでは二次史料（後に記されたもの）を研究対象にしたものが多かったのに対して一次史料（当時に当事者が記したもの）を中心に研究を重ねた結果、「忠清は武家故実に通じ、政治的決断力の確かさ・迅速さという点での資質に恵まれた人物であった」と再評価しています。これまで悪役イメージが強かった忠清像を覆す人物像が提示されたわけです。

この全国的な新しい忠清像と同様に、前橋の家老に宛てた忠清の申渡状を読んだ限りでも、やはり専制政治家というイメージは湧きません。前橋藩主としての忠清は藩政において「理運」を基準に物事を見ていたように思われます。また、農民や町民の保護の視点・思いを持っていました。

これまで忠清を名君とした史料は見ていません。息子の忠挙は『前橋風土記』を編纂し、藩校の好古堂《こうこどう》を建設し、前橋12景を詠むなど、文人的な活躍もあり、名君とされてきました。忠挙を名君とする代わりに忠清を専制政治家として貶《おとし》めてきた傾向があるように思われます。これはある意味、地元の責任でもあります。

忠清を過度に持ち上げることは不要ですが、忠清の真の姿を宣揚していくことは地元の責任です。他藩の藩主との比較から忠清の優れた点そして劣る点を検討するなど、新たな忠清研究が前橋から生まれることを期待します。本稿がその契機になれば幸いです。後考を待ちたいと思います。

本稿の前半部の多くは福田千鶴著『酒井忠清』を参照させていただきました。記して御礼申し上げます。

注

１　『江戸聞見録』東京大学史料編纂所所蔵。文化5年（１８０８）に書写された書。原本の作成年は不明。

２　前橋市史編さん委員会、『前橋市史・第2巻』前橋市、１９７3年

３　群馬県史編さん委員会、『群馬県史 通史編４』群馬県、１９９０年

４　前橋藩主の中で老中・大老を務めたのは忠世、忠清の他、酒井家では9代藩主の忠恭、松平家では幕末の直克がいる。

５　藤井譲治「家綱政権論」、松本四郎・山田忠雄編『元禄・享保期の政治と社会』有斐閣、１９８０年

６　朝尾直弘「将軍政治の権力構造」『岩波講座日本歴史・第10巻』岩波書店、１９７5年

７　辻達也『江戸幕府政治史研究』続群書類従完成会、１９９6年

８　福田千鶴『酒井忠清』吉川弘文館、２０００年

９　原田甲斐の刃傷事件は酒井家にとっては2つの傷として残った。

　1つは文字通りの「傷」であり、「原田甲斐の切つけ柱」である。切り合いの最中に原田甲斐が誤って柱に切りつけその刀の跡が上屋敷の柱に残ったものである。事件以降、酒井家を訪れた人の中にはその柱を見る人もいたという（松下高徐著、津山邦寧翻刻「摘古採要《てきこさいよう》（一）～（三）」『城郭研究室年報』第25号～27号、姫路市立城郭研究室、２０１６～２０１８年）。

２つ目は、家臣同士の殺傷事件である。『直泰夜話《なおやすやわ》』（勅使河原三左衛門直泰著、前橋市立図書館所蔵。宮下藤雄校注、１９６６年）と『重朗《しげあき》日記抜粋』（関友之助重朗著、酒井家文書、姫路市立城郭研究室所蔵。群馬県立文書館製本利用）によると、寛文11年（１６７１）５月11日、亀山権太夫が江戸の酒井家の屋敷内にあった自宅で鈴木三郎太夫に斬殺された。理由は、同年３月27日、原田甲斐が刃傷に及んだ時、鈴木が広間の床の間にあった鑓を取ってその場に臨んだことを亀山らに非難され、これを恨みに思ったからという。亀山の死を知った関友之助（亀山の兄）はすぐに家来を引き連れて鈴木宅に駆けつけ、斬り合いの結果、仇討ちを果たす。この事件で双方の家中の６人ほどが死亡した。

亀山権太夫は２５０石取であり、奏者番（家臣が藩主に会う際の指示や進物の披露などを行う役）を務めていた。一方の鈴木は３００石取で鑓の名手だった。ともに身分の高い家の間での争いであったことや死者が６人ほども出た大事件であった。当時は大騒ぎになったようだ。全国的な出来事を記した『甲子夜話《かっしやわ》』（松浦清著、中村幸彦・中野三敏校訂『甲子夜話続編２』平凡社、１９７９年）にも記載されている。『甲子夜話』では『校合雑記《きょうごうざつき》』からの引用の形で、亀山の事件を書いている。そもそも原田甲斐の刃傷事件が江戸や全国で大きな話題になったであろうから、それに関連して起こった亀山の事件も話題になったのだろう。

10　笠谷和比古『主君「押込《おしこめ》」の構造』平凡社、１９８８年

11　酒井家文書、姫路市立城郭研究室所蔵。
　酒井家文書をマイクロフィルムにしたものが前橋市立図書館にもある。１０９通の翻刻は『前橋風・第３号：酒井忠清申渡状１０９通の翻刻』特定非営利法人まやはし、２０１９年、に所収されている。

12　寛文11年亥ノ２月26日付。姫路市立城郭研究室所蔵番号（以下、姫）Ｃ１‐16、前橋市立図書館マイクロフィルム番号（以下、前）０３６‐１８６

13　（寛文11年）４月６日付、姫Ｃ２‐９、前０３６‐１２６
　１０９通中98通は無年号文書である。内容、干支、宛所（宛先人）などから年号を推定したものが『前橋風・第３号』にある。本稿ではその推定年を用い、括弧で示した。

14　寛文11年亥５月11日付、姫Ｃ１‐17、前０３２‐０８４

15　（明暦４年・万治元年）戌２月６日付、姫Ｃ１‐49、前０３６‐１９０

16　（明暦４年・万治元年）戌２月６日付、姫Ｃ１‐48、前０３５‐１４８

17　（明暦４年・万治元年）戌２月24日付、姫Ｃ１‐50、前０３６‐１３２

18　明暦４戌４月11日付、姫Ｃ１‐６、前０２８‐０７４

19 （寛文12年）子11月25日付、姫C１‐27、前０３２‐０８６

20 （万治２年）４月３日付、姫C１‐１０２、前０３６‐１９７。万治２年６月17日付、姫C１‐８、前０３６‐１９６。（万治２年）８月11日付、姫C１‐１４５、前０３６‐１８５。

21 （万治２年）４月３日付、姫C１‐１０２、前０３６‐１９７

22 （寛文２年）寅11月26日付、姫C１‐36、前０３５‐１４９

当七月、荒口村百姓《あらくちむらひゃくしょう》（百姓）召《め》し遣《つか》い、下大屋村分《しもおおやむらぶん》あれ畠にて殺され候《そうろう》、死人の主《ぬし》并《なら》びに好身《よしみ》の者（親しい人）畠主方へ改め仕《つかまつ》り、畠主穿鑿《せんさく》（詳しく調べる）の上、殺し候者《もの》罷《まか》り出《い》で候由《そうろうよし》、前橋へ申し来り候間《そうろうあいだ》、死人の様子見分《けんぶん》の為、下目付《したためつけ》両人（２人）遣《つかわ》し候処《ところ》に、打疵《うちきず》五ヶ所これ在り候、相果《あいは》て（死去）候場《ば》の様子、書付の通り聞き届け候、縦《たと》い草盗りに参り候とも、打ち殺し候以後申し出《いづ》べき処に、此の段不届《ふとどき》に候、今迄は草木かり取り候ても過銭《かせん》（罰金）にて相済み候処に、右の仕合《しあわせ》（なりゆき）、重畳《ちょうじょう》（重ねて）不審成る事に候、以来《いらい》（今後の）仕置《しおき》（刑罰）の為に候間、殺し候者、死罪に申し付け尤《もっとも》の事、

23 延宝７未年３月１日付、姫C１‐23、前０３５‐１４２

24 （寛文元年）８月21日付、姫C１‐１５０、前０３５‐５０８

25 （寛文元年）８月22日付、姫C１‐１５１、前０３５‐１４４。以下、全文。

「当作毛《とうさくもう》、宜《よろ》しく之在《これあ》る様に候間、少し免相《めんそう》も上げ候ても能《よ》く候はん哉《や》と、申し遣《つかわ》し候へども、一両年《いちりょうねん》は、百性も困窮致し候の様に申し候間、如何之《いかがこれ》有るべく候哉、其の段先《ま》ず考えたるべく候へども、申し遣し候、」

26 寛文元戌11月17日付、姫C１‐９、前０３５‐１７２

27 （延宝２年）12月８日付、姫C２‐18、前０３６‐１３０

5 断絶した酒井弾正家と墓の謎

1　はじめに

前橋には11の国指定史跡があります。8基の古墳と上野国分寺跡《こうずけこくぶんじ》（元総社町〜高崎市群馬町）、山王《さんのう》廃寺跡《はいじ》（総社町。最近では、山王廃寺は放光寺とされる）、女堀《おんなぼり》（富田町〜東大室町の6町）です。これに加わってほしいものとして龍海院《りゅうかいいん》（紅雲町）の前橋藩主酒井家の墓所があります。

酒井家藩主墓群には、前橋（のちに姫路）藩主の初代から15代までの墓があります。その規模と風格には圧倒されます。現在は前橋市指定史跡ですが、国指定史跡としても十分なレベルと思われます。藩主墓で国指定史跡になっている例は全国には多くあります。それらと比べても酒井家藩主墓群は何ら遜色がありません。

この墓所が国指定史跡になった場合、忘れてならないのは、この一画にある酒井弾正《さかいだんじょう》家の墓石群です。藩主墓に比べると、ひっそりと在ります。

酒井弾正家は、その立場上、前橋藩酒井家でも微妙な立場にあったようです。

2　酒井弾正家の格式

前橋藩酒井家初代藩主の重忠《しげただ》には4人の息子がいました(1)(2)（図1）。長男は2代藩主となる忠世《ただよ》です。次男が忠季《ただすえ》であり、この家系では当主が弾正を通称（官職名）とすることがあったため弾正家と呼ばれました。

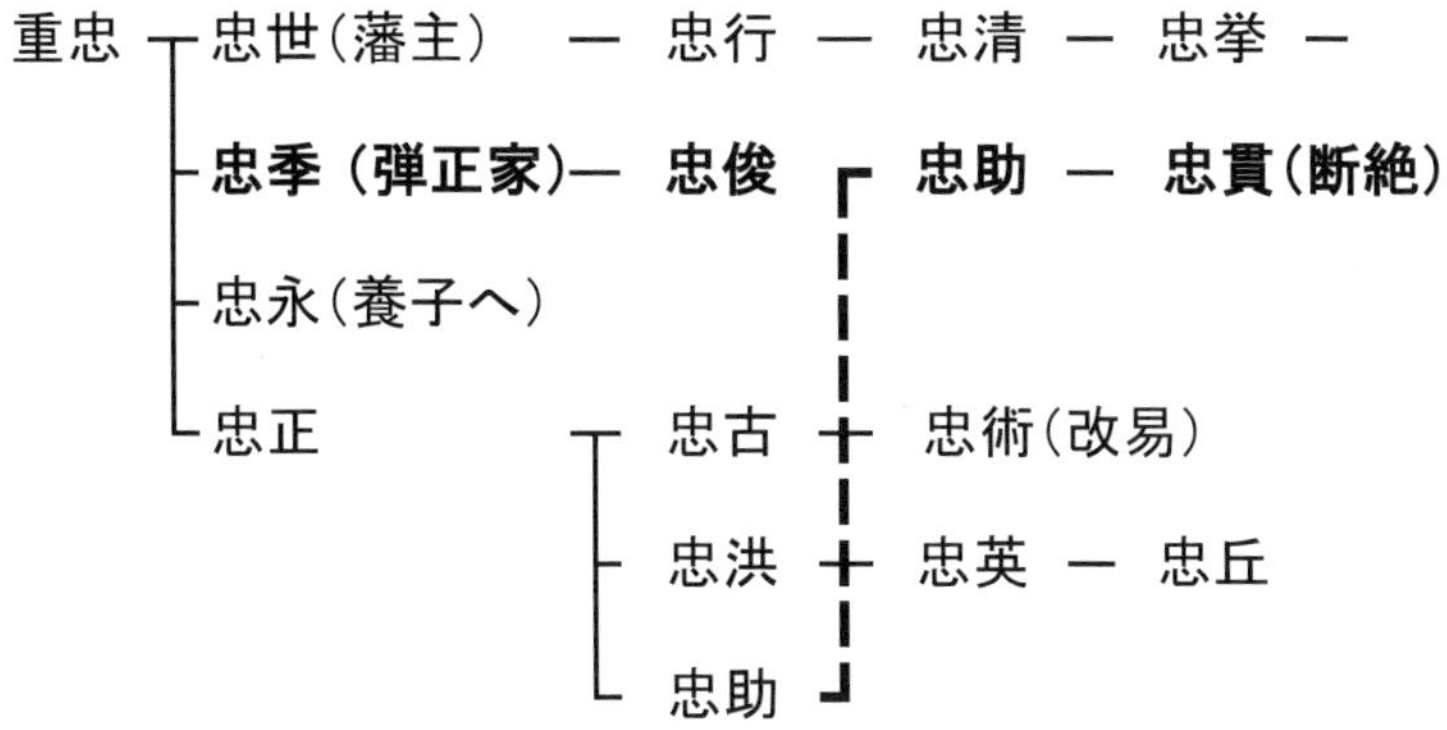

図1　重忠の息子たちの家系
忠助が忠俊の婿養子になる。忠貫の息子が他家に養子に出て弾正家は断絶する。

4代の当主名を、よく知られた通称と本名で記すと、初代は志摩守《しまのかみ》忠季、2代は出羽《でわ》忠俊《ただとし》、3代は淡路《あわじ》忠助（ただすけ[1]、とも、ただます[2]、ともいう）、4代は弾正忠貫《だんじょうただつら》です[3]。4人の通称が異なるので通称がそのまま本人を指すことが通例です[4]。

長男忠世は徳川幕府の重臣として老中、大老になります。次男忠季（弾正家初代当主）も徳川家康の小姓として勤め、忠季の長男の忠定《たださだ》も秀忠と家光に仕えました。しかし、忠季は病弱だったため前橋に戻って隠居し、兄の忠世の家臣となります。

弾正家は前橋藩においては高い地位にありました。石高《こくだか》と屋敷地面積を酒井家筆頭家老の高須隼人《たかすはやと》と比較するとその高さが分かります。高須の石高は3千石ですが、忠季が忠世の家臣になった際には合力米《ごうりきまい》（援助米）6千俵を与えられ、その後は5千石でした。屋敷地面積は高須が2，003坪に対して、弾正家は本丸の北に隣接する2，092坪の屋敷地（高浜曲輪《たかはまくるわ》。のちに弾正曲輪とも呼ばれる）のほか合計9，807坪という広大な屋敷地を与えられていました[5]。明らかに特別待遇でした。

それだけでなく、弾正家は外出のときには徒士《かち》（護衛する家来）2人、近習《きんじゅ》4人が付き従い、挟箱《はさみばこ》（外出用の物品入れ）を掲げさせ、駕籠《かご》に乗っていました。家老に出会っても駕籠を降りませんでした。(6) 侍が「平臥」して挨拶したときは駕籠を地面に下ろし、会釈をしました。(7)

2代藩主の忠世以降、藩主は江戸住まいでしたので、日常的には前橋では弾正家が最も格式が高かったと言えます。

3　弾正家の品格

弾正家は、格式だけでなく品格も優れていました。現代文で記します。

「淡路殿（忠助）は文武の二道に励み、行状の正しい人だった。武道を磨くことは二六時中（十二刻。四六時中）怠ることがなかった。家来たちも軍役に合わせて、持弓、鉄砲をはじめ全ての武器はいずれもそのまま出陣できるよう準備していた。その他に武器の支度《したく》は2万石の軍役ほど所持されていたという。淡路殿は隠居して魯軒《ろけん》と号した。御子息の弾正忠貫は5千石を相続した。儒学を好み行状の正しい人であった。武道は魯軒殿以来の決まりであり、武器も1万石の軍役の積もりであって、毎年これらを改めさせて修復を加え手を抜かないようにしていた。咸休院《かんきゅういん》（第5代藩主忠挙《ただたか》）様などは魯軒殿・弾正殿に見落とされ（見下げられ）まいと日夜心掛けられたほどという」(6)

また「総じて弾正殿の家来は末々《すえずえ》の者に至るまで志が正しく、悪しきことに志すものは一人もいない。身分相応に何らかの芸能（武芸や学問の才能）があった。是《これ》は幼年より道を守り法令を重んずる家風を見習ってきたためである。誠に御家（藩主の酒井家）の誇りであり諸人の鑑《かがみ》とも言うべきである」(6)。

弾正が家老の川合内臓介《かわいくらのすけ》を戒めたエピソードがあります(8)。

川合が弾正家を訪れたとき、家来が鉢に種を蒔いていた。川合が何の種か問うと「草花の種」との返答があった。川合は「もし花が咲いたら、5本の指を差し上げましょう」と言った。その後、川合が弾正家を訪れると、弾正は「過日の草花がこのように咲きました。ついては、お約束のものをいただきたい」と言う。川合は「何でしょうか」と覚えていない。弾正は家来にまな板と出刃包丁を用意させた。川合「これはどうしたことでしょうか」、弾正「過日に、この鉢の花が咲いたら5本の指を下さるお約束でした。早速、頂戴します」、川合「全く覚えておりません。私が戯れに言ったことをよく覚えていらっしゃる」と笑ったが、弾正が指を切り落とさんばかりの表情なので驚き、「私が戯れに言ったことを本当とお思いになり誠に申し訳ありません」とひたすら詫びた。弾正は「大役をお務めになる方は安易にものを約束しないことです。これに限らず、何事においても一言《いちごん》でも話したことと相違しないよう、重い役職の人は極力気を付けられるべきです」と。

4　弾正家断絶

弾正家は特別待遇でしたが、本来は藩主酒井家の家臣としての石高になって当然でしょう。しかし、筆頭家老を大きく上回る5千石取りでした。「家臣でありながら身内」という微妙な立場のため、藩主も家臣たちも扱いに困ったかもしれません。その立場は、父重忠や兄忠世の生存中は問題なかったでしょうが、代が進むにつれて弾正家の位置付けが問題になっても不思議ではありません。また、「諸人の鑑とも言うべき」存在は、一般の家臣からは好ましいことでしょうが、別な視点、例えば藩主や形式を重んじる家臣などから見れば疎《うと》ましく思うこともあったかもしれません。

弾正家は4代で断絶します。享保《きょうほう》7年（1722）のことです。理由は、跡取りの直次郎（後に「忠直」、養子に出て「正直」と改名しますが、本稿では直次郎で統一）を他家に養子に出して家を継ぐ者がいなかったためです。普通ならば、跡取り息子を養子には出しません。養子に出したのは藩主忠挙が話を進めたからです。この忠挙の判断は家臣の間では評判は悪かったようです。「咸休院様の御一生の御誤りであると、その頃の御家中でも御一類様方（同族の方々）でも内々に話されていた[6]」

弾正家の断絶は、一説には酒井忠英《ただてる》の「悪心」によってのことといいます。忠英とは重忠の四男忠正《ただまさ》の家系の3代目です（図1）。つまり忠英と忠貫は従弟同士です。そして忠貫の長女は忠英の息子に嫁いでいます。この忠英が、忠貫の子・直次郎を養子に出すよう忠挙に勧めたといいます。忠挙はその話に賛成し、直次郎を養子に出します。忠英が養子話を進言した目的は、当時、忠挙の孫の親愛《ちかよし》が病身であったので、万一の場合、自分の次男を藩主に就かせるため、直次郎を排除したというのです。実際、前橋藩7代藩主の親愛は病身のため結婚せず子どもがいませんでした。が、8代藩主になったのは忠英の次男でなく、鞠山《まりやま》藩酒井家[9]から迎えた養子の親本《ちかもと》でした（表1）。

弾正家断絶の理由は忠英の悪心だけではなかったようです。直次郎を養子に出す7年前に忠挙自身が弾正家の断絶を考えていました[10]。忠挙は柳沢吉保（徳川綱吉の側用人）に弾正家の断絶を相談していた

表１　直次郎養子の前後の動き

和暦	西暦	出来事
元禄15年	1702	忠貫の娘が忠英の息子と結婚
宝永4年	1707	忠挙が柳沢吉保に相談し賛意を得る
正徳4年	1714	直次郎（10歳）が大隅家に養子に出る
享保元年	1716	親本（12歳）が前橋藩主・親愛の養子になる
享保5年	1720	4月13日　親愛が親本に家督を譲る
同年		11月13日　忠挙死去
享保7年	1722	忠貫死去

のです。理由は、藩の財政が厳しくなっているので、５千石の弾正家の存続は難しい、弾正家を３千石くらいの旗本に養子に出したいとのことでした。柳沢もこれに賛成しています。直次郎を養子に出す方針は決まっていたわけです。実際には、旗本の中根大隅守《おおすみのかみ》の死去によって養子話が具体化しました。時間の推移は表１の通りです。

直次郎を養子に出したことを忠挙も気になったのでしょう。弾正家を断絶させないため、忠貫に養子をとることを勧めます。しかし、忠貫は「実子を養子に出したので、自分は養子を迎えるつもりは全くありません。私の死後に断絶を仰せ付けください」と断っています[8]。あるいは、忠挙は「中根内膳殿（養子に出た直次郎）に男子が多く生まれたら、その１人を私が預かって一門の扱いにしたい。親本にもその旨を申し聞かせておく」ことを忠貫に伝えるよう指示しています(11)。

しかし、一度回り始めた弾正家断絶という歯車は止められませんでした。

5　弾正家の家系図

初めに書きましたように、弾正家の墓は龍海院の藩主墓群の一画に残っています。墓の人物の特定のためには、弾正家の人物の確認が必要です。弾正家の家系図は図2の通りです。4人の当主について簡単に述べます。

初代当主の忠季は家康の小姓を務めましたが、病弱なため前橋に戻り兄忠世の家臣になったことは既に述べました。忠季には2人の息子がいました。長男の忠定《たださだ》と次男の忠俊《ただとし》です。忠定は徳川秀忠と家光に仕えましたが25歳で死去しています。忠定には跡を継ぐ子がいなかったため、忠俊が弾正家を継ぎました。

忠俊と正室との間には息子1人と娘1人がいました。息子の虎之助は早世し（早世とは幼少時の死亡だけでなく、家督を継ぐ前に死去した場合も含みます）、娘は酒井家筆頭家老の高須広俦（本書「江戸初期の酒井家筆頭家老・高須隼人……」参照）の妻となります。家を継ぐ子はいなかったわけです。2代目にして断絶の危機でした。ただ、忠俊には妹が3人いました。父忠季と側室との間に生まれた妹たちです。このうちの1人は忠俊とはだいぶ年齢が離れていたようです。家を守るため、この妹を養女とし、その婿に従弟の忠助を迎えて3代目を継がせたのです。忠助は忠俊の21歳年下でした。

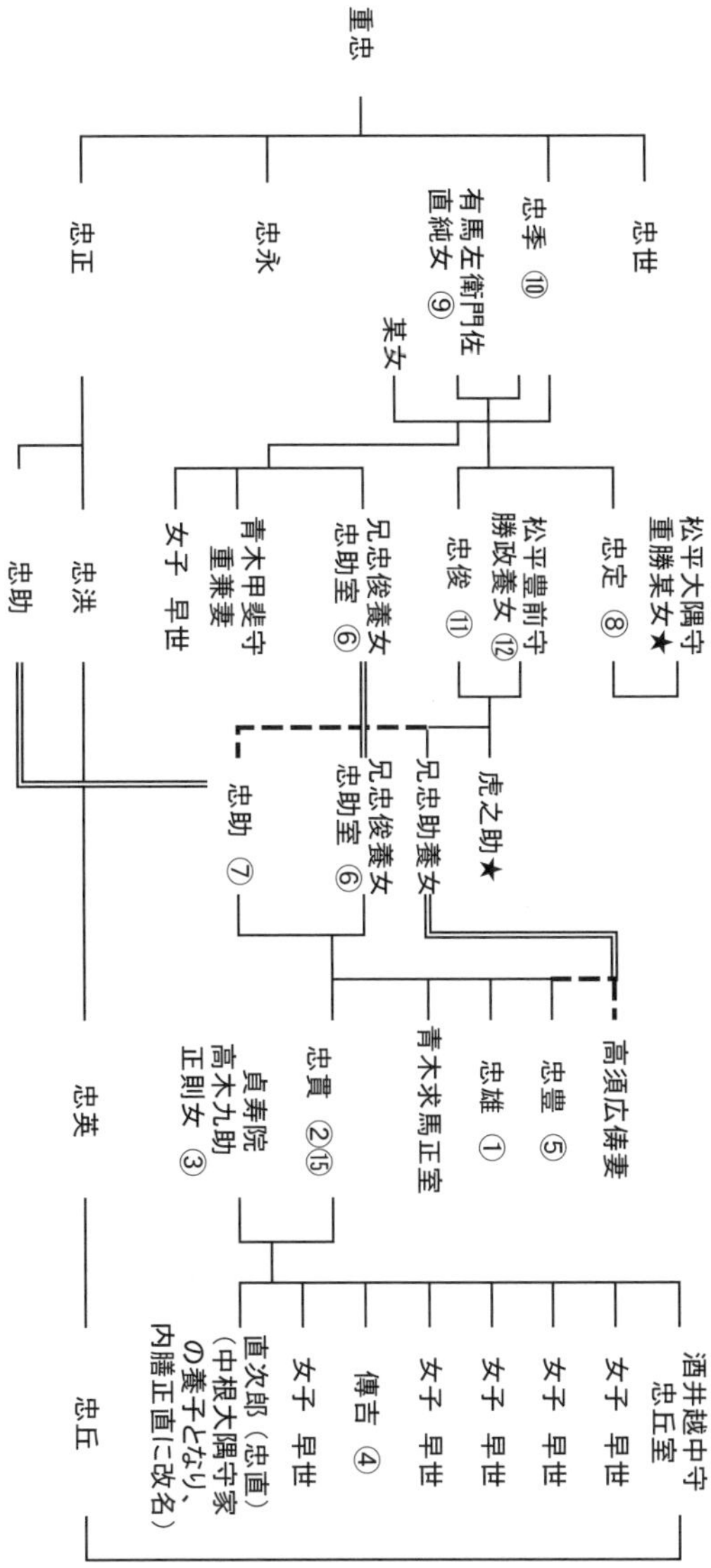

図2　弾正家家系図

＝同一人物、━ ━養子、丸数字は『是字寺 龍海院誌』記載の墓石番号（後述）、★墓石不明を示す。

「兄忠助養女」は忠俊の娘として出生したが、婿で入った⑦忠助の養女となり、高須広俦と結婚した。
⑥「兄忠俊養女、忠助室」は忠俊の妹として出生したが、兄の養子となり、忠助を婿として迎えた。
⑦忠助は忠正の息子として出生し、⑥忠俊養女と結婚し、忠俊の婿となった。

忠助が婿入りした年月日は不明です。忠助には3人の息子がいましたが、長男忠豊は「故《ゆえ》有って若年より蟄居《ちっきょ》」、次男忠雄は早世し、三男の忠貫《ただつら》が第4代当主となります。

忠貫には2人の息子と6人（4人ともいう）の娘がいました。長男の傳吉は2歳で死去しています。男子は次男の直次郎だけであり、直次郎を養子に出したため弾正家が途絶えたことはこれまで記してきた通りです。忠貫没後、妻は中間町《ちゅうげんまち》の下屋敷《しもやしき》に移り[12]、弾正家家臣が世話をしました。その様子は弾正存命のときと変わらずに大切に接しました。妻は弾正死去の2年後に亡くなりました。

6 弾正家墓地

弾正家墓地は、龍海院の藩主墓区域の東側にあります。石製の柵（以下、石柵）で囲われて少し高くなった基壇の上に墓石がまとまってあります。平成7年（1995）に弾正家墓地の移転整備事業が行われました。移転整備事業以前には藩主墓の北西区域に東向きに並んでいましたが整備事業で南東に移されて西向きになりました（『是字寺 龍海院誌』[13]。以下『龍海院誌』）。

この事業のときに、墓石、灯篭《とうろう》、石柵など22基の銘文が解読され、①から㉒の丸数字が付けられています[14]。本稿でも『龍海院誌』での番号をそのまま使用しています。22基の内訳は、石柵内に14基の墓石、柵外に4基の灯篭と3基の墓石、そして石柵1つです[15]。

このうち、誰のための献灯か不明な灯篭⑰、銘文がない灯篭㉒、弾正家の中で該当者が見当たらない男性「居士《こじ》」の墓石⑱、藩主酒井家の家臣であって弾正家の家臣ではない武士の墓石⑳、酒井家の後に前橋を治めた松平大和守家《やまとのかみけ》の家臣（家老か）の[17]妻の墓石⑲の5基は、弾正家との関係は不明であり、かつ石柵外に置かれていることから弾正家とは無関係である可能性が高いでしょう。よって、これら5基を除外し、石柵内の14基の墓石、2基の灯篭、1つの石柵、計17が本稿の検討対象です。

14基の墓石には、弾正家の4代の当主—忠季、忠俊、忠助、忠貫—の墓石と、それぞれの妻（正室）の墓石もあり、4代とも夫婦の墓が揃っています（図3、表2）。夫婦の墓があるのは、弾正家当主たちが前橋で暮らしたためです[18]。また、各世代で早世した子どもの墓も含まれています。①忠雄、④傳吉、⑤忠豊の3基です。

ただし、⑬「大姉《だいし》」[19]と⑭「居士」[20]は該当者が不明です。家系図に出てくる虎之助（忠俊の長男）と忠定の妻の墓ならば話は簡単なのですが、2人の墓ではありません。特に虎之助の墓は14基の中にあって当然なのですがありません[21]。忠定の妻の墓は、元々、弾正家墓地内には無かったと考えられます[22]。この該当者不明の⑬も⑭も宝篋印塔《ほうきょういんとう》（図4）[23]です。宝篋印塔は通常の家臣などには使用が許されていませんので、⑬と⑭は弾正家の家族の一員のはずです。家系図（図2）に出ている人物あるいはこれに載っていない家族の誰かでしょう。

さて、①〜⑭の墓石全体をながめてみると、いくつか気づく点があります。

(1)当主の位置関係は、向かって右側（南側）から、②4代忠貫、⑦3代忠助、⑩初代忠季、⑪2代忠俊の順です。初代から順に並んでいません。

(2)14基の墓石は造立年、墓石の形状、銘文の違いによって3群に分けられます。

A群　向かって左側（北側）の⑧〜⑭は、忠季・忠俊の代の5基と不明の2基の計7基

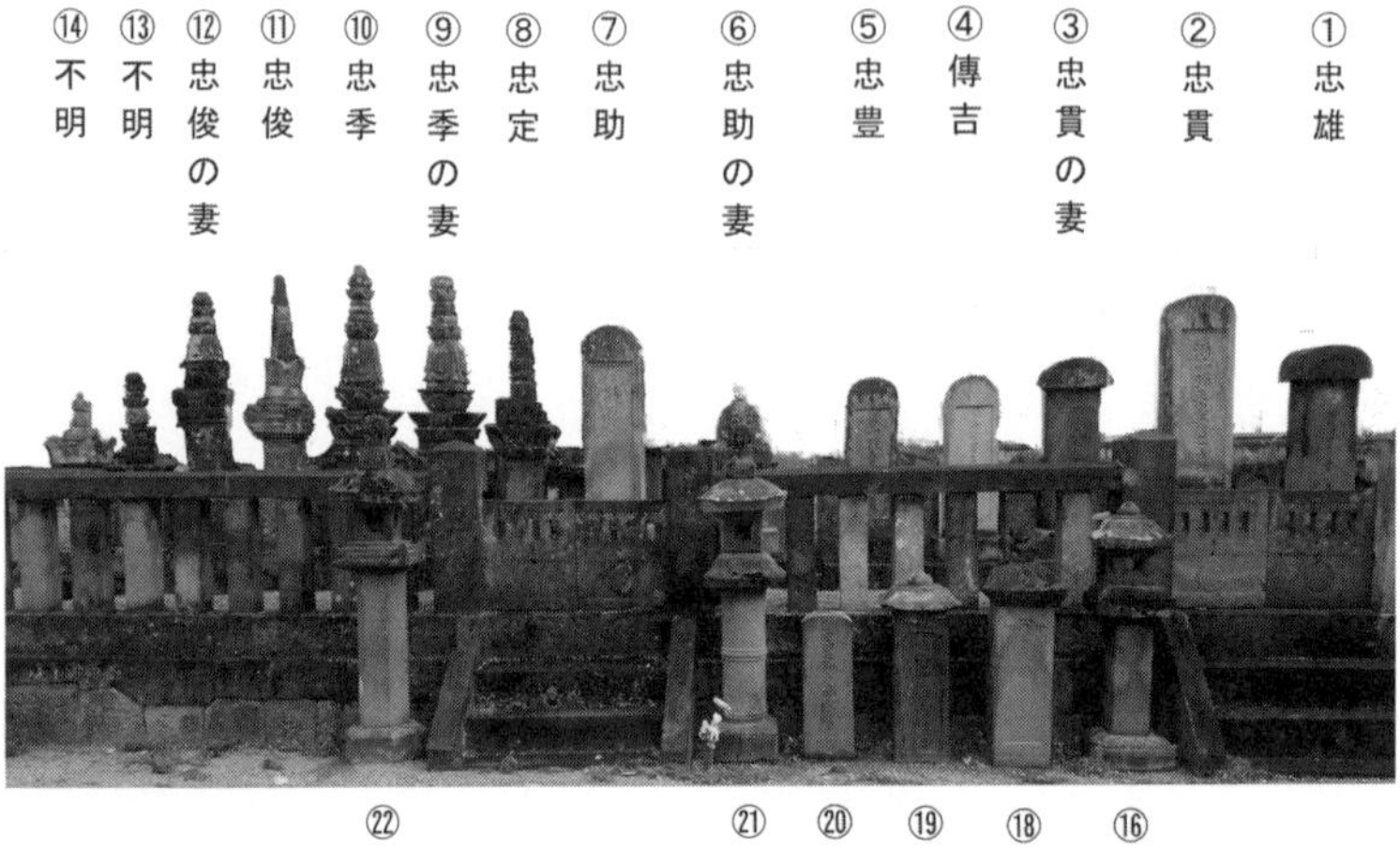

図３　弾正家墓石

丸番号は『龍海院誌』と同じ。①〜⑭は右から順に付けられている。

B群　ほぼ中央は、⑥忠助の妻の墓1基

C群　右側（南側）の①〜⑦（⑥を除く）は、忠助・忠貫の代の6基

　人物から見れば、A群が古く、C群が新しいということです。表2を造立順に並び替えてみる（表3）と、それがよく分かります。実際の造立年については、A群では⑭を除くと1625〜1659年、B群は1663年、C群は1678年〜1724年です。

　そして、群ごとに墓石の形状も異なっています。墓石の形状は、A群は宝篋印塔（高さ142〜285cm）、B群では座像（43cm）、C群は角柱型[24]（106〜132cm）です。B群の忠助の妻⑥のみが座像で他とは異なります。

　つまり、⑭を除くと、造立年と墓石の形状の組み合わせでは、A群の宝篋印塔→B群の忠助妻の座像→C群の角柱型、と移行しています。

　比較として隣接する藩主墓群で見てみると、第2代の忠世と第3代の忠行（寛永《かんえい》13年・1636年没）は

表２　墓石の人物特定の根拠と戒名

場所	番号	当主	人物等	人物特定の根拠となる銘文	戒名
柵内	①		忠雄　忠助の次男	「忠雄之墓」とあり死去日も一致	實相院殿剛厳宗金居士
	②	4代	忠貫　忠助の三男	「忠貫之墓」とあり死去日一致	清鑑院殿円応廓照居士
	③		忠貫の妻	「忠貫之妻」とあり死去日一致	貞寿院殿桂林香栄大姉
	④		傳吉　忠貫の長男	「傳吉之墓」とあり死去日一致	雲走院殿常皎了無童子
	⑤		忠豊　忠助の長男	「忠豊之墓」とあり死去日一致	常心院殿安和宗穏居士
	⑥		忠助の妻	「蘭恵院殿」とあり忠助の妻、死去日一致	蘭恵院殿香林英薫大姉
	⑦	3代	忠助	「忠助墓」とあり死去日一致	即要院殿日山宗照居士
	⑧		忠定　忠季の長男	「徳翁有隣」とあり忠定、死去日一致	前石州大守徳翁有隣居士
	⑨		忠季の妻	「陽廣院殿」「出羽守老母」とあり出羽忠俊の母（＝忠季の妻）、死去日一致	陽廣院殿単室俊了大姉
	⑩	初代	忠季	「嶽操院殿」とあり忠季、死去日一致	嶽操院殿壁空道鉄居士
	⑪	2代	忠俊　忠季の次男	「廣寒院殿」とあり忠俊、死去日一致	廣寒院殿江雲宗澄居士
	⑫		忠俊の妻	「好景院殿」とあり忠俊の妻、死去日一致	好景院殿涼雪宗清大姉
	⑬		（忠貫の長女か）	「大姉」とあり元文2年（1737）死去	心清院涼室妙凄大姉
	⑭		（不明）	「居士」とあり承応3年（1654）死去	本翁常本居士
柵	⑮		囲柵	②忠貫の死去年月日と同じ	
柵外	⑯		灯篭	⑥忠助妻の死去年月日と同じ	
	㉑		灯篭	享保20年（1735）に元・弾正家用人の林半兵衛が献灯	

番号は『龍海院誌』と同じ。①～⑭は、向かって右側（南）から順番に付けられている。
⑬と⑭は墓石銘からは人物特定不可。⑭は死去年からは忠季の息子か忠俊の息子か。
戒名は『酒井弾正殿御過去牒』、『酒井家史料・15』、墓石の銘による。「死去日一致」は墓石の死去年月日が『酒井弾正殿御過去牒』や『酒井家史料・15』の死去年月日と一致することを示す。

図4　宝篋印塔

宝塔ですが、第4代の忠清（延宝《えんぽう》9年・1681年没）以降は角柱型になっています。

一般的に、宝篋印塔、座像、宝塔は中世に多く、江戸時代には角柱型が多くなります。弾正家墓地でも藩主墓でも、時代の影響（流行）による墓石の変化でしょう。座像は女性に多く使用されたようです。

また、墓の故人の名前の銘文も時代によって違っています。A群では7人全員が戒名です。このうち⑨忠季の妻の墓石の裏には「出羽守《でわのかみ》老母」（出羽守は息子の忠俊）と俗名がありますが、この銘は後世に記銘されたものであって造立当時は戒名だけだったでしょう。なぜなら、寛永2年（1625）忠季の妻が死去したときは忠季は存命中であり造立人（施主）は息子忠俊ではなく夫忠季だったはずですので、「出羽守老母」とはしないであろうことからです。B群の⑥忠助妻座像では台座に戒名が記銘されています。C群では6名全員の墓石で俗名が前面に記銘されています。結果、A群は戒名→B群は戒名→C群は俗名、と変化していると言えます。

全国的には、俗名は1700年までは4%と稀であり、1790年代から急増するようです。[25] それに

表3　造立順、墓石の形、墓碑銘、および造立人（施主）

造立順	並び順	当主	人物		死去年＝墓石造立年 和暦	西暦	群	墓石の形	墓碑銘	造立人の銘	推定造立人
1	⑨		忠季の妻		寛永2年	1625		宝篋印塔	戒名（俗名）		忠季
2	⑧		忠定	忠季の長男	寛永11年	1634			〃		〃
3	⑩	初代	忠季		正保3年	1647	A	〃	〃		忠俊
4	⑭		（不明）		承応3年	1654		〃	〃		〃
5	⑪	2代	忠俊	忠季の次男	明暦2年	1656		〃	〃		忠助
6	⑫		忠俊の妻		万治2年	1659		〃	〃		〃
7	⑥		忠助の妻		寛文3年	1663	B	座像	〃		〃
8	①		忠雄	忠助の次男	延宝6年	1678		角柱型	俗名	酒井忠貫の父	〃
9	⑦	3代	忠助		元禄8年	1695		〃	〃	孝子忠貫	
10	④		傳吉	忠貫の長男	元禄13年	1700		〃	〃		忠貫
11	⑤		忠豊	忠助の長男	宝永2年	1705	C	〃	〃	忠貫	
12	②	4代	忠貫	忠助の三男	享保7年	1722		〃	〃		妻か正直
13	③		忠貫の妻		享保9年	1724		〃	俗名（戒名）	嫡子正直	
14	⑬		（忠貫の長女か）		元文2年	1737	A	宝篋印塔	戒名		（正直か）

並び順の丸番号は『龍海院誌』と同じ。死去年を墓石造立年とした。墓石の形と墓石銘（戒名か俗名か）の違いで14基は3群に分類できる。
⑨忠季の妻の墓石の正面は戒名があり、裏面に「出羽守老母」とある。出羽守は第2代忠俊。
③忠貫の妻の墓石の正面には「忠貫之妻」とあり、戒名は裏面にある。

対して、弾正家では、A群の戒名は時代の傾向と同じですが、C群は1678年～1724年には俗名となったおり、時代に先行して早い時期から使用されています。死後の戒名でなく生前の俗名とすることは故人の顕彰の目的が主になります。

(3)石柵には2カ所の石製の扉があります（図3）。墓地は石柵で囲まれていて石扉の他に出入り口はありません。石扉は中央と右側にあり、中央の石扉は忠助の墓石⑦、右側の石扉は忠貫の墓石②のそれぞれの正面になっています。そのためもあって忠助と忠貫の墓が目立ちます。墓全体の構成も、忠助の墓が中央に置かれ、向かって右側が忠助の子どもと孫（忠貫も含む）になっています。忠助の墓に向かって左側には忠季の息子の墓がありその隣に忠季夫婦の墓が並んでいます。つまり、位置関係からは忠助が目立ち、次に忠貫、というようにも見えます。これは葬られた人数の関係で偶然そうなったのかもしれません。あるいは、墓石の中で最大のものは忠貫の墓石②ですので、忠貫を中心とした構成なのかもしれません。

石柵の造設と忠貫の死去はともに享保《きょうほう》7年7月晦日《みそか》（享保7年7月は大《だい》の月なので晦日は30日）です。忠貫の死去にともない、忠貫の妻（及び、養子に出た直次郎も加わったか）によって石柵が造設されたのでしょう。このときに墓地群全体の一応の体裁は整えられたわけです。享保7年当時の石柵が現在の石柵と同じ規模・形であったかは史料がないので不明ですが。

7　弾正家墓地の史料

弾正家墓地に関する史料はほぼ皆無です。辛うじて、『龍海院誌』に掲載されている明治34年（1901）の「前橋市十景之内是字寺晩鐘」[26]に弾正家墓地が描かれているくらいでしょうか（図5）。この絵の正確さや縮尺については不明ですが、同じ絵の中に藩主墓も描かれていて墓石数は現在と同じであり位置もほぼ同じです。よって、弾正家墓地の外観や規模もある程度は確かでしょう。この絵から分かることは以下の7点です。

(1)「酒井家ノ廟所」（藩主墓群）の北西区域に「酒井弾正ノ墓」がある
(2)墓の位置は高くなっており基壇となっている
(3)基壇の上に5基の宝篋印塔と右手前隅に1つの角柱（墓標?・墓石?）がある

図５　「酒井弾正ノ墓」（右が北）『上野名蹟図誌』から

⑷基壇は柵で囲まれている
⑸基壇に上がるための2段ないし3段の階段が左右に2つある
⑹階段を上がった場所には柵がなく門扉もない
⑺柵外に灯篭が2基ある

　7点のうち、⑵基壇、⑷柵、⑸階段は平成7年の整備前と同じです。⑴位置は平成7年の整備前より若干北側のように見えます。⑹は門扉を略したのかもしれません。以上5点は整備前と同じと考えられそうです。⑺の灯篭2基は、弾正家との関連が確認できる⑯と㉑の2基（表2）の灯篭かもしれません。

　問題は⑶墓石です。墓石の個数と形状が違っています。絵の柵内には5基の宝篋印塔と1基の角柱の計6基しか描かれていず、柵外には石碑らしきものはありません。この絵が事実とすると、平成7年の14基のうち、A群の宝篋印塔2基、B群の座像1基、C群の角柱型5～6

基、の合計8～9基は他の場所にあったことになります。そして明治34年以降に8～9基が柵内に集められ、かつ、石柵が拡大されたことになります。

しかし、おそらくそれはないでしょう。石柵は忠貫の妻が造設しました。自分の夫や子どもたちのC群角柱型墓石を柵外に置き、忠季や忠俊たちのA群宝篋印塔だけを柵内に入れたとは考えられません。その点からは、宝篋印塔7基、角柱型石碑6基、座像1基、合計14基の墓は全て柵内にあったと考えるほうが自然です。柵内に宝篋印塔5基と角柱1つしか描かれていないということは、絵の画面の大きさから省略したのではないでしょうか。14基もの墓石を描くとすると1つ1つが小さくなり過ぎて見分けがつかなくなるでしょう。そのため、特徴的な5基の宝篋印塔を描いたと考えられるのです。ただし、14基全てを描けないとしても、宝篋印塔を2～3基、角柱型石碑を2～3基、描いてもよかった気はします。

以上より、基壇・石段・柵は、明治34年に描かれた墓地と平成7年の整備前とは同じと考えてよいのではないでしょうか。ただ、そうだとしても、享保7年の石柵造設から明治34年までの間の動きは不明です。経緯が分かる史料がありません。

そこで、享保7年時点の状況を改めて考えてみます。

8　弾正忠貫の妻の思い

弾正家断絶が決まるまでは、弾正家はずっと続く可能性がありました。墓石がいくつになるか分かり

図６　墓石の建立順（灯篭等は除く）

ません。並べられる墓石数が未知数ですので、現況のような狭い囲い柵は造れません。当初はある程度の間隔を空けて墓が並んでいたはずです。[27] 図６（表３参照）は現況の墓の建立順です。不規則な建立順に並んでいます。墓地の広さに余裕があればそれなりに整って置けますが、図のような狭い間隔ではこれほど整然とした並べ方はできません。図６の並びは人為的に配列し直されたものと考えるしかありません。その最初の機会は忠貫の死去の時です。

忠貫が死去した享保７年７月晦日は弾正家断絶が確定した日です。となると、以後、弾正家の墓に入るのは忠貫の妻１人です。早世したとされる娘で生存していた人が仮にいたとすればその人数も加わりますが、いずれにしても墓に葬られる人数は確定します。忠貫の妻が死んだ後、しばらくは弾正家ゆかりの家臣たちや養子に出た直次郎が墓を守ってくれるでしょう。[28] しかし、いずれ訪れる人もなくなり、墓を守る人もいなくなって無縁墓となるかもしれません。無縁墓になっても墓が守られていくためには、墓地の形態を固めておいたほうがよいと考えるのは自然です。忠貫の妻は、歴代当主夫妻の墓と子どもたちの墓を１か所に集め、自分の埋葬スペースを確保し、基壇を造り、更に石柵で囲ったのではないでしょうか。

そう推測するのは、忠貫の妻の気丈さと、弾正家断絶への無念さが強かったからです。気丈さとしては、忠貫死去後、あまり日がたたないときのエピソードがあります(8)。

前橋城のすぐ南にあった弾正家下屋敷の庭には池があり、城の堀から流れ来る用水路から樋《とい》を使って取水していた。この樋の外側に大きな石(取水のためだろう)があり、下流へ流れる用水路の障害になっていた。月番の家老が忠貫の妻にこの大石を取り払うよう依頼したところ「泉水へ水を引くのは遊興のためなので早速石を取り除いてもよいのですが、淡路・弾正の存命のときからあった石です。用水の障害になるならそのときに指図があったはずです。弾正が亡くなってから取り除くお話が出るのは承知できません」と断った。月番の家老も困ったが、そのときの普請奉行が弾正と親しかったこともあり、機転を利かせて大石を取り除いた。「弾正殿と私が生前に約束した形見の品をまだ頂戴していません。ぜひ、それを頂戴したい」と申し出て、了解をとり、結局、約束した形見の品と称して大石を持っていくのである。

また、弾正家断絶の無念さが忠貫の墓石に刻まれています。「亡主 源《みなもと》 酒井忠貫」(今は亡き主君である源酒井忠貫)から始まる銘文に、後継者である直次郎を養子に出すことを藩主忠挙から告げられた際のことが記されています。「忠貫思君命之、之重更無顧慮怨悔由、是継嗣、嗚呼《ああ》天乎《やや》命乎、家臣等哀慟記焉」(忠貫はこれは藩主の命令と思い、これを重ねて更に考えなかったことを無念に思い悔やんだ、直次郎は跡継ぎであった、ああ天命か、我ら家臣は悲しんで記す!)と、亡き主君忠貫の無念さを書いています。この銘文に似た文が史料にあります(6)。「(弾正家が)数代の家、断絶に及びし事、天命なる哉《や》云々」。著者の勅使河原三左衛門直泰は忠貫の墓石の銘文を読んでいたのかもしれません。いずれにしても、弾正家断絶は後世になっても前橋藩の家中でも悔やまれたようです。

銘文は家臣が記した形をとっていますが、家臣だけの考えで書いたとは思われません。当然、忠貫の妻の了解はとっているでしょう。そして、石の囲い柵を造ったことも含めると、これは妻1人の考えではなく、生前の忠貫と相談した上でのことかもしれません。忠貫の考えも入れたため、義父の忠助を墓地の中心に置き、夫の忠貫も目立たたせたのでしょう。つまり、享保7年時点で現在の形になっていた可能性も十分あると思われます。

9　謎は残る

弾正家墓地は経緯が不明です。享保7年の忠貫死去と石柵造設は1つの区切りとなったのは確かでしょう。しかし、享保7年の墓地の史料もその後の江戸時代の史料もありません。何回かの改修を経て現在の形になったのでしょうが、どういう改修や変遷を経て平成7年の整備事業前の形になったのか分かりません。

弾正家墓地が1カ所にまとまっているのは、ある時点で意図的に集約されたことは確かです。現在の墓地の雰囲気は、石柵が弾正家4代の人々を抱きかかえて守っているように感じられます。忠貫や妻の意向が生かされた結果と思われて仕方ありません。

弾正家墓地の謎は残りました。後考を待ちたいと思います。

本稿執筆にあたり『龍海院誌』の「龍海院墓地内酒井弾正等墓石調査」から墓石の銘を参考にさせていただき、墓石実測値を引用させていただきました。記して感謝いたします。

注

1 『酒井家史料・15』前橋市立図書館所蔵

2 『新訂寛政重修諸家譜《かんせいちょうしゅうしょかふ》・巻第59』続群書類聚完成会、１９６４年

3 忠貫は、忠豊とも忠實とも記されることがあるが、『重朗日記抜粋《しげあきにっきばっすい》』と『寛政重修諸家譜』では忠貫とあり、また、『酒井家史料・15』に所収されている『六臣譚筆《ろくしんたんぴつ》』と「酒井志摩守忠季系譜」でも忠貫となっている。

4 よく知られた通称は本文の通りだが、それ以外の通称も含めたものを表に示す。

　この家系が弾正家と呼ばれるのは初代の忠季が弾正と称したことに始まるようだ。ただ、忠季が弾正と称したことは『前橋市史・第２巻』で断定されているものの、その元となる史料は未見である。

　忠助は淡路→齋→魯軒と変えている。この表で、忠助は寛文６年の項に括弧して兵庫と書いてある。これは寛文６年（１６６６）頃作成と推定される前橋城絵図で「兵庫」となっているためである。しかし、これは不確定である。不確定なのは、①寛文３年（１６６３）と延宝６年（１６７８）の淡路は確定しているので、寛文６年に兵庫と称することはないだろう、②前橋城絵図の「兵庫」の文字は他の家臣たちとは名前の向きが異なる。他の家臣名は全て屋敷の門の方向を頭にして縦に書かれているのに対して、「兵庫」だけは方向性が違っている、の２点から、城絵図の「兵庫」は採用できない。誤記ということはないだろうから、忠助から忠貫に代替わりした後に、何らかの理由によって加筆されたのではないだろうか。

　忠助の隠居の年は延宝８年（１６８０）（「酒井志摩守忠季系譜」。『酒井家史料・15』所収）と貞享３年（『六臣譚筆』。『酒井家史料・15』所収）との２説ある。隠居して変えた通称が齋か魯軒かのいずれかはっきりしないためである。隠居して齋にかわったなら、隠居の年は延宝８年であり、魯軒に変わったなら隠居の年は貞享３年である。

5 『酒井家史料・38』元禄14年（１７０１）２月16日

表　弾正家当主の通称

当主の時期 和暦(西暦)	本名	幼名・通称	史料
？～正保3(1646)	忠季	三四郎、忠次、志摩守、弾正	酒井家史料15 前橋市史第2巻
正保3(1646)～ 明暦2(1556)	忠俊	出羽、弾正	酒井家史料15
明暦2　1656		2月　弾正	分限帳(＊1)
同		9月　忠俊没	酒井家史料15
明暦2(1656)～ 貞享3(1686)	忠助	右馬助、淡路、(兵庫)、齋、魯軒	酒井家史料15
万治2　1659		淡路	忠清申渡状(＊2)
寛文3　1663		淡路	酒井家史料19
同 6　1666か		(兵庫)	前橋城絵図(＊3)
延宝6　1678		淡路	重朗日記抜粋
同 9　1681		齊忠助	〃
天和4　1684		齋	〃
貞享3　1686		忠助隠居	酒井家史料15
元禄8　1695		忠助没	〃
貞享3(1686)～ 享保7(1722)	忠貫	兵助、兵庫、弾正	酒井家史料15、同38
延宝9　1681		兵庫忠貫	重朗日記抜粋
天和3　1683		兵庫忠貫	〃
同 4　1684		兵庫	〃
貞享2　1685		兵庫	〃
同 3　1686		(忠助隠居)	酒井家史料15
元禄14　1701		弾正忠貫	重朗日記抜粋
同 15　1702		弾正忠貫	〃
正徳4　1714		弾正	〃
享保7　1722		忠貫没	〃

＊1　『群馬県史・資料編14』
＊2　酒井家文書(姫路市立城郭研究室C1－145、前橋市立図書館036－185)
＊3　前橋市立図書館所蔵、『前橋城絵図帳』所収

6　勅使河原三左衛門直泰著、宮下藤雄校注『直泰夜話《なおやすやわ》』３７０項、１９６６年

7　『姫陽秘鑑《きようひかん》・巻38』（『酒井家史料・53』に所収）

8　『六臣譚筆』（『酒井家史料・53』に所収）

9　鞠山藩は別名敦賀藩。若狭国小浜藩の支藩である。小浜藩は、老中・大老を務めた酒井忠勝《ただかつ》が寛永11年（１６３４）から治めた。酒井忠勝は、酒井重忠の弟である酒井忠利《ただとし》の息子であり、忠世の従弟にあたる。重忠・忠利兄弟の父は正親《まさちか》であり、この家系は正親以前・以降に雅楽助《うたのすけ》・雅楽頭《うたのかみ》を称したため、前橋藩酒井家も小浜藩酒井家も雅楽頭系と呼ばれる。

10　『御老中方窺之留《ごろうじゅうがたうかがいのとめ》』東京大学史料編纂所デジタルデータ利用（『酒井家史料・53』に所収）。

　忠挙が弾正家断絶を考えた別の説として、陽明学に傾倒する三輪執斎（藩校である好古堂の講師）を忠貫が慕っていたため、儒学を尊重する忠挙との間に溝ができた、とするものである（山田愛華「酒井弾正と三輪執斎」『上毛及上毛人・第29号』上毛郷土史研究会、１９１９年。群馬県教育会『群馬県史・第3巻』群馬県教育会、１９２７年）。この説はその後の展開はなく、現在では全く触れられていない。

11　「太田氏蔵書」（『酒井家史料・53』に所収）

12　弾正家の下屋敷は享保7年当時は中間町にあった。中間町とは、姫路市立図書館所蔵の「前橋御城之絵図」（正徳5年・１７１５年頃）によると、前橋城のすぐ南に接する町である。この絵図には石川門の南に「弾正殿下屋敷」がある。この屋敷の周囲には弾正家家老の林半右衛門や西沢新左衛門などの弾正家家臣たち（『直泰夜話』にある弾正家家臣名と一致する）の屋敷があり、弾正家家臣には丸が付けられている。弾正家家臣の丸は他の前橋城絵図では見当たらない。丸は当時に付けたものか後世に付けたものかは不明である。『酒井家史料・38』の元禄14年（１７０１）の屋敷割で、中間町に４，４８１坪の弾正の屋敷が書かれている。これが下屋敷である。

　弾正家下屋敷は中間町以前には本丸の北西にあった。この場所に元禄5年（１６９２）に藩校である好古堂《こうこどう》が建てられた。場所は現在の前橋地方裁判所の東北隅辺りになる。

13　福田紀雄「龍海院墓地内酒井弾正等墓石調査」上毛新聞社出版局『是字寺 龍海院誌』龍海院、２００６年

14　井野修二と阿久津宗二による当主関連墓石等22基の調査結果が、前掲『是字寺 龍海院誌』の「墓石群の銘文ならびに建立順序」にある。

　弾正家墓地群の中には当主関連22基の墓石・灯篭のほか、20基の墓石がある。当主家族の墓石に比べれば小さいが通常の大きさの墓石である。これらは当主墓石の後ろに並べて置かれている。20基の内訳として、戒名では居士8人、大姉5人、童子2人、不明5人であり、このうち俗名があるのは1基のみである。造立年が10基で判読でき、このうち最古は寛永8年

(1631)で最新は宝暦10年(1760)である。この20基は、以下の理由により、平成7年の整備事業の際にここに移された墓石と考えられるため、本文では触れていない。

墓石の人物からの理由。

①墓石の1つに、藤井作右衛門の墓石がある。戒名は妙法周旋院寂照居士、没年は宝暦10年(1760)8月2日である。藤井は酒井家の後に前橋を治めた松平大和守《やまとのかみ》家の家臣である。天保4年(1833)の「巳給帳《みのきゅうちょう》」(『前橋市史・第6巻』)によると120石取りであった。また、藤井が没した宝暦10年は酒井家は姫路に移っていたので、弾正家の墓に葬られることはありえない。

②戒名が「大姉」である女性の墓石が5基ある。この人々は側室などの可能性は残る。しかし、「居士」の男性8人については史料上から弾正家の家族内に該当者はいない。とすると弾正家の用人等で墓地内に葬った人物がいたと考えるしかないが、これはありえないだろう。

③柵外に、藩主の家臣であって弾正家の家臣ではない原田九郎兵衛章甫(注16)の墓石と、松平大和守家の家臣(家老か)沼田泰格の妻(注17)の墓がある。2人とも弾正家とは関係ないにもかかわらずここに置かれている。このことから、柵内の20基も弾正家と所縁がなくとも、弾正家墓地の柵内に置かれたと考えられる。

墓地移転事業の状況からの理由。

①『龍海院誌』の報告を見ると、平成7年の整備事業前の写真には、7基の当主家族の墓石の後ろには他の墓石(20基関連墓石)は写っていない。

②移転前に行われた墓石の銘の翻刻で、20基の墓石の文字の翻刻はされていない。つまり、20基は移転前には石柵内や石柵近くにはなかった。

③現在の弾正家墓地前にある「酒井弾正墓地移転の記」に、酒井弾正の墓地を「一般墓地中にあった関係者の墓石と併せて」移転したと記されている。

④20基は当主家族の墓石と石柵との間に置かれている。外見上、かなり窮屈な置かれ方である。20基の墓石を取り去った場合、当主家族の墓石の後ろに適度な幅の空間が空く。この空間の広さが本来の当主家族墓石と石柵とのスペースとしては自然である。

石柵の造立年は享保7年としてある、造立年の根拠は、基壇の後面の石柵の中央近くにある石柱の1本に「享保七壬寅年」、「七月晦日」の銘があることによる。ただし、これには疑問がないわけではない。それは、この記銘のある柱が他の柵柱よりやや細いこと、また、途中で接いであることの2点の違いがあることによる。

平成7年の整備事業に関する詳細な資料がないため確認できないのだが、以下の3点から、石柵の造立年を示す石柱と考えられる。①他の石柱との太さの違いと接ぎがある点は、他の柱は折れて取り換えた可能性は十分あるが、年月の記銘がある柱は替えがきかないため補修して残した、②年月の記銘がある柱の用途としては、墓石や灯篭などでは直接墓石や灯篭に記銘するので柱は不要である。記銘の柱は基壇か石柵以外の用途の可能性はない、③忠貫死去年月日と一致する享保7年7月晦日という日付は他から持ってきた可能性は低い。

16 原田九郎兵衛章甫。原田の家系は藩主酒井家の家臣であり弾正家の家臣ではない。先祖は元は最上衆《もがみしゅう》（出羽国の最上氏の家臣）のよう。墓石の銘では享保21年（1736）死去なので、弾正忠貫死去の享保7年（1722）より後年の墓になる。

17 沼田泰格の妻。沼田の妻は、小河原《こがはら》数馬の娘で享保15年（1730）に白川（福島県白河市）で生まれ姫路に移った。延享4年（1747）に沼田泰格と結婚し、宝暦10年（1760）6月27日没。以上は墓石の銘文から。

小河原、沼田とも松平家の家老の家系である。沼田泰格の妻も寛延2年（1749）に藩主とともに姫路から前橋に移ってきたことになる。宝暦10年に前橋で死去している。沼田家の菩提寺に葬られたはずなので、沼田家の菩提寺が龍海院だったのだろう。

18 藩主墓群と比べてみると、藩主墓群では初代重忠だけが夫婦の墓石であり、第2代の忠世以降は藩主の墓だけあって妻の墓はない。重忠は前橋で暮らしたが、忠世以降の藩主は江戸で暮らしたためである。藩主墓は龍海院にあるが、藩主の妻はそれぞれが江戸の別々の寺院に葬られている。

19 心清院涼室妙凄大姉。元文2年（1737）8月21日没。1737年没は世代的には忠貫（1660～1722）の子どもの年代である。忠貫の娘は6人中5人が早世していて、早世せずに結婚した長女が注目される。長女は酒井越中守忠丘《ただおか》（1682～1763）の妻となる。長女は第1子なので、父忠貫が20歳のときの子とすると、長女は1679年生まれで夫の忠丘の3歳年上となる。年代的には問題ない。忠丘は後に再婚するが、前妻であった忠貫長女とは離別か死別か不明である。もし、離別の場合、長女は前橋に戻されて暮らし、元文2年に59歳で死去したことになる。年齢的には妥当だろう。弾正家の中で判明している女性の該当者としては忠貫の長女である可能性が高い。もし、長女とすれば、母親と一緒に中間町で暮らしたのだろうか。母は享保9年（1724）に死去したので、以後1737年までの13年間は元・弾正家家臣に守られながら暮らしたのだろうか。

20 本翁常本居士。承応3年（1654）10月8日没。弾正家の中で適切な該当者は不明。家系図に出てこないが、敢えて弾正家の家族と仮定すれば、没年が早いことから忠季の息子か忠俊の息子だろう。忠俊の息子の虎之助でないことは注21。

21 弾正家家系図の中で名前が分かっていて墓が特定できない男性は、忠俊の息子の虎之助だけである。虎之助は忠俊の長男であったが早世している。生年は不明。父忠俊は明暦2年（1656）9月14日に死去した。虎之助が廃嫡されず、かつ1656年以降の死去ならば、虎之助は忠俊の跡を継いで弾正家の3代目になったはずである。虎之助は3代目に就いていないことから、1656年以前の死去と考えられ、その場合、該当する墓は⑭である。しかし、宝暦5年（1755）の「酒井弾正殿御過去牒」（酒井家文書。前橋市立図書館マイクロフィルム006‐002）によると、虎之助は明暦2年4月7日没で、戒名は「浄情院殿日清」である。よって⑭ではなく、虎之助の墓石は不明である。

22　まずは夫の忠定について確認する。忠定は、『姫陽秘鑑』と『六臣譚筆』（『酒井家史料・15』所収）では「慶長4己酉《つちのととり》年に誕生、寛永11甲戌《きのえいぬ》年に25歳で死去」となっているのに対して、「酒井志摩守忠季系譜」（『酒井家史料・15』所収）では「慶長15庚戌《かのえいぬ》年誕生、寛永11甲戌年死去」となっている。前者の慶長4年は己亥《つちのとい》であって己酉ではないこと、また慶長4年（1599）生まれで寛永11年（1634）死去だと36歳死去になるのに25歳死去と誤っていること、の2点から慶長4年誕生は誤りである。後者は干支も25歳死去も計算上で正しい。よって、忠定は慶長15年（1610）に誕生し、寛永11年（1634）に25歳で死去した。

　さて、忠定と妻との間には家を継ぐ子はできなかった。側室の子もなかった。夫が死んで子どももいないとなると、忠定の妻（「松平大隅守某女」とあるので、松平重勝の養女か）は里に戻った可能性が高い。ならば、忠定の妻の墓は無いことになる。仮に、人物が特定できない墓石⑬（心清院涼室妙凄大姉。元文2年・1737年8月21日没）が忠定の妻とした場合、夫と同じ歳ならば128歳での死去となる。10歳若いとしても118歳の死去となる。やはり忠定の妻の墓石はないと考えてよいだろう。

23　宝篋印塔とは、上から順に、宝珠を載せた棒状の相輪、隅飾という突出を持つ笠、四角柱の塔身、基礎からなる。宝篋印塔は中世からの形式である。江戸時代には、将軍家墓は宝塔、大名家墓は五輪塔、旗本家墓は宝篋印塔などの決まりもあったという（石田茂作『日本仏塔の研究』講談社、1969年）。関東地方の17，326基の墓石の調査では、宝篋印塔は1630年代～1660年代に多く、その中心分布は1630年代である（秋池武『近世の墓と石材流通』高志書院、2010年）。

24　今回の墓石分類の呼称のうち、宝篋印塔と座像の呼称は問題ないだろうが、問題はC群の呼称である。C群は竿（戒名の銘のある主体部分）が四角柱の墓石である点が共通する。四角柱は、石の形（四辺が同じ、四辺が異なる）、頭部が竿と一体かどうか、頭部の形（笠の有無、丸、三角、平坦）、前面の彫（額）の有無と彫の形、などによって細かく分類されていて、②、④、⑤、⑦は頭頂部が櫛のように丸いことから「櫛形」である。①、③は、位牌に由来する「位牌型」（頭頂部に雲を模した雲首《うず》があるため雲首塔とも呼ぶ）か、山伏（修験者）が修行後に立てる碑伝《ひで》に由来する石碑であろう。どちらの系統であっても「笠付」と称されるものであろう。ともあれ、C群は竿が四角柱である点が共通するため、本稿では「角柱型」とした。この角柱型は江戸時代では最も多い形である。秋池（左記）によると、櫛形の年代分布の中心は１７３０年代である。なお、四角柱の四辺が同じものは方柱型であり、これは現在では和型と称され、墓石の中でもよく目にするものである。墓石の分類に関しては以下の著書を参照した。

石田茂作『日本仏塔の研究』講談社、１９６９年
坪井良平『歴史考古学の研究』（株）ビジネス教育出版社、１９８４年
秋池武『近世の墓と石材流通』高志書院、２０１０年
関根達人『墓石が語る江戸時代—大名・庶民の墓事情』吉川弘文館、２０１８年

25 関根達人『墓石が語る江戸時代—大名・庶民の墓事情』吉川弘文館、２０１８年

26 渡辺市太郎編『大日本名蹟図誌・第8編上野国之部』名古屋光彰館、１９０２年。復刻版は『大日本宝鑑 上野名蹟図誌』あかぎ出版、１９８４年

27 関根達人の前掲書には、松前藩の家老を務めた蠣崎本家墓所の26基の墓石の配置図が掲載されている。「コ」の字型に配置された墓石は一定の間隔を保って配置されている。

28 弾正家家老であった朝比那山左衛門（前橋城絵図や『直泰夜話』では「朝比奈」と記載されている）が宝暦5年（１７５５）6月吉日に「酒井弾正殿御過去牒」を納めて供養している。朝比那は弾正家断絶後は藩主酒井家の家臣になった。藩主酒井家は寛延2年（１７４９）に姫路に移っているので、宝暦5年のときは朝比那は姫路在住のはずである。弾正家の菩提を弔うためにわざわざ姫路から来橋したのだろうか。あるいは江戸詰めになった機会に前橋を訪れたのだろうか。

6　江戸初期の酒井家筆頭家老・高須隼人は誰か

1　はじめに

前橋藩酒井雅楽頭家《うたのかみけ》第4代藩主の忠清の代（寛永14年・1637年～延宝9年・1681年）、酒井家には5人の家老がいました。筆頭家老は高須隼人《たかすはやと》です。酒井家の家老は江戸時代を通して何人か変わりましたが、高須家は一貫して筆頭家老の家格でした。

寛文《かんぶん》4年（1664）、高須隼人に加判役《かはんやく》が命じられました。(1) 加判役とは、藩主からの指示・命令の書状の宛先（宛所《あてどころ》）であり、藩主の意向を受けて家臣や領民に指示徹底する書類に署名して判を押す役（加判役）です。その重要な役に、それまで、5人の家老のうち他の4人は就いていましたが、筆頭家老の高須だけが就いていませんでした。それは何故か。また、加判役に就いたものの、忠清からの書状の宛所に高須が常に入るのは寛文7年（1667）になってからです。タイムラグがあります。これも何故なのか。

その理由を追いました。

なお、以下、酒井忠清が前橋の家老たちに宛てた明暦《めいれき》3年（1657）から延宝《えんぽう》8年（1680）までの書状を申渡状《もうしわたしじょう》と呼びます。忠清が家老たちに申し渡すという上意下達の形式になっているためです。

2　加判役に就かない理由

加判役に就かない理由として最も可能性が高いのは江戸家老であった場合です。忠清書状は、江戸にいる忠清から地元前橋の家老たちに宛てた書状です。前橋に居ない場合には宛所に入りません。忠清は14歳（数え年。以下、同じ）で藩主に就きました。若い藩主の相談役として筆頭家老が傍らにいるのは自然なことです。

あるいは、高須には別な事情があったかもしれません。高須は元和《げんな》2年（1616）に大胡城《おおご》を預かり、(2) そこに知行地《ちぎょうち》（領地）を持っていました。江戸時代初期は、藩の有力な家老が城を持つことは一般的なことでした。高須は大胡城主として前橋の酒井家とは距離を置いていた、しかし、寛文4年に酒井家の完全な家臣となった、その結果が加判役という形になった、と考えるものです。

高須は忠清の祖父の忠世《ただよ》（第2代藩主）の代に既に加判役の中心者でした。(3) 忠清の代でも同じように勤めたでしょうから、距離を置いていたという可能性は低いと考えられます。

いずれにしても、これら2つの理由は、高須が壮年期で元気に活躍しているイメージを前提にしているように思われます。果たしてそうなのか。

3　高須隼人家

高須隼人家は、酒井正親《まさちか》（忠清の高祖父。祖父の祖父。永正18年・1521年〜天正4年・1576年）

に請われて家臣となったといいます。その際に「子孫代々一ノ臣」とする約束があったといい(4)、ここから筆頭家老の立場が始まります。高須は、酒井家の前任地の川越から前橋に移ってくる際の総指揮を執り、元和2年には大胡城を預かるほどでした。そして特筆すべき功績は貞享《じょうきょう》元年（1684）からの旧沼田藩の再検地（沼田検地。貞享検地。後述）です。沼田藩真田家は、両国橋架け替えのための材木を準備できなかったことや、田畑の検地を水増しして農民への過酷な税を課した悪政などのため、天和《てんな》元年（1681）に取り潰されました。その沼田藩の再検地が前橋藩に委ねられ、検地の総奉行を高須隼人が務めました。この検地は農民への過度な年貢を改めたため、農民からは「お救い検地」とも称されました。

高須家の当主は隼人と称することが多くありました。よって、多くの高須隼人がいます。どの高須隼人かを特定することが大切になります。現在は名前は「名字＋名前（実名）」ですが、武士の名前はほぼ「名字＋名前（官職名。通称）」です。「通称」は、その家系の当主が引き継ぐことが多いものです。今回の、寛文4年の加判役の理由を考える前提として、まずは、寛文4年の高須隼人の実名を確認することから始めます。

なお、本稿では実名の読みは不明なため記していません。また、忠清の後を継いだ忠明は後に忠挙《ただたか》と改名していますが忠挙で統一しました。

表１　江戸時代前期の高須家当主と出来事

和暦	西暦	出来事
元和元年	1615	大坂夏の陣に定広と定成が参戦
同　2年	1616	定広が大胡城を預かる
?		定季誕生
寛永6年	1629	定成が家督相続
正保元年	1644	忠清結婚、定成は嫁の受取役
?		定季死去
明暦2年	1656	分限帳に「高須隼人三千石」
同　4年	1658	忠清申渡状に「高須隼人三千石」
寛文2年	1662	10月、忠清邸で「一ノ御家老筋隼人」として松平直矩に紹介
同　3年	1663	4月、日光社参に随行せず
?		広俦が幼いため川合勘解由左衛門宗次が高須組を支配
同　4年	1664	3月、加判役に就く
同　4年	1664	12月、忠挙と黒田光之長女らくの婚儀。高須隼人が輿を受け取る
同　5年	1665	10月、大胡目付
同　6年	1666	忠挙を高須隼人が五料で迎える
同　10年	1670	沼田でのトラブル。「隼人、若年の節」だが対処
同　13年	1673	忠清四女松姫の婚儀で高須隼人定次が役を務める
貞享元年	1684	沼田検地（貞享検地）を指揮
元禄3年	1690	歩行できず駕籠を使用
同　9年	1696	「高須隼人は病気」
正徳3年	1713	広俦（定次）死去

4　高須隼人の実名

江戸時代前期における高須家当主と出来事を表1に示します。実名が判明している場合には実名で、不明な場合には隼人で記してあります。

高須家代々の嫡男の実名は『姫陽秘鑑《きようひかん》』によると以下の順です(2)。

定広－定成－定季－広俦－広房－定晟

このうち、加判役に就いた寛文4年（1664）に関係してくるのは定成、定季、広俦の3人に絞られます。3人について整理します。

まず定成。定成は、慶長20年・元和元年（1615）、父定広とともに大坂夏の陣に参戦しました(2)。このとき定成は17歳ですので、生年は慶長4年（1599）です。寛永6年（1629）に定広が死去し定成（31歳）に代替わりしました。前橋市三河町の正幸寺《しょうこうじ》に「寛永六年」の墓石があります（写真1）。定広の墓です。正保《しょうほう》元年（1644）の忠清の結婚に際し、高須隼人定成（46歳）と松平内記《まつだいらないき》重良が嫁の受取役でした(5)。松平内記は酒井家の5人の家老のうちの1人で、高須隼人に次ぐ地位の家老でした。定成の没年は不明ですが、寛文4年に生存していれば66歳になります。

次に定季。2つの史料から、「定成‐定季‐広俦」の3人の関係が分かります。1つの史料(6)には「嫡《ちゃく》子《し》新三郎早世、嫡孫《ちゃくそん》新五郎広俦、祖父の家督を相続」とあります。新三郎とは定季の幼名であり、「早世」しています。早世と言っても、幼少期の死去とは限りません。広俦をもうけてからの死去です。広俦の幼名が新五郎です。長男の長男であった孫（嫡孫）の新五郎が祖父から家督を継ぎました（嫡孫《ちゃくそん》

写真1 高須定広の墓
高須家墓地のほぼ正面にある。

写真2 高須広俦の墓
向かって右が定広の墓。

承祖《しょうそ》)。同様の内容が別の史料(2)にもあります。「定成嫡孫《ちゃくそん》承祖《しょうそ》広俦主殿《とのも》、定季男、幼少に付き、組、川合勘解由左衛門《かわいかげゆざえもん》宗次支配」(祖父の定成から高須家を受け継いだ孫の広俦主殿は定季の息子であり、幼いため川合勘解由左衛門宗次が高須組を支配した)とあります。高須組とは500〜600人の武士で組織された軍団です。主殿とはこのころの広俦の通称、川合勘解由左衛門は5人の家老のうちの1人です。2史料とも、広俦が家督を継いだ年月は記載されていません。

広俦については比較的多くのことが分かっています。それは後述するとして、ここでは広俦の通称と実名に限定して述べます。

広俦の生年月日は不明ですが、死去したのは正徳《しょうとく》3年(1713)10月7日です。

『酒井家史料《さかいけしりょう》』に「家老高須広俦没す」と明記されています。[6] 正幸寺に墓があります（写真2）。「正徳三癸巳稔 十月七日 義崇院殿鎮誉寔天居士覚霊」とあります。諡《おくりな》の義崇院は『直泰夜話《なおやすやわ》』[7]では「義宗院」の表記で見られます。寛文10年（1670）に起こった沼田藩とのトラブル処理にあたったのが「義宗院と申し候《そうろう》 隼人」[7]であり、元禄9年（1696）に忠挙の有馬温泉行きに随行した「高須隼人、病気故《ゆえ》、何事にも預かる事なし。（略）義宗院なり」[8]とあります。同じ義崇（宗）院ですので、寛文10年から正徳3年（1713）の高須隼人は同一人物です。幼名が新五郎で、主殿と称した時期もあり、成人して広俦、死後の諡は義崇院です。

ただし、広俦は改名した後の実名です。改名前は定次でした。当時に書かれた『重朗日記抜粋《しげあきにっきばっすい》』[9]では、寛文13年（1673）に忠清の四女・松姫、延宝《えんぽう》5年（1677）に五女・長姫、延宝8年（1680）に六女・紀伊姫のそれぞれの婚儀のときに役を務め、また延宝9年（1681）に忠挙が家督相続のお礼に将軍に挨拶に行った際に随行したのが、全て「高須隼人定次」です。天和《てんな》3年（1683）に松平内記と高須隼人の連名で4人の家臣に出した書状（指示書）[10]には、花押の上に「定次」と記名されています（図1）。

図1　定次の実名と花押（姫路市立城郭研究室所蔵「酒井家文書」天和3年10月19日付）

定次から広俦に改名したため、後世には広俦だけが知られ、『直泰夜話』や『姫陽秘鑑』などの後世の書物では広俦と記すようになったのでしょう。丁度、忠明が忠挙に改名したことで、後世では忠明よりも忠挙として知られることと同様です。広俦は寛文期当時には定次であったため、以下、定次を主に使い、史料等の箇所では広俦と記します。

5　寛文4年（1664）の高須隼人

さて、寛文4年の高須隼人です。

定成、定季、定次のうち、寛文4年には定成は66歳ですので、世代的には定季の代になります。しかし定季は早世して高須家当主には就いていません。とすると、寛文4年の隼人は定成か孫の定次です。この場合、2つの可能性があります。忠清申渡状宛所の当初は定成で途中から定次になったか、あるいは当初から定次だったか、です。言い換えれば、定成から定次へ相続されたのはいつか、ということでもあります。現在まで、これを示す確実な史料は見出せていません。

以下、少ない史料から推測してみます。まずは、忠清申渡状から分かることを記します。

忠清申渡状には高須家の相続について触れた記述はありません。寛文4年に家老の内藤半左衛門《ないとうはんざえもん》から弥十郎《やじゅうろう》への相続許可の申渡状(11)がありますので、高須家で相続があれば書かれていて当然でしょう。それがないということは、申渡状の期間には高須家では相続がなかったと言えそうです。しかし、申渡状の期間中の延宝6年（1678）に川合勘解由左衛門が、翌延宝7年には家老の本多刑部左衛門《ほんだぎょうぶざえもん》が、それぞれ死去していますが(12)(13)、その関連申渡状がないのです。家老の代替わりという重要な申渡状ですので書かれたはずですが、今回の申渡状群の中には残されていません。とすると、相続の申渡状がないことは相続がなかった根拠にはなりません。

次に、忠清申渡状の明暦4年（1658）6月11日付の次の文[14]です。

高須隼人与力《よりき》の者、訴訟について、代物《だいもつ》一倍致し下し置き候、隼人三千石の知行高《ちぎょうだか》の内にも候《そうろう》間《あいだ》、右の通り申し付け候（高須隼人を補佐している者からの願い出については、代金・金銭を2倍にして与えるように。隼人の3千石の石高《こくだか》の範囲内なので、そのように申し付けること）。与力とは高須家の補佐をする中級の武士のこと。

この文の中で「隼人」と「三千石」の言葉がポイントです。

「高須隼人」とある以上、この隼人は高須家の当主です。定成は明暦4年には60歳ですので可能性はあります。定次に替わっていた可能性もありますが、定次の場合には年齢が問題です。一般的な元服の年齢である15歳を超えていたならば隼人を称したでしょう。しかし、幼かったとすれば、川合勘解由左衛門の支配を受けたので、隼人とは称していなかったでしょう。となると、この隼人は定成と考えられます。

「三千石」とある点も重要です。この2年前、明暦2年（1656）の『分限帳《ぶんげんちょう》』[15]に「御老中方」（酒井家では家老を老中と呼んだ時期がある）の筆頭に「高須隼人三千石」とあります。明暦2年と4年は3千石なのですが、高須隼人定次は後の寛文12年（1672）に、5百石を加増されて3千石に石高が増えるのです[16]。寛文12年の加増前は2千5百石だったことになります。つまり、高須家の石高は、明暦2年・4年には3千石でしたが、ある時期に2千5百石に減り、寛文12年に5百石が加増されて3千石に復した、ということです。「ある時期に2千5百石に減った」ことがポイントです。特別な機会がないと石高は簡単には変化しません。その機会こそが、祖父から相続したときではないでしょうか。幼少のために3千石でなく2千5百石になったのではないでしょうか。そうだとすれば、申渡状の明暦4年の3千石は定成だったと考えるのが妥当です。

なお、高須家の石高の内訳ですが、寛文12年の3千石は、同心給（高須家に付けられた下級武士への支給）が千石となっていますので、本来の知行（本知）は2千石だったことが分かります。また、明暦4年の申渡状にも「高須隼人与力の者」への支給が「隼人三千石の知行高の内」とあります。つまり、明暦2年・4年から寛文12年まで、高須家の石高の本知は2千石であって、同心や与力へ支給する石高が5百石〜千石の間で変化した、ということなのでしょう。

「隼人」と「三千石」との2点からは、明暦4年の高須隼人は定成でしょう。

それ以後、明暦4年後半（7月から万治《まんじ》元年）から寛文6年の「隼人」が2人のいずれであるか不明です。寛文7年からの忠清申渡状の宛所には高須隼人が恒常的に入っていますので、寛文7年以降での代替わりは否定的です。また寛文10年には「隼人、若年の節」とありますので、寛文7年以降は定次と考えてよいでしょう。

6　万治元年（1658）後半から寛文6年（1666）

万治元年から寛文6年までの9年間の隼人を史料から追ってみましょう。ただし、万治元年後半から万治4年・寛文元年（1661）の史料は見当たりません。

『松平大和守日記《やまとのかみにっき》』(17)の寛文2年（1662）10月25日の項に「隼人」が出てきます。大和守とは親藩大名である松平大和守直矩《なおのり》です（この松平大和守家が、後年の寛延2年・1749年から酒井家に替って前橋藩主になります）。直矩と忠清は親しくしていました。この日、忠清の屋敷でお茶会がありました。

雅楽頭殿、一ノ御家老筋隼人、我ニ御引合（雅楽頭忠清殿が私に第一の家老の家系である隼人を私にお引き合わせになった）

この「隼人」が定成なら64歳。生存していたか微妙な年齢です。定次とする場合、年齢次第でしょう。余り若ければ難しい。定次の年齢は不明です。引用文中の「一ノ御家老筋」はどういう意味でしょうか。「一ノ御家老隼人」なら高須隼人その人でしょうが、「筋」とあるのは「筆頭家老の隼人家」という意味にも読めます。(17) また、松平大和守はこれ以前にもお茶会などで忠清の屋敷を訪れています。定成を引き合わせるならもっと前に引き合わせていたかもしれません。この日に改めて引き合わせたのは、定次に代替わりしていたためと推定することも可能です。

寛文3年4月、将軍の日光社参には、忠清及び酒井家家臣団が供奉《ぐぶ》（随行）しています。この中に、松平兵庫（家老の松平内記の息子か）、川合勘解由左衛門、本多刑部左衛門は参加していますが高須隼人本人や近親者の名は見当たりません。(18) 定成なら65歳と高齢であることや江戸に留守居《るすい》（留守番役）として残ったための不参加でしょう。定次なら若かったための不参加でしょう。

寛文4年3月、加判役を命じられます。高須はこの月には前橋（あるいは大胡）に居たことになります。定成なら66歳。この年の12月13日、忠挙（17歳）と福岡藩主黒田光之《みつゆき》の長女らく（筑姫。18歳）の婚儀があり、高須隼人が黒田家筆頭家老の黒田三左衛門より輿《こし》を受け取っています。(19) 貝桶《かいおけ》（貝合せの貝の入った桶。嫁入り道具の第一の調度品）は大河内勘兵衛《おおこうちかんべえ》（年寄。後に家老）が受け取りました。高須隼人は酒井家筆頭家老として職責を果たしていました。大河内が貝桶を受け取ったのは、大河内が忠挙付きの重臣だったためでしょう。忠挙の結婚は2年前の寛文2年12月に決まっています。そのとき結納の使者として大河内勘兵衛が遣わされています。[19]

寛文4年、高須隼人は3月に加判役に就きましたが、その後はほとんど宛所に出てきません。12月の忠挙の結婚式の準備で江戸に行っていた可能性があります。もしそうだとするなら、66歳の高齢であり、江戸住まいであり、かつ、忙しい定成に加判役を命じることは考えにくいでしょう。加判役は定成でなく定次だったとするとどうでしょうか。忠挙の結婚式を控えている中での定成死去を受け、「筆頭家老の高須隼人」を設けておくためだったと推測されます。貝桶を受ける役が大河内勘兵衛であった点も好都合だったでしょう。高須は大河内の紹介で酒井家の家臣になったといわれ、また大胡城は高須と大河内が管理していました。[2] 両家の関係は他の家老たちと比べても深かったわけです。大河内なら定次をサポートし易かったでしょう。

寛文5年10月、高須家の知行地である大胡に2人の目付（監察役）が任命されています。[20] これ以前には大胡目付の記載はありません。既述しましたように、大胡城は元和2年（1616）に定広（定成の父）が預かり高須家が管理していました。そこに目付が付けられたということは、大胡領の位置づけが変わったのかもしれません。それまで高須家が管理していた知行地から藩主の酒井家が支配する直轄地（蔵入地《くらいりち》）に変わった可能性があります。このときの任命が目付でなく代官であれば、寛文5年ないしはそれ以前に直轄地になったと断定できるでしょう。

寛文5年～6年の忠清申渡状では、高須隼人は散発的にしか宛所に登場しません。寛文7年になってからはほぼ恒常的に宛所に名前があります。この間、寛文6年8月に忠挙が前橋に来ます。高須隼人は五料《ごりょう》（現・玉村町）まで出迎えに行きました。[21] 高須がいつから前橋に居たかは不明ですが、忠挙を迎える準備のため、6～7月には前橋にいたでしょう。

以上の時系列の中で、高須隼人の名前が空白である時期が定成死去の時です。隼人を称した定成が死去して、後を継いだ定次（広俦）はすぐに高須組を支配せず、川合宗次が高須組を支配しました。隼人もまだ襲名しなかったでしょう。川合が高須組を支配する場合、半年とかの短期間ならば敢えて川合に任せずに定次に継がせればよいでしょうから、川合の支配は1～2年の期間はあったでしょう。定成死去の候補は3つの時期が挙げられます。

A　明暦4年（1658）～寛文2年（1662）

B　寛文2年～3年

C　寛文5年～6年

時期を確定できないのは、定次の年齢が不明であることが大きな理由です。

7　当主の年齢推定

寛文4年当時の定次の年齢が分かれば、もう少し具体的に分かるかもしれません。そこで、当主たちの生年を推定してみました。推定の根拠とするのは高須家当主2人の生年です。1人は大坂夏の陣（1615）に参加した定成です。そのとき定成は17歳でした。[2] 逆算すると生年は慶長4年（1599）

です。もう1人は定次の孫であり広房の子の定晟です。定晟は正徳4年（1714）に7歳で死去しています(2)。生年は宝永《ほうえい》5年（1708）です。定広から定晟までの5代の当主は直系であり、養子をとったり、別の親族が継いだりしていません。

高須家では定成から定晟までは5代です。平均すると、（1708―1599）÷4＝27・25となります。当主が平均で約28歳の時に次期当主（長男とは限らない）が生まれた（生まれた年が1歳）と想定できます。0・25の端数がありますので、4世代で1歳のズレが出ます。当主の推定生年を以下に示します。

	生年	
定成	1599年	
定季	1626年	定成が28歳時
定次	1653年	定季が28歳時
広房	1680年	定次が28歳時
定晟	1708年	広房が29歳時

4世代で1歳のズレは、広房29歳時に定晟誕生としました。定季、定次、広房の3人の生年は計算上の数字です。実際の生年はこの数字から多少ズレているかもしれません。しかし、平均を採っていますので、計算上の数字と大きなズレはないと思われます。

この推定年齢を、江戸時代初期の高須家の出来事に当てはめたものが表2です。そして、寛文4年前

表２　高須家の出来事と当主推定年齢

和暦	西暦	出来事	当主の年齢		
			定成	定季	定次
元和元年	1615	大坂夏の陣	17歳		
同　2年	1616	定広が大胡城を預かる	18		
同　6年	1620	定成が徳川和子婚儀に供奉	22		
寛永3年	1626	定季誕生	28	1歳	
同　6年	1629	定成が家督相続	31	4	
正保元年	1644	忠清結婚	46	19	
承応2年	1653	広儔（定次）誕生	55	28	1歳
？		定季死去			
明暦2年	1656	分限帳に「高須隼人三千石」	58		4
同　4年	1658	忠清申渡状に「高須隼人三千石」	60		6
寛文2年	1662	10月、「一ノ御家老筋隼人」	64		10
同　3年	1663	4月、日光社参に随行せず	65		11
同　4年	1664	3月、加判役に就く	66		12
同　4年	1664	12月、忠挙結婚、隼人が役を務める	66		12
同　5年	1665	10月、大胡目付	67		13
同　6年	1666	忠挙を隼人が五料で迎える	68		14
同　10年	1670	「隼人、若年の節」			18
同　13年	1673	松姫婚儀、隼人定次が役を務める			21
貞享元年	1684	沼田検地（貞享検地）を指揮			32
元禄3年	1690	歩行できず駕籠を使用			38
同　9年	1696	「高須隼人は病気」			44
正徳3年	1713	広儔（定次）死去			61

後の定成と定次の年齢に絞り、かつ「定成の死去＝定次が幼少のため川合宗次が高須組を支配」したA、B、Cの3つの候補時期を入れたものが表3です。高須組を預かった川合宗次の生まれは1606年（推定）[22]です。寛文6年（1666）には61歳なので、年齢的にはA～Cのどの時期でも可能です。

A、B、Cのいずれであっても定次は若年です。通常の元服年齢の15歳には達していません。

また、A、B、Cのいず

表３　寛文４年前後の定成と定次

和暦	西暦	出来事	当主の年齢 定成	定次
明暦2年	1656	分限帳に「高須隼人三千石」	58歳	4歳
同　4年	1658	申渡状に「高須隼人三千石」	60	6
A		**定次が幼少のため川合宗次が支配**		
寛文2年	1662	10月、「一ノ御家老筋隼人」として松平直矩に紹介	64	10
B		**定次が幼少のため川合宗次が支配**		
同　3年	1663	4月、日光社参に随行せず	65	11
同　4年	1664	3月、加判役に就く	66	12
同　4年	1664	12月、忠挙結婚、高須隼人が輿を受け取る	66	12
C		**定次が幼少のため川合宗次が支配**		
同　5年	1665	10月、大胡目付		
同　6年	1666	忠挙を高須隼人が五料で迎える	68	14
同　10年	1670	沼田でのトラブル。「隼人、若年の節」だが対処		18

れであるか決め手に欠けます。

その中で、寛文４年、江戸に居たであろう66歳の定成が加判役に就いた点が最大の問題点と考えられます。その点から、Ｃは否定的です。ただし、ＡにせよＢにせよ、定次が後を継いだとした場合、12歳で嫁の輿を受け取る役を務めるものか疑問です。若年の高須でなく、別な家老（格順からは松平内記）が役を務めれば済むことです。嫡男の結婚であれば尚更です。その反面、相手が筆頭家老ならこちらも筆頭家老が受けるという「格」を優先するなら、12歳という年齢は辛うじて可能でしょう。

また、寛文２年に忠清が高須隼人を松平直矩に紹介しました。定次は

表4　寛文2～5年の出来事と住居

和暦	西暦	出来事	住居
寛文2年～3年	1662～1663	家督相続	江戸（＊）
寛文4年	1664	加判役就任	大胡城・江戸（＊）
寛文5年	1665	大胡城返却	前橋城三之丸

寛文2～4年の高須の本来の住居は大胡城だが、江戸での用向きが多かったと推定される。

10歳であり、Aでは若すぎるように思えます。よって、本稿ではBの寛文2年10月～寛文3年4月の期間内に定成が死去し、川合宗次が高須組を預かった、としておきます。

定次の家督相続に関連して、大胡城の返却について若干触れます。

大昌君《だいしょうくん》御代、御老中様方へ御届け成《な》され候て、隼人は三之曲輪《さんのくるわ》へ御移し……[23]（大昌君＝忠清の代に、幕府の御老中様たちへお届けになり、隼人は大胡から前橋城の三之曲輪＝三之丸に移し……）

高須家に預けておいた大胡城を忠清の代に返却させ、高須家を前橋城の三之丸に移しました。その年月は現在のところ不明です。1つの可能性は、幼年の定次が家督を相続した際に、大胡城を返却させるのがスムーズです。その場合は寛文2年10月～同3年4月のある時点であったと推定されます。ただし、寛文2年末～同3年初めとすると、大胡目付の任命が寛文5年と遅いことが問題でしょう。2つ目の可能性は、寛文5年に大胡目付が任命されていることから、寛文5年に大胡城が返却されたのかもしれません。どちらにしても、寛文2年10月から寛文5年10月までの期間であることは確かでしょう。

家督相続・加判役・大胡城返却の年とそれぞれの年ごとの住居について、本稿での仮説を表4に示します。

次に仮説も含めて定次の生涯を概観します。

8　少年・思春期の定次

寛文2年（1662）10月、江戸忠清邸で「雅楽頭殿一ノ御家老筋隼人」として祖父定成が松平直矩に紹介されます。定次は10歳です。定成が江戸在府でしたので定次も江戸で暮していたでしょう。この後、寛文3年4月までの間に定成は死去したのでしょう。

寛文3年（1663）4月、将軍の日光社参には、高須隼人本人や近親者は参加していません。定次は11歳と若いことや服喪中だったかで参加は見送ったのでしょう。高須組は川合宗次が支配することになりました。

寛文4年（1664）2月9日、忠挙（17歳）の伊香保湯治の許可が出て、3月末に江戸に戻っています[24]。約2ヶ月間の上州滞在であり、当然、前橋に寄ったでしょう。忠挙とともに、定次も一緒に前橋に来たのではないでしょうか。定次は12歳であり元服するには若かったでしょうが、江戸において忠清の前で元服を済ませてきたのではないでしょうか。その場合には、高須組を預かっていた川合宗次が江戸に出向いて烏帽子親《えぼしおや》を務めたのでしょう。宗次の「次」の字と、高須家の当主が継いだ「定」の2文字から「定次」と名乗ったと推測されます。前橋では他の家老や家臣が揃う前で披露されたのでしょう。そして、3月に加判役を命じられたのでしょう。

加判役に就いたものの、忠挙結婚の準備で江戸に早くに戻ったと考えられます。そして、この年の12月に忠挙の婚儀があり、定次は黒田家筆頭家老の黒田三左衛門より嫁の輿を受け取ったのでしょう。12歳の若年でしたが、前橋藩酒井家の筆頭家老として凛々しく立ち振る舞ったことでしょう。

寛文5年と同6年前半は定かではありませんが、江戸に居ることが多かったのではないでしょうか。筆頭家老としての経験を積ませていたのでしょう。特に、年齢的には忠挙の5歳下ですので、忠挙の代になったときのことを想定し、忠挙を支える第一の臣としての教育があったのかもしれません。

寛文6年（定次14歳）後半には前橋に移ったでしょう。それは、同年8月に忠挙が再び前橋に来たからです。忠挙を迎える準備に定次も加わったでしょう。忠挙が前橋藩領に着いた8月7日、他の家老は天川《あまがわ》（現・前橋市）での出迎えでしたが、定次は五料（現・玉村町）まで忠挙を迎えに出ています。定次は筆頭家老のゆえに五料まで行ったのでしょう。また、五料の関所は高須家管理だったことも関係しているのでしょう。

「高須隼人」の名は寛文7年から恒常的に宛所にあることから、定次は寛文6年後半には江戸から前橋に本格的に居を移したと考えられます。

9　青年・成人期の定次

寛文10年（1670）、前橋藩と沼田藩との間にトラブルがありました。(7) 前橋藩内の糸井村《いといむら》（現・昭和村。沼田市の南西。このあたりまで前橋藩の領地でした）の百姓が沼田城下の町で沼田藩家臣に切り殺されました。沼田藩からは、百姓が侍に無礼なことをしたので切り捨てた、との通達がありました。高須隼人定次は若輩ではありましたが（「隼人、若年の節なれども」）、「お届けの趣旨は承知しました。こちらの百姓が侍《さむらい》市《いち》とは知らなかったことは誠に過失でした」と返事をしています。本来、侍は市などには行かないことが原則であり「侍市」はありえないはずでした。一般的には「侍市」という言葉はなかったかもしれません。「侍市」の言葉には定次の痛烈な皮肉が込められていたのです。沼田藩としてはやむなく当事者の侍に切腹を申し付けています。定次は計算上ではこのとき18歳。まさに「若年の節なれど」です。(25) 定次はこのときは既に結婚していたと思われます。嫡子の酒之丞行定が翌年寛文11年に生まれています。妻は酒井淡路忠助の養女です。(26)

ここまでは忠清の代のことです。

定次の最大の功績は最初にも触れた貞享検地（沼田検地）でしょう。貞享元年（1684）に幕府から藩主忠挙が命を受け、総奉行は高須隼人定次が務めました。当時は、忠挙の逼塞《ひっそく》（昼間の出入りは禁止。夜は出入り可。閉門より軽い刑罰）が許されて3年でしたが、まだまだ徳川綱吉や幕府の見る目は厳しかったでしょう。

貞享検地は後の模範と言われるほどの検地でした。その基本は定次が出した28カ条の検地条目です。(27)

当時の検地は賄賂や不正が当たり前だったようですが、定次は厳正を期しました。そして当時としては例を見ないほど先見的な進め方をしました。考え方は現在でも十分に通用します。特徴的なものを幾つか挙げます。

役人の心構えを説き、誓詞を出させ、それを検地帳に載せた（責任の明確化）

具体的で細かな検地の仕方を指示した（検地の厳格化）

それまでは3段階だった田畑の等級を実質的な5段階にした（実状に合った区分）

百姓も検地に立ち会わせたり、帳面を渡して確認させたりした（公開性）

貞享検地結果と過去の検地結果を並んで記させた（比較確認）

検地は貞享3年に終了しています。懸案の検地を成功させたことにより定次は綱吉からも褒賞《ほうしょう》を受けました。(2)

10　壮年期の定次

貞享検地の後、元禄3年（1690）、定次は38歳のとき歩行が困難になりました。忠挙から駕籠《かご》を使用するよう指示が出ています。若くして歩行困難となりましたが、命に関わるようなものではなかったのでしょう。ただし、元禄9年（1696）には「高須隼人、病気故《ゆえ》、何事にも預かる事なし」とあります。家老の務めは果たせていなかったようです。

宝永《ほうえい》4年（1707）、酒井家では忠挙から忠相《ただみ》へ家督相続されました。忠相が将軍に御礼に行った際には定次ではなく息子の市右衛門広房が随行しています。[28]広房は28歳。広房は病気の父に代わって参上したのでしょう。そのためか、広房の名前は4人の家老の後に書かれています。

さきほど、定次の嫡子として行定がいたことを述べました。しかし宝永4年の忠相の家督相続のときは行定でなく広房が随行しています。行定は病気のため元禄7年（1694）24歳のときに退身（公務を退くこと）していたからです。[29]兄の行定が廃嫡されて9歳年下の弟の広房が嫡子となったのでしょう。広房は宝永4年から数年後、正徳3年（1713）以前に死去し（30歳台前半?）、行定は享保《きょうほう》12年（1727）に57歳で死去しています。

嫡子の広房が死去して数年後、正徳3年（1713）に広俦が死去します。定次から広俦に改名済みだったでしょう。61歳でした。そして広俦の孫の定晟が6歳で祖父の家督を相続しました。広俦自身も祖父から相続した嫡孫承祖でしたが、孫の定晟の相続も嫡孫承祖でした。

11　おわりに

忠清申渡状の宛所にある高須隼人は定次です。定次から広俦へ改名したため、後世では広俦として知られます。定次は、忠清申渡状が始まる明暦3年のころはまだ幼少でした。若年であったため寛文4年までは加判役に就かず、加判役就任時もまだ10歳代だったと推定されます。年齢のことや江戸滞在が多かったことから、就任後2年間ほどは宛所に恒常的には登場しなかったと考えられます。

「推定年齢」に基づいて高須隼人定次の人生も概観しました。

高須隼人についてもまだまだ不明な点が多いです。後考を待ちたいと思います。

注

1　姫路市立城郭研究室所蔵「酒井家文書」(以下、文書番号は「姫」と略す)C1‐86、前橋市立図書館マイクロフィルム「酒井家文書」(以下、「前」)035‐475
2　『姫陽秘鑑・巻52』「酒井家文書」、姫路市立城郭研究室所蔵(前橋市立図書館マイクロフィルム利用)
3　野本文幸「酒井忠世申渡状に見る重臣たちと役職‐忠清申渡状との相違‐」『前橋風・第3号：酒井忠清申渡状109通の翻刻』特定非営利活動法人まやはし、2019年
4　堀田浩之「雅楽頭酒井家の『六臣譚筆』について」兵庫県立歴史博物館紀要『塵界』第12号、2000年
5　『姫陽秘鑑・巻7』(『酒井家史料・15』にも所収)
6　『酒井家史料・48』前橋市立図書館所蔵
7　勅使河原三左衛門直泰著、宮下藤雄校註『直泰夜話』190項、1966年
8　『直泰夜話』231項
9　関友之助重朗著『重朗日記抜粋』「酒井家文書」(前橋市立図書館マイクロフィルム及び群馬県立文書館製本利用)
10　「酒井家文書」、天和3年10月19日付、「姫」B9‐251、「前」042‐047。
11　「酒井家文書」、「姫」C1‐408、「前」035‐474。
12　『酒井家史料・23』
13　『直泰夜話』291項
14　「酒井家文書」、「姫」C1‐125、「前」036‐135。
15　群馬県史編さん委員会『群馬県史 資料編14 近世6』群馬県、1986年
16　『六臣譚筆』(『酒井家史料・21』に所収。前掲『群馬県史』に間接引用)
17　藝能史研究會『日本庶民文化史料集成 第12巻 芸能記録(一)』三一書房、1977年

18 『六臣譚筆』（『酒井家史料・19』に所収）
19 川添昭二・福岡古文書を読む会 校訂『黒田家譜（第2巻）』文献出版、1982年
20 「酒井家文書」、「姫」C1‐40、「前」036‐189。
21 『直泰夜話』239項（『酒井家史料・20』に所収）
22 野本文幸「五人の家老の実名」『前橋風・第3号：酒井忠清申渡状109通の翻刻』特定非営利活動法人まやはし、2019年
23 『姫陽秘鑑・巻22』
24 『酒井家史料・19』
25 『酒井家史料・48』
26 酒井淡路と養女については本書「断絶した酒井弾正家……」参照
27 前橋市史編さん委員会『前橋市史・第3巻』前橋市、1973年
28 『姫陽秘鑑・巻9』
29 『酒井家史料・38』によると、退身後の行定は元禄14年（1701）には龍蔵寺村の2千4百5坪の土地で暮らしている。

7　前橋城絵図『前橋旧図』はいつ描かれたか

1　はじめに

最近になって『前橋藩松平家記録』(1)（以下、『記録』と略す）に接する機会が増えました。『記録』の原本は『前橋藩松平大和守家《やまとのかみけ》記録405冊』と言い、群馬県指定重要文化財です。江戸時代の松平家の月番の年寄（家老に次ぐ役職）が、徳川幕府の動きから領民のことまでを公の日誌に書き記した第一級の史料です。これほど多く揃っていることは全国的にも極めて稀です。

原本から前橋関連の内容を選択・翻刻し全40巻の『記録』としてほぼ一人で14年間かけて完成させた故・阿久津宗二氏にお会いしたことがあります。『記録』についての阿久津氏のお話の中で最も記憶に残っていることは、翻刻作業に対する周囲の理解の少なさでした。「今はそうであっても、100年後とか後世になるほど価値が分かるのではないか」ということで話は終わりました。その思いは現在はさらに強くなっています。今回は阿久津氏への敬意を込め、『記録』を活用して、これまで年代が特定されていない『前橋旧図（古城附属前橋城図）(2)』（図1。以下、『旧図』と略す）の年代特定の試みをご紹介します。

絵図の場合、描かれている対象年と絵図が実際に描かれた作成年とは乖離《かいり》している場合もあります。本稿は、作成年というよりも、どの年代のことが描かれているかという視点です。

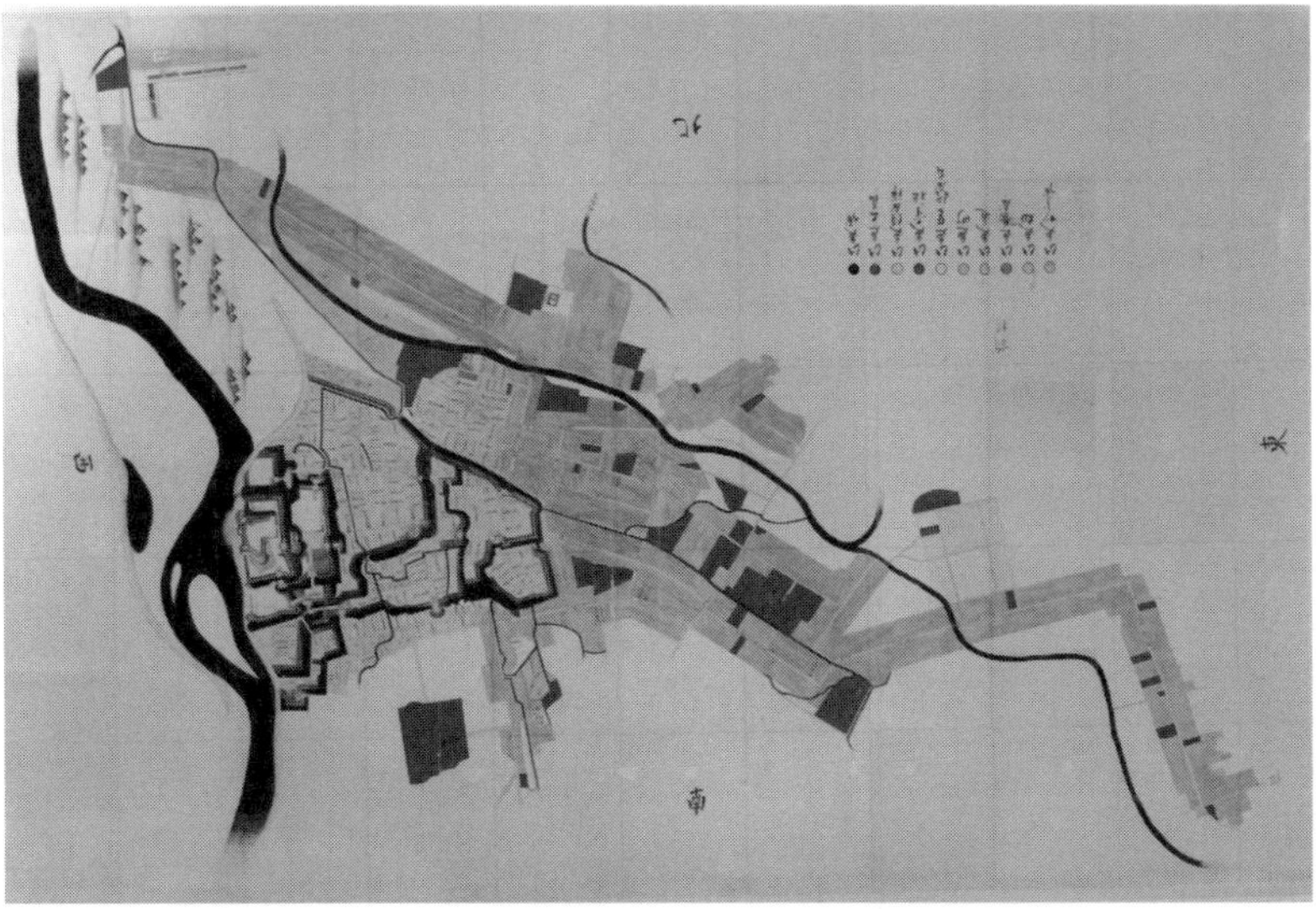

図１　『前橋旧図（古城附属前橋城図）』　群馬県立文書館所蔵

左の曲線が利根川、その右の四角が組み合わさった区域が前橋城であり、その一部が現在の県庁。左上から右下の曲線が広瀬川。前橋城の東（右）から広瀬川周辺にかけての一帯が前橋町。

２　方法

『旧図』は前橋城図と町絵図とからなります。城内１４１人、城外83人、合計２２４人の家臣の名前（武士と医師のよう）が載っています。作成年は記されていません。『記録』の記載にも『旧図』らしき絵図を作成したという文章はありません。本丸の位置や家臣名から判断すると、松平家が姫路から前橋に移ってきた寛延《かんえん》２年（１７４９）から川越へ本格的に家臣の移住が始まる明和《めいわ》５年（１７６８）までの19年間のことであることは分かります。

年代特定のためには、書かれている家臣の子孫を調べ出し、位牌、過去帳などから生年と死亡年月日を調べればいいのですが、それはさすがに無理です。幸い『記録』には家臣の家の当主交代だけでなく当

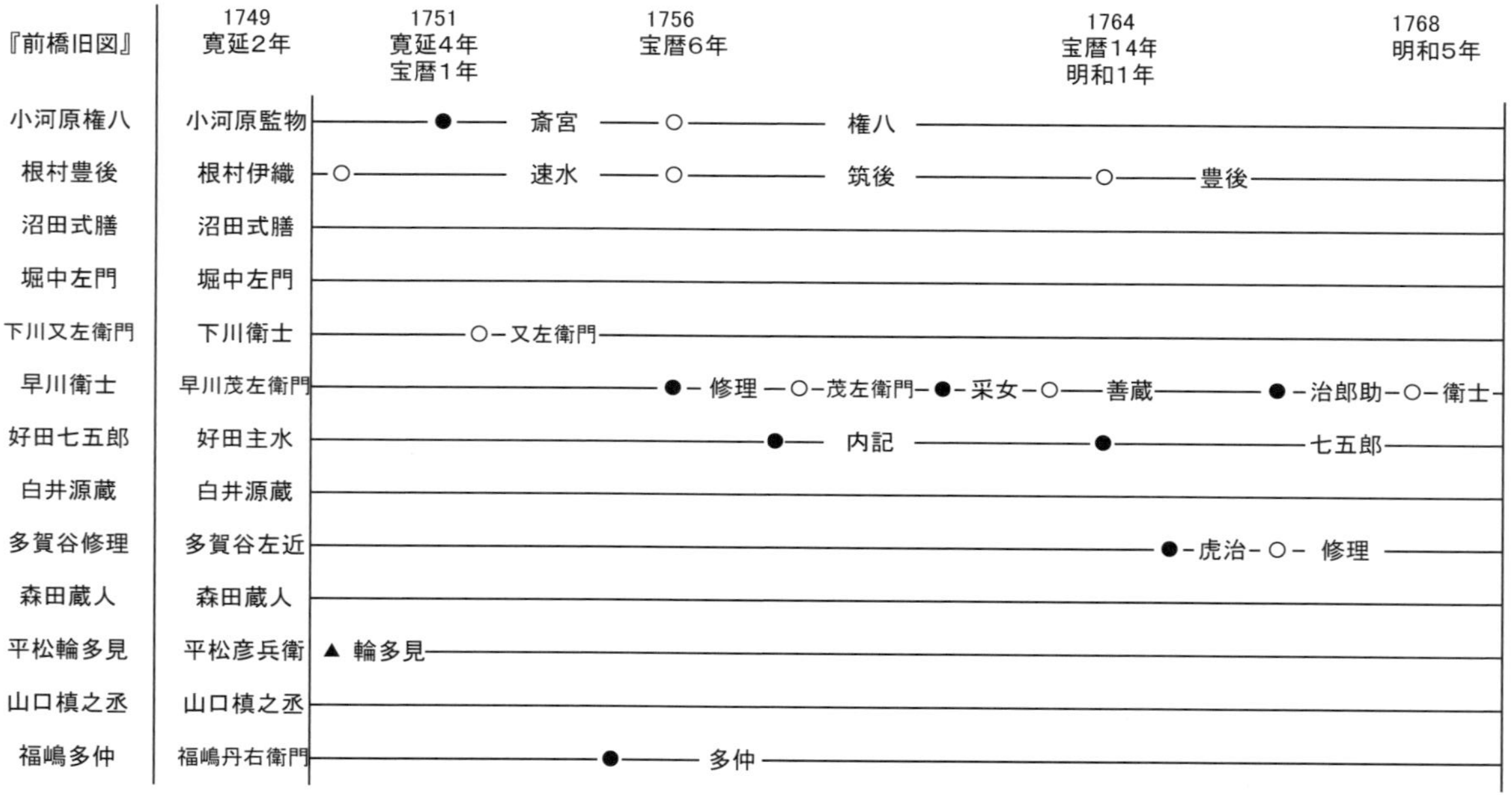

●は死亡による変更　○は改名による変更　▲は隠居による変更

図2　13人の重臣の『前橋旧図』での当主名と、寛延2年からの当主名の変遷

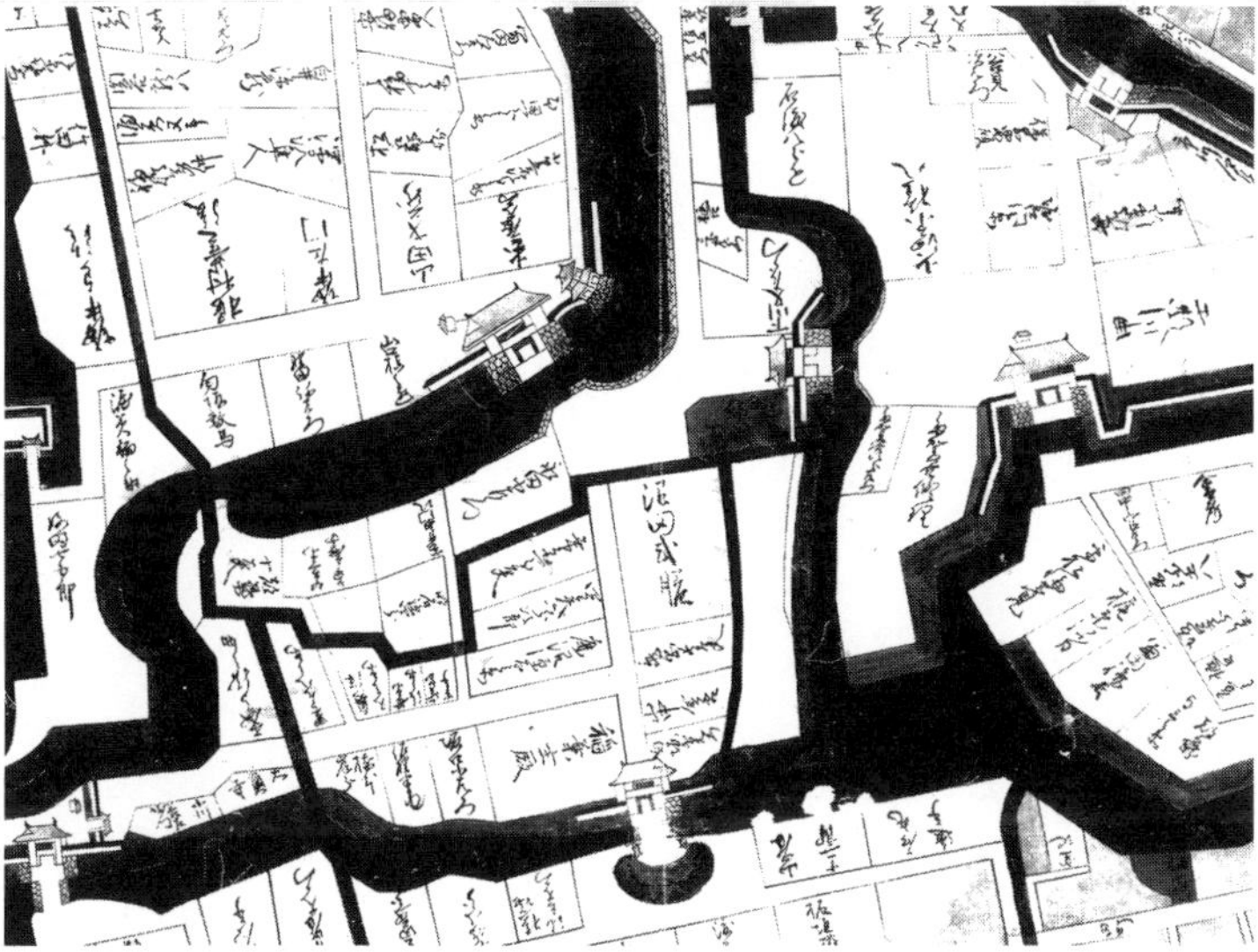

図３　『前橋旧図』（群馬県立文書館所蔵）から

城の中央部を示す。３つの門は、右から大手門、金井門、車橋門。左方に行くと本丸に至る。

主名の改号（改名）も記載されています。当主交代の場合も改名の場合も藩主の許可が必要ですので公文書の『記録』に書かれるからです。当主名が変わるのは、先代の死亡・隠居、そして本人の改名（通称の改名）によります。当時の姓名は、「姓＋本名」ではなく、「姓＋通称」でしたので、改名とは通称が変わることでした。

3　重臣13人の名前の変遷

『記録』に登場する頻度は上位の役職の家臣のほうが多くなります。役職が上、ということは石高《こくだか》（収入）も多い家臣です。そこで、天保《てんぽう》4年（１８３３）の「給帳《きゅうちょう》」（いわば給料表）[3]に基づいて、２２４人の家臣の中から、５００石取以上の重臣13家を選びました。

13家を石高順に並べ、『旧図』に書かれている当主名を記したものが図2の左欄『前橋旧図』です。上から順に、小河原《こがはら》権八、根村豊後、沼田式膳、堀中左門、下川又左衛門、早川衛士（『旧図』では「甲川」となっているが早川が正しい）、好田七五郎、白井源蔵、多賀谷修理、（以下、５００石取）森田蔵人、平松輪多見、山口槙之丞、福嶋多仲、の家老（松平家では老中と呼んだ）や年寄たちです。横線を付けた9人は図3の絵図の範囲内に書かれています。ここは前橋城の中枢部です。大手門から入って車橋門を通り、本丸に至るメインストリートです。重臣は主要な場所に屋敷を与えられていました。

この名前の13人が揃う年月日が、『旧図』に描かれている年月日です。

調査結果は図2の右蘭です。『前橋旧図』のすぐ右の列が寛延2年（１７４９）時点の当主名です。これらの通称が明和5年（１７６８）までの期間にどう変遷したかを示してあります。例えば、小河原家では寛延2年の当主の通称は監物でしたが、監物が寛延4年（１７５１）に死去して斎宮が継ぎ(4)、斎宮は宝暦6年（１７５６）に権八と改名しています(5)。小河原権八は明和5年まで同じです。

19年間の中で代替わりも改名もなかった家（人）は5家（5人）です。沼田式膳、堀中左門、白井源蔵、森田蔵人、山口槙之丞です。この5人は19年間、同一人物であり改名もしませんでした。

根村家と下川家の2家は19年間、同一人物が当主を務めましたが改名しています。根村家は、寛延2年は伊織↓寛延3年（１７５０）に速水(6)↓宝暦6年（１７５６）に筑後(7)（父も筑後を称した）↓宝暦14年（１７６４）に豊後(8)と3回改名しています。下川家では、寛延2年の衛士が宝暦元年（１７５１）12月に許可が出て翌年1月に又左衛門と改名しています(9)。

平松家は、寛延2年に彦兵衛が隠居して輪多見が継ぎ(10)、輪多見がそのまま続けています。

残りの5家では、先代の死去による当主変更と改名があります。

小河原家は先に述べた通りです。早川家は代替わりが特に多く、茂左衛門が宝暦6年（1756）に死去して修理が継ぎ[11]、修理は宝暦8年（1758）1月に茂左衛門と改名しますが[12]、同年3月に死去して[13]采女が継ぎ[14]、采女は宝暦9年（1759）に善蔵と改名しますが[15]、明和4年（1767）に死去して[16]治郎助が継ぎ[17]、治郎助は明和4年12月に改名許可が出て翌年1月に衛士と改名しています[18]。『旧図』では「甲川」となっていますが、重臣である早川を甲川と書き誤ることは通常はあり得ません。死亡例が多いため意図的に「甲川」と記したのかもしれません。好田家は主水が宝暦7年（1757）に死去して内記が継ぎ[19]、内記が宝暦14年（1764）に死去して七五郎が継いでいます[20]。多賀谷家は左近が明和3年（1766）に死去して虎治が継ぎ[21]、虎治は明和4年（1767）に一旦は将監と改名しますが3日後には修理に改名しています[22]。図2では将監の記載は省略しました。福嶋家は丹右衛門が宝暦5年（1755）に死去して多仲が継いでいます[23]。

以上の結果から、『旧図』の13人の名前が揃うのは明和5年1月3日に早川治郎助が衛士に改名した時点からです。早川の改名許可は明和4年12月28日に出ていて、翌年1月3日から改名するよう命じられています。明和4年12月には早川の名前が衛士になることは分かっていましたので、12月に『旧図』を描くことはできたでしょうが、『旧図』がいつの年代を対象にしているかという点からは、明和5年1月3日以降の年代となります。

4　重臣13人以外の家臣の名前

重臣13人の結果だけでも十分ですが、念のため、他の家臣についても確認します。それに適した対象として、早川衛士とともに明和5年（1768）1月3日に改名した18人の家臣（当主8人、息子10人）がいます。[18]改名許可の際には許可前と許可後の名前が書かれているため比較しやすいからです。例えば早川衛士の場合には「治郎助事　早川衛士」とあり、治郎助を改名して衛士になることが分かります。

改名した当主8人のうち6人が『旧図』に載っている点も好都合です。結果は表1の通りです。『旧図』に名前がある6人全員が改名後の名前になっています。重臣13人の結果と同じであり、『旧図』は明和5年1月3日以降であることを示します。また、10人の息子は当主ではないため『旧図』には名前が出ませんが、その親（当主）の10人全員が『旧図』に載っています。このことは、『旧図』は明和4年12月28日を含むその前後の一定期間内のものであることを意味します。それは明和5年1月3日以降であることと矛盾しません。

明和5年1月3日改名の6人の結果からも『旧図』は明和5年1月3日以降のものです。

5　いつまでの年代のものか

重臣13人と明和5年1月3日改名の6人、合計19人の結果から、『旧図』は明和5年1月3日以降の年代と断定できます。では、期間はいつまでか。その確認のため、19人のその後の名前の変遷を明和5

年4月まで調べました。誰か1人でも改名していれば、『旧図』はその時点までの期間と限定されるからです。

しかし、改名した人はいませんでした。4月までとした理由は後述しますが、19人以外での手掛かりを探したところ、『記録』の明和5年1月6日条[24]がありました。ここには江戸からの藩主の書状を写したものとして「江戸にて当春に改号」（「当春」とは正月）した11人の名前が載っています。江戸での改名ですから、対象は江戸詰めの家臣たちです。江戸詰めの家臣は前橋には屋敷を持っていないことがありますし、下級家臣は絵図に載りませんので、11人全員が『旧図』には載っていない可能性もあります。しかし、1人だけ名前がありました。福永又左衛門です。『記録』では「福永又右衛門」となっていますが同一人物でしょう。福永は前橋在住であったものの何らかの所用で江戸に呼ばれていたのかもしれません。福永は1月6日に又右衛門から安右衛門に改名していますが、『旧図』では改名前の又左衛門（又右衛門）のままです。『旧図』は福永が安右衛門に改名したことを知らない段階でのものと考えられるのです。つまり、『旧図』は江戸からの書状が前橋に届く前、1月5日以前のものということになります。

これまでの検討から、『旧図』は明和5年1月3日〜5日の家臣屋敷を描いたもの、と言ってもいいでしょう。ただし、福永又左衛門1人だけの根拠から1月5日以前のものとするのは危険かもしれません。

表1　6人の家臣の改名前と改名後

『旧図』	改名前	改名後
蛸江三郎平	仲太	三郎平
岩倉忠蔵	槙之助	忠蔵
須田治兵衛	当麻	治兵衛
野中嘉兵衛	久米治	嘉兵衛
池田弥市右衛門	市右衛門	弥市右衛門
稲次度馬	滝平	度馬

6 『旧図』の時代背景

先に「4月まで調べた」と記したのは理由があります。この時期、松平家は前橋から川越に順次移っていたという特殊な状況があるのです。

松平家が川越へ移城する許可は明和4年に幕府から出ていますが、すぐに移城と家臣移動がなされたわけではありません。また、家臣の引っ越しは一挙になされたわけでもありません。明和5年に入ってから少しずつ分散して川越に移っていくのです。そんな状況の中、1月19日には、前橋に残る「大役人已下」で城外に屋敷を持つ者に対して、城内の屋敷が空き次第、城内等に屋敷替《やしきがえ》することが指示され、また、先の13人の重臣の1人である好田七五郎に川越への引っ越しの許可が出ています[25]。2月16日には63人に屋敷替指示が出されています[26]。これらの家臣名を確認すると、前橋城外に屋敷があった家臣に対して城内へ移る指示などです。城内に屋敷があった家臣が川越に移った（移る）ための対応です。

その後にも引っ越し許可は少しずつ出ていますが、2月27日には、家老・年寄に次ぐ立場である稲葉主殿と深澤隼人（ともに図3に名前あり）に川越への引っ越し許可が出ています[27]。そして、3月25日には川越城を受け取ります。川越城の管理・警備・治安維持のためにはそれ相応の人数が必要ですので、前橋から家臣が移っていったでしょう（正確な人数は不明）。このころには『旧図』に名前が載っている家臣の多くが前橋を離れたはずですので、家臣屋敷の当主名もかなり変わったでしょう。

4月7日条[28]には、藩主朝矩《とものり》が幕府に出した文面に「私の家来どもは追々川越へ引っ越しているので、前橋は人が少なくなっている」とあります。また、朝矩は5月に川越城に初入城しています。

この時代背景から考えますと、『旧図』は早ければ明和5年1月中旬まで、遅くとも同年2月下旬までの前橋城内・城外の家臣屋敷の状況を描いたものといえます。

7　おわりに

城絵図は目的があって描かれるものです。目的によって描かれる内容が変わります。今回の『旧図』の特徴として、

①他の前橋城絵図では家臣名が載っていない絵図もあるのに対し、『旧図』では前橋城内と城周辺の全家臣の姓名が記されている
②家臣名はあるが屋敷面積は書かれていない
③城内の門の名前や城内の道路の名前もない

という3点があります。要は家臣名と屋敷だけが記入されているということです。

この特徴と、

④明和5年1月3日以降のものである
⑤その時期は川越への本格的な移住と前橋に残る家臣の屋敷替えの期間であり、1月中旬には川越への転居が始まっている

という時代背景があります。

これらの点を総合して考えると、『旧図』は、全家臣名とその屋敷割を記載したものであり、川越移

住と屋敷替えのための基礎資料として作成された現況屋敷割《やしきわり》図面だった、と考えられます。

『旧図』が現況屋敷割図面であるならば、明和5年1月3日〜5日までの屋敷割を描いた可能性が大であり、かつ絵図が作成されたのもその期間だったでしょう。もしこれより遅いとしても川越城受取の3月下旬までのものと考えられます。

なお、本稿で紹介した図2は、寛延2年〜明和5年までの松平氏前期前橋藩時代における絵図の年代特定の際にもお役に立つはずです。現存するこの期間の絵図の中には、各重臣の通称が図2とはズレていて矛盾するものも散見します。この違いは、図2が誤っているか、あるいはその絵図が当時に描かれたものではなく後世に描かれたものか、いずれかでしょう。

注

1 原本は前橋市立図書館所蔵

2 群馬県立文書館所蔵。原本はカラー（『前橋風・創刊号―再考・前橋城―』特定非営利活動法人まやはし、2015年、に所収）

3 前橋市史編さん委員会『前橋市史・第6巻』前橋市、1985年、に所収

4 前橋市立図書館編『前橋藩松平家記録・第2巻』煥乎堂、1994年（以下、『記録』）寛延4年閏6月23日条

5 『記録・第5巻』宝暦6年12月21日条

6 『記録・第1巻』寛延3年4月25日条

7 『記録・第4巻』宝暦6年1月14日条

8　『記録・第9巻』宝暦14年11月22日条
9　『記録・第2巻』宝暦元年12月28日条
10　『記録・第1巻』寛延2年3月18日条
11　『記録・第5巻』宝暦6年9月18日条、同11月9日条
12　『記録・第5巻』宝暦8年正月18日条
13　『記録・第5巻』宝暦8年3月26日条
14　『記録・第6巻』宝暦8年5月25日条
15　『記録・第6巻』宝暦8年12月22日条
16　『記録・第10巻』明和4年7月17日条
17　『記録・第11巻』明和4年9月22日条
18　『記録・第11巻』明和4年12月28日
19　『記録・第5巻』宝暦7年12月5日
20　『記録・第8巻』宝暦14年正月7日条、同3月19日条
21　『記録・第10巻』明和3年3月8日条、同5月8日条
22　『記録・第10巻』明和3年12月25日条、明和4年正月5日条、同6日条
23　『記録・第4巻』宝暦5年4月7日条、同6月16日条
24　『記録・第11巻』明和5年正月6日条
25　『記録・第11巻』明和5年正月19日条
26　『記録・第11巻』明和5年2月16日条
27　『記録・第11巻』明和5年2月27日条
28　『記録・第11巻』明和5年4月7日条

8

前橋の恩人・安井与左衛門政章の功績

1　前橋の恩人

安井与左衛門《やすいよざえもん》（天明《てんめい》7年・1787年～嘉永《かえい》6年・1853年）という名前をご存知の方は少ないでしょう。歴史マニアの方か、昭和31年（1956）ごろに群馬大学学芸学部（現・教育学部）附属小学校生で社会科副読本「前橋のうつりかわり」（「安井よざえもん」の項目あり）を勉強した方ならご存知かもしれません。私は歴史マニアでも附属小の卒業生でもなかったため、平成18年（2006）までは全く聞いたことのない名前でした。

平成18年、私が理事長を務めていたNPO法人波宜亭倶楽部《はぎていくらぶ》が前橋市の指定管理者として前橋市中央児童遊園（通称：るなぱあく）の管理運営を行うようになりました。土手の中腹に立つ3・5mの大きな石碑「安井與左衛門政章《よざえもんまさあき》功績之碑」[1]（写真1）があり、初めて名前を知りました。漢文で記されている功績碑は、大正11年（1922）10月1日に建立されました（写真2）。碑の除幕式は翌年4月29日に挙行されています。[2]知人に聞いたところ、「与左衛門は前橋の恩人ですよ。江戸時代に前橋を救った人です」とのことでした。そのときはピンときませんでしたが、調べてみて納得しました。

前橋城が利根川によって浸食されたため藩主酒井家は姫路に移り、そのあとの藩主の松平家も利根川に苦しめられて川越に居城を移したのが明和5年（1768）です。藩士も関係者もこぞって移住し、前橋城は破却されました。前橋は川越藩前橋分領として陣屋《じんや》（出張所）が置かれ、廃れる一方でした。荒廃した前橋を座視できず、前橋の復興に尽力したのが安井与左衛門でした。

前橋視察で困窮を見た与左衛門は藩に訴えますが藩は動きませんでした。与左衛門は自ら願い出て天《てん》保《ぼう》2年（1831）、45歳のときに前橋に赴任します。川越を出る際、「大事を成すまでは家の事は自分に知らせるな。もし大事を成し遂げられなければ死をもって藩に詫びる。そのときは私の屍《しかばね》は前橋に埋葬して欲しい。魂魄《こんぱく》として永く留まって後世の人が成し遂げるのをひそかに助ける」と決意を語っています[3]。

与左衛門の前橋での功績を要約しますと、以下の3点です[1][4]。

写真１　安井與左衛門政章功績之碑
右に少し見えるのは建碑寄付者の碑。

①治水・灌漑《かんがい》工事で石高を増やして人口を増やした
②飢饉の際、藩の貯蔵米を困窮する領民に配って暴動を未然に防いだ
③利根川が風呂川《ふろがわ》を浸食して決壊させるのを防ぐため、利根川の流れを変えて、風呂川流域の田畑を守った

通常このうちの1つでも十分ですが、それが3つもあるのですから当《まさ》に「前橋の恩人」です。以下、与左衛門の功績について、碑文と『近世上毛偉人伝』[4]に基づいて紹介します。これらは通説、風聞、誇張の可能性もあるた

写真２　大正 12 年頃の絵葉書 (新井隆人氏所蔵) から
左の碑は星野翁碑（星野長太郎顕彰碑）。右の２段のように見えるうち大きい碑が与左衛門功績碑、小さい碑は建碑寄付者の碑。

め、確実な一次史料である『前橋藩松平家記録』[5]（以下、『記録』と略す）で事実確認をしていきます。

2　治水・灌漑工事など

まずは①の治水・灌漑工事です。

前橋に赴任したからといって、簡単に事が進んだわけではありません。与左衛門は、田畑が荒れていて農民が困っているため灌漑工事を提案します。ところが、役人たちは「荒廃して長い年月がたっているので開拓は難しい」と反対でした。与左衛門は役人たちを集め、「田園が荒れて亡国のようになっているのは誰の責任か。刻苦勉励して農民を救うのが自分の職分だ。ただ見ているわけにはいかない。私の指揮に従う者は労苦を共にしよう。不賛成の者は速やかに去れ」と訴えました。与左衛門の固い決意を聞いて、反対する者はいなくなり、皆が従うことを誓います。

現場の役人の協力を得られることになったので、工事のことを藩の役人に伝えますが、今度は藩の役人が反対しました。与左衛門は藩の資金に頼らず前橋の民力だけで工事（図1）を行うことにしました。当時は前橋分領であった漆原《うるしばら》（現・吉岡町漆原）の廃溝を復旧させます。「廃溝」とは天狗岩用水のことです。(6) 川井《かわい》、飯倉《いいぐら》、沼之上《ぬまのうえ》の3村（現・玉村町の東南部）の水路も改修しました。(7) また富田村（現・前橋市富田町）に堤防を築いています。(8) これらの工事で水田97町歩《ちょうぶ》余（約97ha＝970石《こく》相当）を得ました。(9) この成功を見て、異議を言う者はなくなり、与左衛門は「前橋取締掛《とりしまりがかり》」に任命されて、さらに力を発揮しました。結果、良田750町歩（約750ha＝7千5百石相当。東京ドーム159個分の広さ）を復活させ(9) 農家363戸(10)を増やしています。藩主の松平家の石高は15万石でしたから7千5百石は相当なものです。1戸の家族数を3〜4人とすると千人以上の人口を増やしたことになります。

「363戸」の数値は治水灌漑工事の結果によるようですが、与左衛門は別の点でも戸数を増やしています。功績碑や『近世上毛偉人伝』には書かれていませんが、与左衛門は天保2年（1831）に前橋の荒地《あれち》・厄介地《やっかいち》（耕作放棄地）の対策を上申しています。それまで、藩は荒地・厄介地に有効な対策をとれませんでしたが、与左衛門が提言した政策の成功によって農家の数が増えたのです。与左衛門が提言したのは「新建百姓取立《しんけんひゃくしょうとりたて》」(11)です。これは、荒地・厄介地を、農家の次男・三男に耕作させて分家・独立させることです。当時は農家の土地は長男が全てを相続しましたので、次男や三男は土地を持てなかったのです。分家・独立の際、5年間は年貢を免除しました。この政策を実施したところ、天保

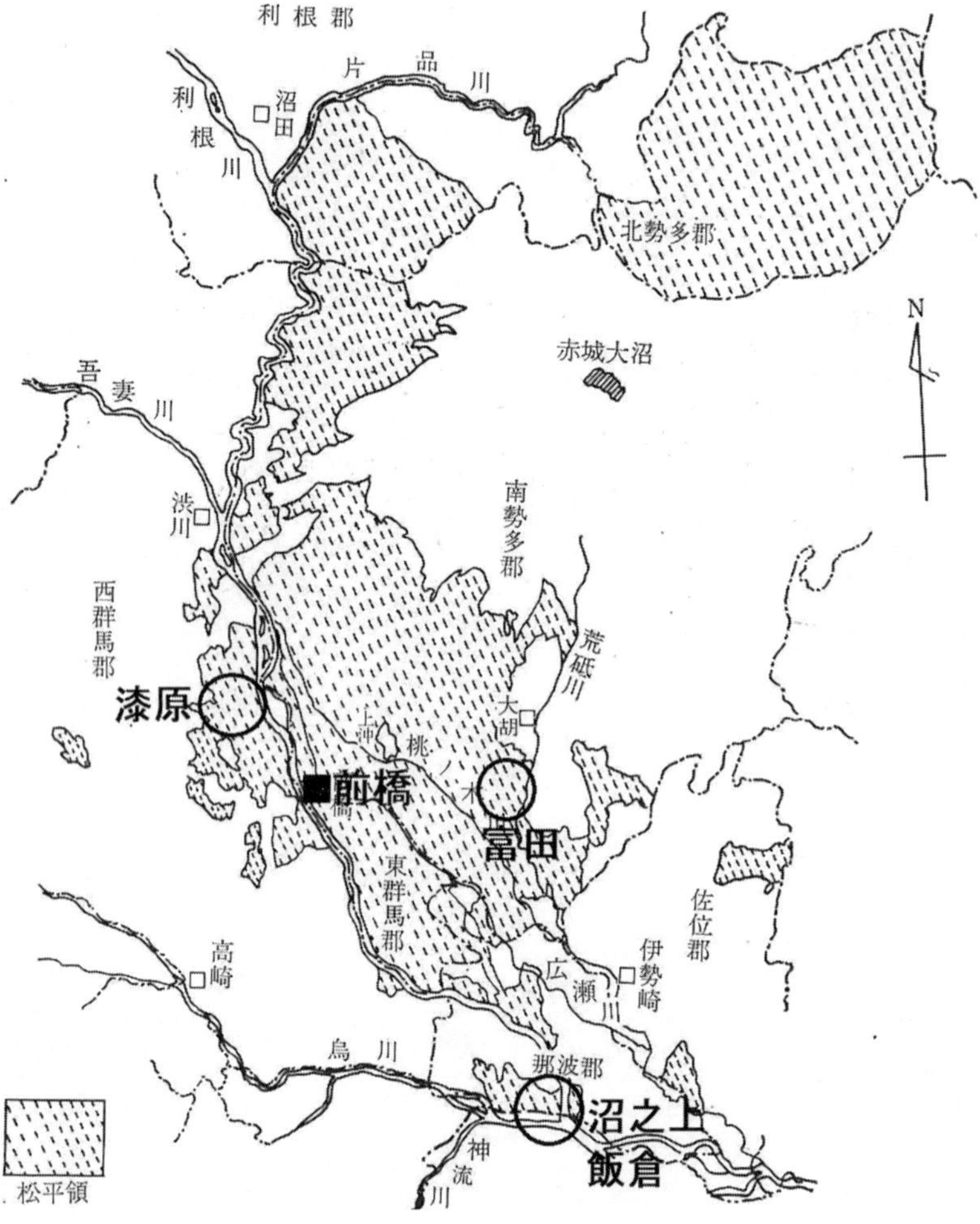

図１　与左衛門の灌漑工事地域（『前橋市史・第２巻』から）

安政７年（1860）の領図に加筆。

5年には122戸も増えました。[12] その結果、天保7年には従来からの懸案であった厄介地がほぼ解消したのです。[13] 増加した新建百姓の合計は200戸以上になったのではないでしょうか。
新建百姓の提案は、与左衛門が決意した「農民を救う」方策の1つです。これも与左衛門の大きな功績です。

3　天保4年（1833）の飢饉対応[14]

天保の飢饉は江戸時代の三大飢饉のうちの1つです。天保4年から始まりました。天保4年は日本全国で冷害のため不作でした。前橋でも飢饉になります。これについて『近世上毛偉人伝』を要約すると次の通りです。

前橋藩でも飢えた領民による一揆が起こりそうだった。与左衛門は領民の飢えを救うために藩士用の貯蓄米を配布しようとした。しかし上司は「これは藩士用の米であって他の目的には使えない」と反対した。数度の議論をしても了解が得られなかった。与左衛門は「藩のために働いている領民を一人も死なせてはならない。貯蓄米配布が死罪にあたるなら自分はそれを受ける」と席を立った。最終的には藩庁の判断で米を分けることとなった。暴発寸前で集まっていた領民はこれを聞いて解散して事なきをえた。

具体的な経緯を『記録』で確認してみます。
前橋藩でも、7月下旬からの雨天、低温のため稲は生育せず、9月6日の大霜で畑の粟《あわ》・稗《ひえ》・ソバも不作でした。[15] 物価の高騰も農民たちを苦しめました。9月26日に与左衛門は、「近年稀にみる不作」、「天明の飢饉以来の穀物の高騰」であり、年貢の減免が必要なことを訴えます。[16] しかし、状況はそれでは済まなくなります。年貢を納めるどころでなく貧困者は食べ物が無くなったからです。10月22日に与左衛門は「早めにお手当（米等の配布）を」と前橋の陣屋に訴えますが差し戻されます。[15] そして、更に切迫した事態になったため、11月3日の数日前には家老の多賀谷備中に手当を訴え、11月8日には陣屋にも「一日も早く御手当（拝借米）を」と訴えます。[17] 切迫した事態とは一揆の可能性です。近隣の他藩では「打ち潰し」や「焼き払い」などの風聞が多数出てきます。[18] それが前橋に飛び火する危険が出てきたのです。そこで、11月9日になって陣屋でも了解が出て、特に苦しい村に1，000俵、「極貧民」に3，600俵を貸すことになるのです。[19] 実際に配られた米は、12，170人の貧民に2，590俵、一人当たり1斗《と》1升《しょう》8合《ごう》（約18kg）でした。[20]

先の『近世上毛偉人伝』にある与左衛門の発言のうち、前半部の「藩のために働いている領民を一人も死なせてはならない」については、「一日も早く」との言葉に通じますので、前半部は事実と考えられます。後半部の「貯蓄米配布が死罪にあたるなら自分はそれを受ける」との発言そのものは確認できませんでした。ただ、10月下旬からの与左衛門の一連の動き・訴えの内容、あるいは前橋赴任時の決意や灌漑事業の進め方をみてくると、後半部の発言が出てきても当然な気がします。この発言が実際にあったとするなら、11月9日に了解が出ていますので、前日11月8日の「一日も早く御手当を」との訴えに続いての発言だったと考えられます。

4　利根川の流れを変えた

与左衛門の前橋での功績で最大のものが利根川の流れを変えた治水工事です。功績碑の文を現代語訳すると次の通りです。「当時」とは天保6年（1835）ころ、「大渡《おおわたり》」とは今のグリーンドーム前橋の周辺一帯で、当時の大渡関所の南方です（図2）。1間《いっけん》＝1・8mで換算。

当時、風呂川用水は旧前橋城の外より流れ来て城内を通って再び城外に流れ去る。水利が及ぶ所は広大だが、上流の岸壁は利根川本流が衝突して、少しずつ崩壊して利根川との間は僅《わず》か二間《にけん》（3・6m）のみとなり、危険であった。君《きみ》は之《これ》を救うため、長さ四百二十八間（770m）、幅四十間（72m）、深さ二間（3・6m）の新川を河（利根川）の中央に掘った。これとは別に百二十二間（220m）の石の堤防も築き、大渡の南にて急流を遮って新川に流した。その結果、川の勢いは俄《にわか》に方向を更え、岸壁の崩壊は免れることができた。(21)

要した人夫は44万人でした。(22)

風呂川は小さな川ですが、元は前橋城の堀の水を供給し、更にその南の地域（現・南町や六供町《ろっくまち》）までの田畑に水を供給する重要な水路でした。与左衛門在橋の当時も、陣屋周辺や南方の田畑に水を供給していました。風呂川が決壊すると「良田七千八石」(23)が失われます。7千石は15万石の川越藩松平家にとっては大きな比率です。加えて、当時の川越藩は経済的に厳しい状況が続いていましたので尚更です。(24)

この大規模工事は風呂川とその流域の農民を守りました。その点では「当時の前橋」の恩人なのです

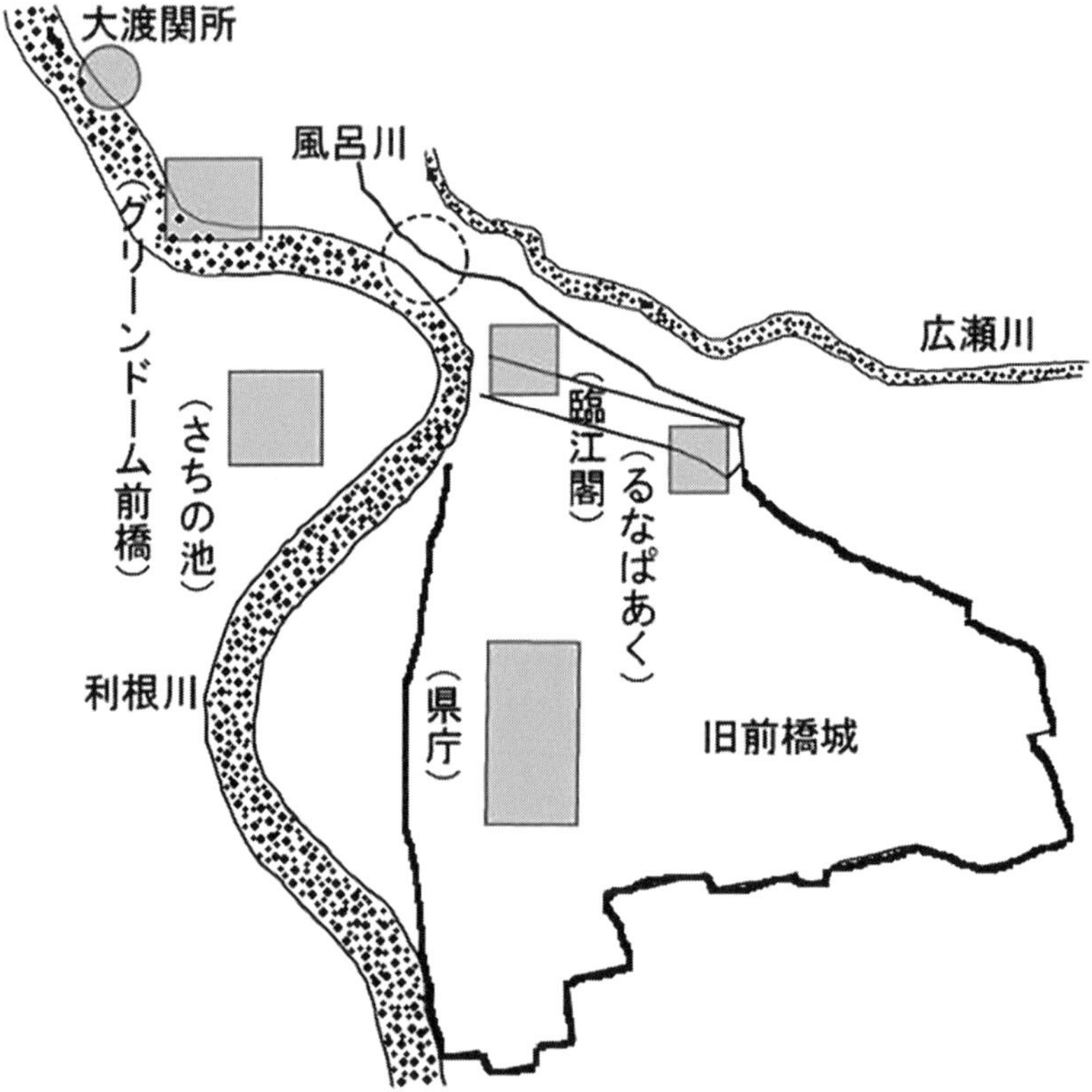

図２　利根川、風呂川、旧前橋城の位置関係

グレーの四角、括弧は現在の建物等。大渡普請は大渡関所の南で実施された。破線の丸が利根川と風呂川の接近箇所。

が、実は「現代の前橋」の恩人でもあります。それは、与左衛門の工事によって、風呂川の安全確保とともに旧前橋城跡地への利根川の浸食がなくなったからです。その結果、慶応3年（1867）に旧城跡に前橋城を再築できることになるのです。そして藩主松平家が川越から前橋に戻ってきます。前橋は江戸時代末期から生糸で栄えていましたが、藩主が戻ったことで人口も約2・7倍に[25]なり、産業も更に活発化しました。明治初期に全国初の洋式器械の藩営製糸所もできます。もし藩主が戻っていなければそこまでの繁栄はなかったでしょう。そして、当初、県庁は高崎に置かれていましたが、有力者たちの活躍と財力によって県庁を前橋に誘致しました。もし県庁所在地が高崎のままでしたら、高崎に官公庁が集約されましたので、現在の前橋の姿はなかったでしょう。前橋の繁栄には江戸末期から明治期の多くの先人たちの努力が積み重なってのことであることは言うまでもありませんが、その基礎は与左衛門がつくったのです。与左衛門の治水工事がなければ現在の前橋もなかったと言えるでしょう。

与左衛門の治水工事の成功によって再築前橋城ができたことは、明治時代にも認識されていました。明治41年（１９０８）建立の「前橋城址之碑《まえばしじょうしのひ》」（群馬県警察本部の東の土塁の上）の文中に記されています。「（旧前橋城が廃城になった）後《のち》、数十年たち、堤を築いて堀を通じさせ、水を制御するのに正しい方法をとり、河の流れがようやく移った。これによって初めて城の再築が検討された[26]」とあります。名前こそ挙げていませんが、「堤（石堤）」と「堀（新川）」の工事で利根川の流れを変えたのは与左衛門です。

以上のように、安井与左衛門は当時も現在も「前橋の恩人」なのです。ただし、碑文や『近世上毛偉人伝』にある、石堤と新川の規模や所要人数について、これまでは確かな史料に基づいた検証はされてきませんでした。新川は長さ７７０ｍ、幅72ｍだったのか、石堤は２２０ｍだったのか、そして所要人員は人足44万人だったのか。それを以下で検討します。が、その前に与左衛門の略歴を紹介します。

5　安井与左衛門政章略歴

安井与左衛門は天明7年（１７８７）に医師の渡辺玄郭の第3子として生まれ、幼少時に安井家の養子になります。通称は与左衛門、本名は政章です。渡辺家も安井家も２００石取の家格（家柄）でした。２００石取とは中級の上くらいでしょうか。役職としては奉行職を務めるレベルです。与左衛門の役職は、使番《つかいばん》（他家あるいは藩内の連絡係）、作事《さくじ》奉行（建築の責任者。土木の責任者は普請奉行）、勘定奉行（出納責任者）、町在《ちょうざい》奉行（一つの町の管理者）、そして文政《ぶんせい》12年（１８２９）に郡《こおり》奉行（一定地域の農村の管理者）になりました。[27] 郡奉行就任を機に前橋を視察することになり、前橋の荒廃を直接目にするのです。そして、「一日も座視できない状況である」と藩に訴えますが聞き入れられず、自ら志願して2年後の天保2年（１８３１）に前橋に赴任しました。

前橋での与左衛門は『記録』では「町在奉行」として出ています。「町在」といっても前橋の町域だけでなく、農村も含む前橋分領全体（北は沼田の南方から藤岡や玉村も含む。図1参照）が担当区域です。前橋では、町在奉行は老中（通常の家老を松平家では老中と呼びました）、年寄に次ぐナンバー3です。老中と年寄は御目付役・川越とのパイプ役・管理者であり、前橋での『記録』は年寄が書いています。与左衛門は陣屋のスタッフ（１７０人前後）のトップでした。与左衛門に次ぐのが勘定奉行です。その下に代官たちがいました。

なお、碑文では与左衛門は「前橋取締掛《とりしまりがかり》」を命じられたとあります。しかし「前橋取締掛」という語句は『記録』の中では見つけ得ていません。「前橋表掛《おもてがかり》」という語句がわずかに出てくるだけです。[28] このことから、前橋取締掛は通常の役職ではなく、前橋での与左衛門に特例で付けた任務名と言ったほうがよさそうです。与左衛門は通常の役職名としては町在奉行だったということです。

ただし、与左衛門は通常の町在奉行ではありませんでした。郡奉行と兼帯（兼任）だった（兼帯していたことが前橋取締掛かもしれません）ようですし、２００石取と高い家格でした。前橋の町在奉行は一般的に１００石取や１３０石取の人が就いていますので与左衛門とはだいぶ差があります。与左衛門には役職的に大きな権限が与えられていたため、いろいろやり易かったと思われます。それでも、自分の思うように進められなかったことは、当初の灌漑工事や貯蓄米配布などで見た通りです。

与左衛門は前橋での功績によって天保13年（１８４２）に50石加増となり２５０石取になります。[29] 50石と言えば大したことはないように思われるかもしれません。しかし、松平家に限らず、当時の各藩では大きな功績があった場合でも50石加増が最大の褒賞《ほうしょう》でした。また、２５０石取という位置は２００石取よりも格段に家格（家のステータス）が上がります。上級クラスに移ったと言えるでしょうか。与左衛門の息子は幕末には年寄格になっています。

与左衛門は前橋での任務を終え、天保14年（１８４３）2月に川越に引っ越しています。[30] そして弘化《こうか》2年（１８４５）、川島《かわじま》領《りょう》大囲《おおがこい》堤《づつみ》の大修復を行います（これについては後述します）。嘉永6年（１８５３）に67歳で死去し、墓は川越市の栄林寺にあります。

現在、与左衛門に所縁のものとして槍と鎧《よろい》が残されています。

与左衛門は宝蔵院流槍術の名手で、師範でした。藩主松平斉典《なりつね》の槍の指南役でもありました。与左衛門が注文して文化9年（１８１２）に作らせた槍があり、川越市指定文化財として川越市教育委員会文

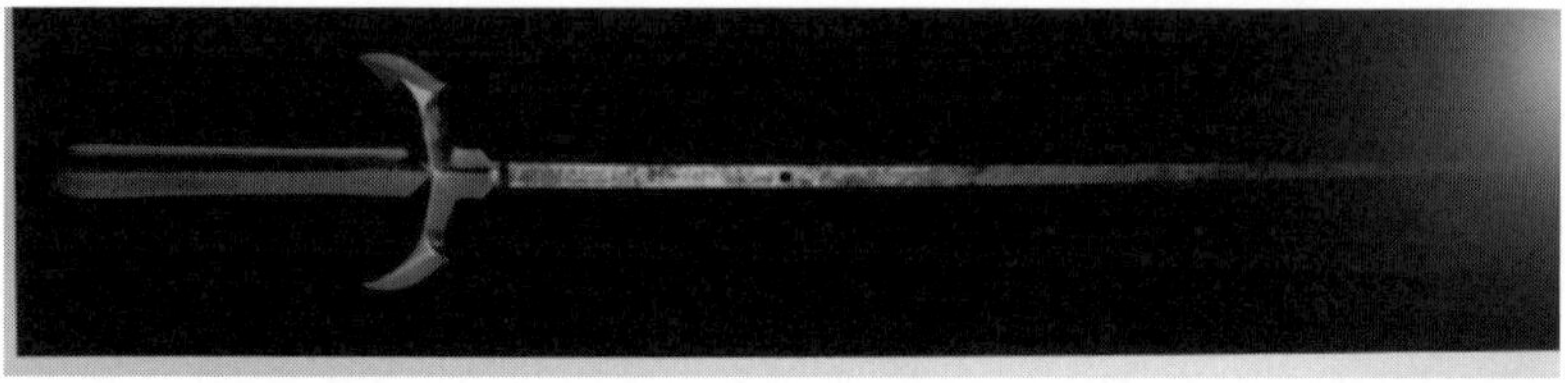

写真３　安井政章の槍「十文字槍 付 青貝螺鈿柄」（川越市教育員会文化財保護課管理、個人所蔵）

化財保護課が管理しています（写真3）。「十文字槍 付 青貝螺鈿柄《あおがいらでんづか》」です。

与左衛門の鎧[31]は県内の個人のお宅にあります（写真4）。個人蔵であるため、近年では公の場には出ていません。鎧を収納する鎧櫃《よろいびつ》の上箱の裏書の和紙に「川越 安井與左衛門」と達筆な字で書かれています（写真5）。この文字を目の当たりにしたときは感動しました。与左衛門が現在に蘇った思いがしました。

黒の小星兜《こぼしかぶと》（鉄板を接合して兜を仕立てる際、鉄板の数が多く、止め金の頭が点々と表面にある兜）は重く、兜から垂れる「しころ」も胴部分も緋色《ひいろ》の縅《おどし》（ひも）です。鎖帷子《くさりかたびら》の籠手《こて》（手の防具）には家紋と思われる紋章があります。前立《まえだて》（前額部の飾り）が「輪抜《わぬき》」のようであり、松平家の馬印《うまじるし》（現在の前橋市市章）と似ています。後ろから見ると鎧櫃《よろいびつ》（鎧を入れる箱）は単純な四角い箱ではなく、内側にカーブしてから裾拡がりの曲線になっていて脚も付いています。担ぐための紐も太い皮製です。

このお宅に与左衛門の鎧が所蔵された経緯は不詳とのことです。私が調べた範囲では、与左衛門の孫とこのお宅の先祖は仕事を通じて濃い接点があるとともに、骨董趣味が共通していました。その関係性から鎧がこのお宅の先祖に託されたものと推測されます。なお、この鎧は、本稿の与左衛門政章のものか、息子の与左衛門閑雲のものか不明です。

写真４　安井与左衛門の鎧（個人所蔵）

写真５　鎧櫃の上箱

6　既存の工事

利根川の流れを変えるための工事は与左衛門が初めてではありません。酒井氏の時代にも大渡の南で新川の工事を行っています。初めは元禄《げんろく》14年（１７０１）に３００間《けん》（５４０ｍ）の新川を大渡に掘ります。[32] このときの絵図であるかは定かではありませんが、絵図[33]１は城の北西に２５０間（４５０ｍ）の新川を掘る計画図です。この計画図では、２５０間の新川と別に、「対岸」を崩すもう１つの壮大な計画もあったようにも見えます。「対岸」の箇所

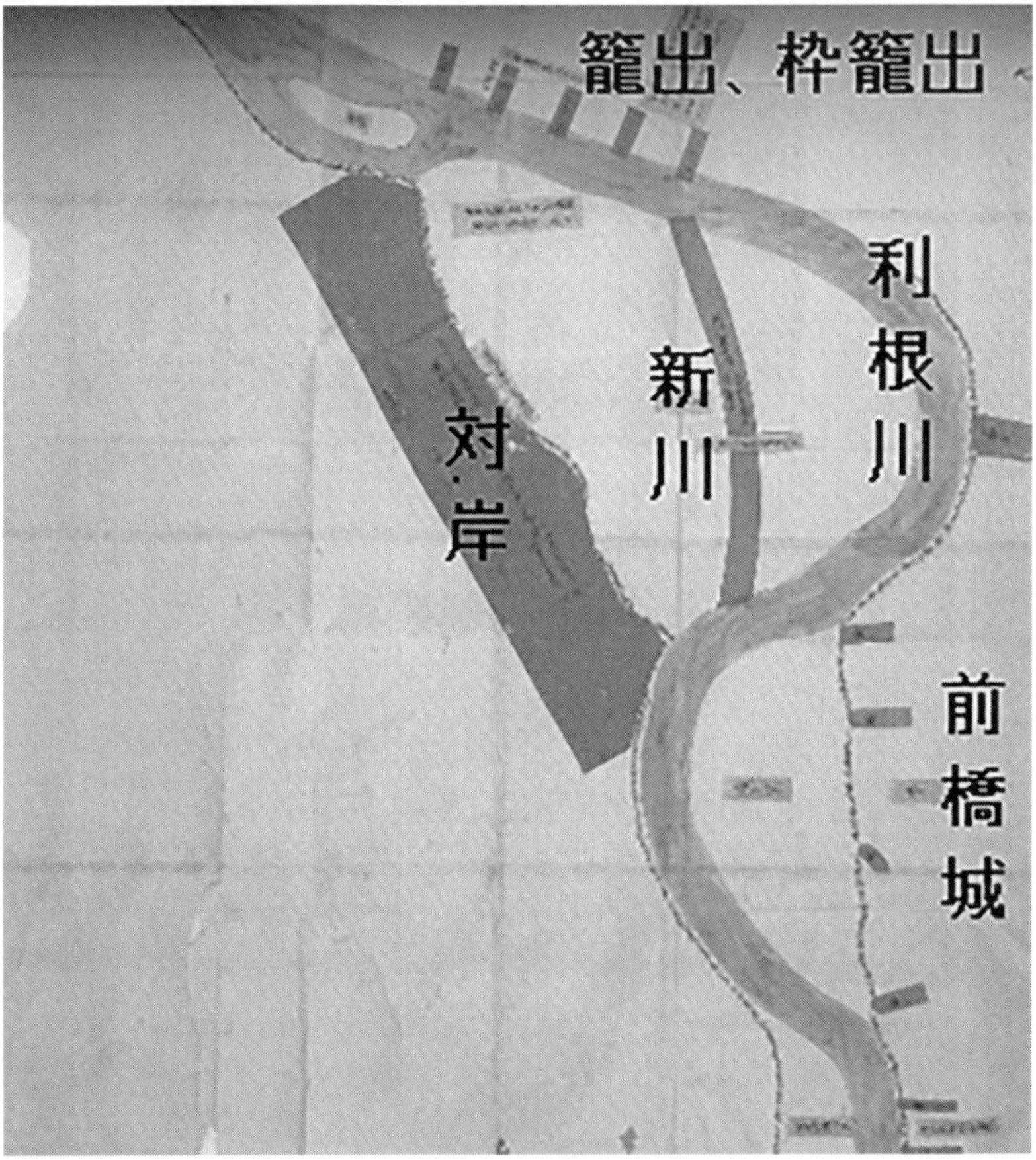

絵図１　新川の計画図「名倉八兵衛見分之新堀絵図」（前橋市立図書館所蔵。酒井１－５）から

250 間の新川を掘る計画であった。

は1万9千坪という広大さです。「対岸」を縦に右半分を崩すと利根川は城側に蛇行せずに直線的に流れるようになり、城への浸食が完全に回避されたでしょう。しかし「対岸」は前橋藩の領地でなかったため実現しませんでした。実行されたのは250間の「新川」だったのでしょう。250間の予定を300間にして元禄14年に新川を掘ったのではないでしょうか。が、この新川は埋まりそうになります。正徳《しょうとく》4年（1714）には城の北西の1本目の新川の浚《さら》い普請とともに城の南西に2本目の新川工事を行います[34]。このときの計画絵図と思われるのが絵図2です。

結果的には、これらの工事はかえって状態を悪化させます。北西の1本目の新川に沿って流れるようになった利根川が城を直撃するようになったのです。その結果、酒井家は寛延《かんえん》2年（1749）に姫路に移っていき、松平氏が前橋に入ります。しかし利根川による浸食は止まらず、松平家は19年後の明和5年（1768）に川越に居城を移します。

元禄14年（1701）以前から150年以上続いた利根川の浸食を止めたのが与左衛門です。

7　利根川治水工事の検証：『記録』に基づいて

いよいよ利根川治水工事の検証です。当時の一次史料である『記録』を中心に検討していきます。ただし、『記録』には所々に欠落があるため、正確な検討には不十分な点もあります。そのことに御留意ください。また、ここでいう利根川治水工事は当時は「大渡《おおわたり》普請《ふしん》」と呼ばれましたので、以後、大渡普請とします。

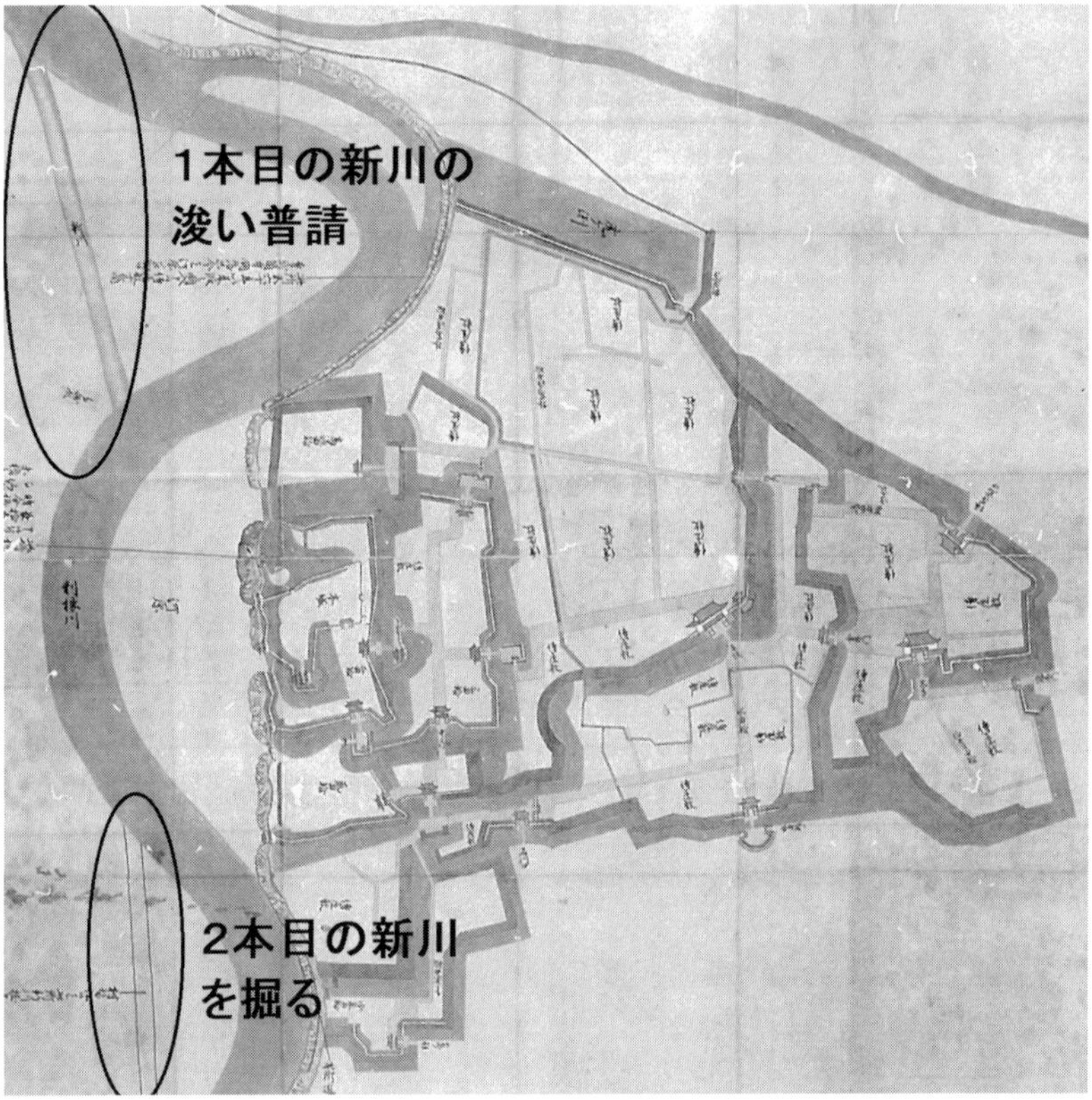

絵図2　2本の新川の計画図「前橋城絵図」（前橋市立図書館所蔵。酒井1－12－2）

城の北西は元禄14年の1本目の新川の浚い、南西は新たに掘る新川の計画か。

大渡普請の工事期間は天保7年（1836）から天保13年（1842）までの6年間です。これは天保13年に与左衛門自身が記しています。[35] 碑文には、与左衛門が前橋に赴任した天保2年から5年後に大渡普請があったとありますので一致します。新川と石堤のうち、まずは新川から。

(1)新川のこと

工事は天保7年から始まったのですが、天保7年の史料では確認できません。『記録』は天保7

年5月16日～11月25日が欠落していて、そのほかの天保7年の『記録』には大渡普請についての記載がないからです。天保7年末に普請があったことは、翌天保8年（1837）1月19日の記載[36]から分かります。ここに「大渡利根川瀬替《せがえ》御普請が旧冬に出来た」（大渡での利根川の流れを移す工事が天保7年の冬に終了した）とあります。旧冬とは11～12月でしょう。普請終了は天保7年末と分かりますが、開始時期は不明です。普請は台風の時期は避けるでしょうから、10月（今の11月ころ）ころから始められたのかもしれません。このときの普請の規模は不明です。

3日後の天保8年1月22日の『記録』[37]には「1万人余りの人足で掘割《ほりわり》（川を掘ること）をする」とあります。「1万人の人足」ではどの程度の工事をできるものでしょうか。普請の細部について記した『記録』[38]には、「河原の深さ三尺二寸五分（98㎝）」を「1坪（3・3㎡）掘るためには1日16人が必要」とあります。「1坪に16人」の人数は多いと思われるかもしれませんが、重機もない時代ですし、掘った石を運搬する人数も含まれます。この数字から計算すると、1万人で出来る掘割工事は、深さ3尺2寸5分（98㎝）で625坪（2，063㎡）の広さです。長さを749m（この数字の根拠は後述）とすると、幅は2・8mになります。幅の狭さから考えると、特別な工事だったか、あるいは、天保7年末の工事の追加工事だったのでしょう。1万人の工事の時期は不明です。1月22日過ぎに許可が出たなら、すぐに工事に取り掛かって天保8年の1～2月にあったかもしれませんし、この年12月12日には「大渡河原掘割も相始《あい》まり[39]」とありますので、11～12月と遅かったかもしれません。いずれにしても、天保7年～天保8年にある程度の範囲（表1。図3のA）の工事が行われたと考えられます。

普請は続きます。「天保9年（1838）1～2月、長さ306間（551m）、幅7間（13m）、その下《しも》（下流）に長さ１１０間（１９８ｍ）、幅14間（25ｍ）を掘る」[40]とあります。このときは２段階で進めたようです。長さの合計は４１６間（７４９ｍ）、幅は北側が13ｍ、その南が25ｍと広くなります（図３のＢ）。この普請から遡って考えると、天保８年までの堀の長さは７４９ｍ前後だったのでしょう。

表１　天保７年～13年の大渡普請

西暦	和暦 天保	月	内容	図3
1836	7年	後半	大渡普請開始	A
1837	8年	1月	1万人の人足	A
	〃	12月	掘割普請	A
1838	9年	1月	長さ749mを掘る	B
			（普請）	C
1839	10年	6月	新川取り入れ口普請	
			建出	D
			口留め外し	E
			東縁枠根堅め	F
			切り落とし	?
	〃	10月	補修	
	〃	12月	褒賞	
1842	13年	11月	裏土手築立	S
	〃	12月	与左衛門総括	
1843	14年	2月	与左衛門は川越に転居	
	〃	7月	褒賞	

天保９年５月、藩主斉典が幕府への書状の中で大渡普請について触れています。[41]「近年、利根川の河原に新川を掘って川の流れを変えようと試みましたが、今後、十分な堀を作り川の流れを作って本流を変えれば城の浸食も無くなります」とあります。図３のＡ、Ｂが出来上がっていて通水も試みたのでしょう。そして「今後、十分な堀を作る」とのことですので、普請は継続中でした。

次に普請の記載があるのは１年半後[38]の天保10年（１８３９）６月です。天保９年１月から１年半近

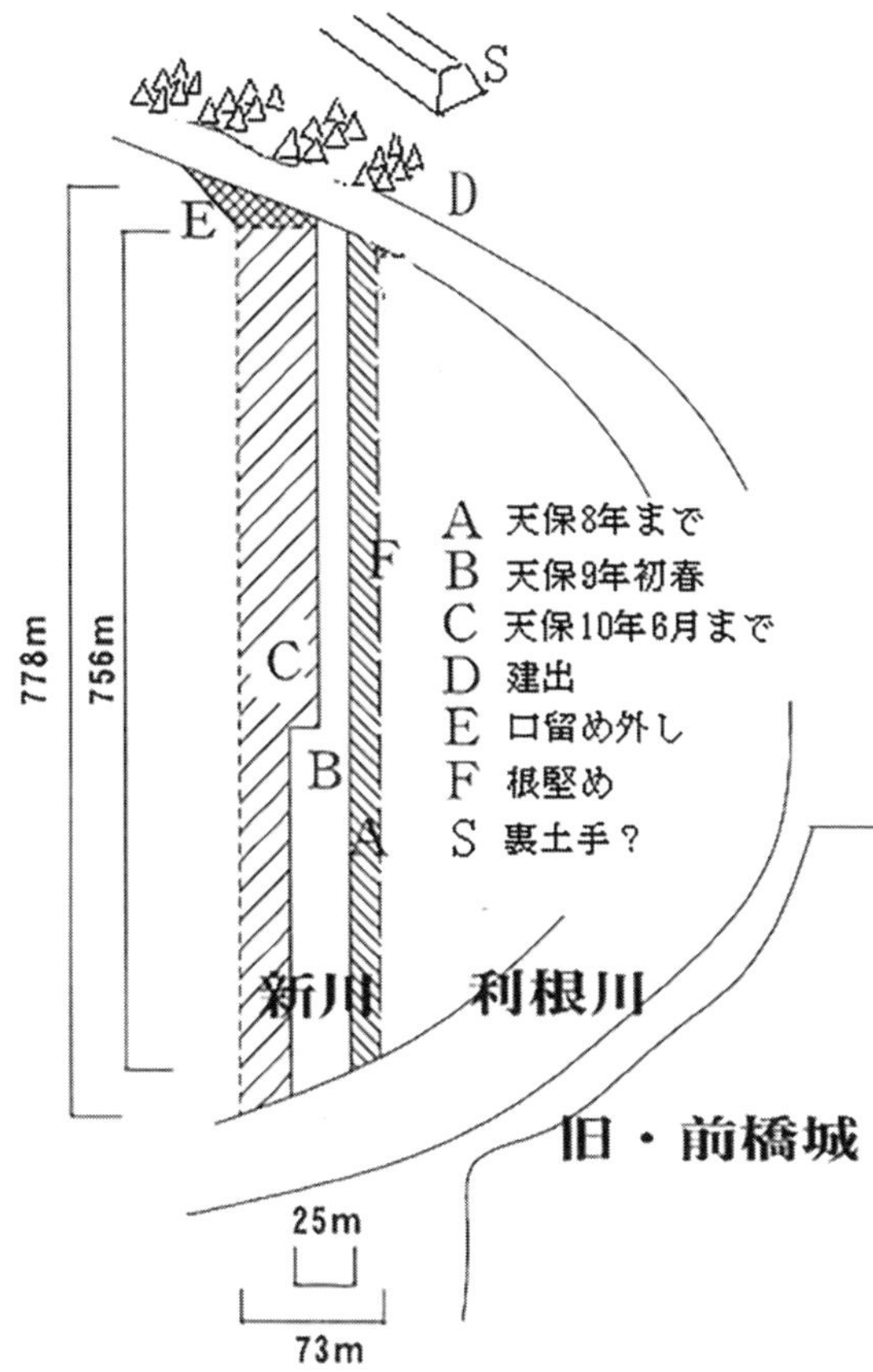

図3　天保7年〜13年の大渡普請

く期間が空いています。この前後の天保10年2月14日〜8月15日の『記録』が欠落していますので確認できません。1年半近くも普請がなかったとは思えませんので、この期間中に普請があったとしておきます（図3のC）。

天保10年6月の『記録』には「これまで行った掘割《ほりわり》、枠《わく》建《だて》があるが、本年は照り込みが強く渇水であるため、掘割の東縁に設置した枠が使い物にならなくなる。作り直すと大損になるため工事をしたほうがよい。出水《しゅっすい》（洪水）の時節である秋になる前に完了したい。これが実施できれば3年くらいは工事をしなくても大丈夫」とあります。「枠」とは、木で枠

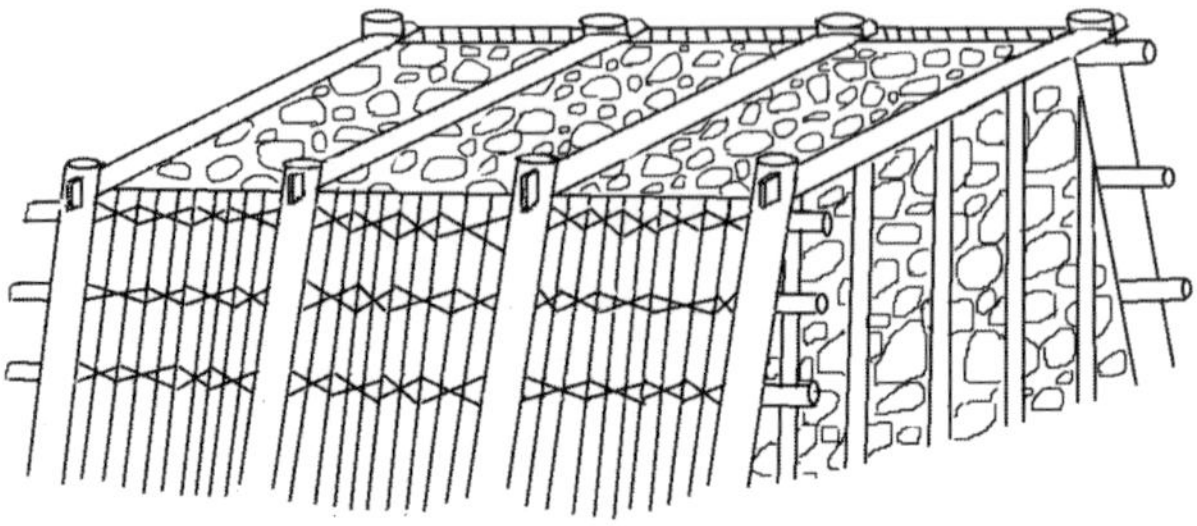

図４　枠　『地方凡例録・下巻』参照

を作った長さ3間（5・4m）、幅2間（3・6m）、高さ4尺5寸（1・35m）の中に大きな石を詰めたものです（図4）[42]。図4は単独のものの一例ですが、「続枠《つづきわく》」といって長さは自由に伸ばせます。東側（城側）への流れを食い止めるため、新川の東縁（図3のAの東側）に沿って設置したのでしょう。枠の設置の仕方（個数・長さ）は不明ですが、それなりの長さに伸ばした枠にしたと考えられます。詰める石は掘割で掘った石を使用したのでしょう。この「枠」は枠に使用する木材が肝心であるため、それが乾燥して脆くなって使い物にならなくなることを危惧したのでしょう。

そして、天保10年6～7月に「新川取り入れ口」の工事として、利根川建出《たてだし》、口留《くちど》め外《はず》し、新川東縁枠根堅《わくねがた》め、市平脇出張り切り落とし、が実施されます。普請内容から推測すると、それまでの普請の総仕上げのようです。

利根川建出（D）[43]とは、100間《けん》半（181m）の区間に、大結倉《おおゆいくら》（丸太を組み合わせて組み上げた三角錐のようなもの。図5の笈牛《おいうし》に類似）268組を、1カ所に67組ずつ並べ、4カ所に分けて使用しています。大笈牛（≒大結倉）の合掌木は長さ18尺（5・4m）です[44]。268組が並んだ様子はさぞや壮観だったでしょう。「建出」の「出《だし》」

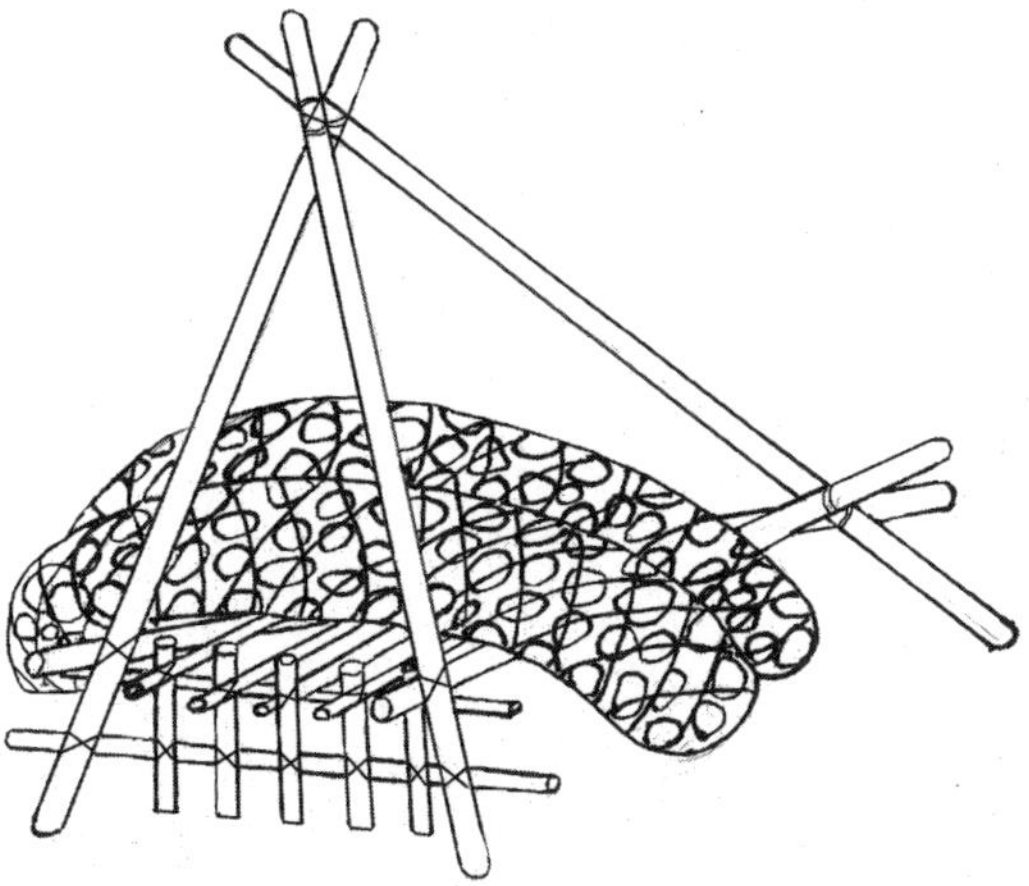

図５　笈牛　『地方凡例録・下巻』参照
網目状の２つは重石用の蛇籠。

とは、通常は川の流れに直角に蛇籠《じゃかご》（竹を円筒状に組み、中に石を詰めたもの。図5の2本の網目のもの）などを並べ（これは籠出《かごだし》といい、酒井氏時代の絵図1の上部の5セット）、水の流れを遮るためのものです。天保10年の「建出」の並べ方などの詳細は不明ですが、透過性（水を通す）の笈牛を並べて構成した出ですので、通常の不透過性（水を遮る）の出とは違ったのかもしれません。図5の笈牛は、左下が上流で、左下から右上に水が流れます。水を通しながら、徐々に石や砂を周囲に溜めていき、水の流れを弱めるための構造物（水制工）です。あくまで水の勢いを抑えるものであって流れを止めるものではありません。抑えた分、新川のほうに水が流れます。大結倉で構成した建出は、水が陸地側に浸入する程度を少なくするためのものです。うまく機能すれば、年月をかけて建出の周囲に土砂が溜まって陸地になっていき河川敷を狭めていきます。

　口留め外し（E）とは、利根川から新川に流れを引き込む作業の前に、利根川と新川との接点の周囲を「口留め」として掘らずに残しておき、口留めの下流側が予定通りに掘り終わってから、口留めを崩すことによって新川に水を引き込んだのでしょう。口留め外しの規模は、長さ78間（140m）、平均の幅37間（67m）、平均の深さ3尺2寸5分（98㎝）、広さ1，561坪3合（5，152㎡）です。140m×67m＝9，380㎡であり、「広さ5，152㎡」はその55％になります。「平均」の意味は不明です。このことから、口留めの形は、底辺140m、高さ67mの三角形でしょうか。口留め外しがここで想定しているものならば、「長さ78間（140m）、平均の幅37間（67m）」の口留め外しの規模は、与左衛門の新川の幅73mと矛盾しない数値と言えます。

新川東縁枠根堅め（F）は「枠」（図4）の補強作業です。新川の東側の護岸工事とも言えます。枠の下部が水でえぐられると枠が崩れてしまいますので、それを防止（＝根堅め）するため、蛇籠を根元に置くのが一般的です。蛇籠83本を「一本通り引き」つまり1列に並べています。蛇籠の長さは5間（9m）ですので、83本×9m＝747mになります。この数値は、「Bの長さ」＝「天保9年1～2月の堀割の長さ416間（749m）」と一致します。

「市平脇出張り切り落とし」[45]については「市平脇」の場所が分かりません。工事としては、新川の流れをスムーズにするために、「市平」の脇の「出張った」箇所を切り崩したのでしょう。

この普請で新川の一応の工事は完了しました。このときの人足数は37，762人でした。しかし「3年くらいは工事をしなくても大丈夫」との予想を裏切り、同年9月29日に「出水（台風か）」で押し破られてしまいます。[46] 10月22日には「今月中に皆出来る」[47]とありますので、1カ月ほどで補修されたようです。寸志人足（無料奉仕の人足）は22，516人を要しています。[48]

12月27日に普請関係者への大規模な褒賞《ほうしょう》があります。当初の予定通りの新川が完成して、流れを変えることができたのでしょう。

ここで、与左衛門の新川の普請をまとめておきます。「44万人の人足を使って、長さ428間（770m）、幅40間（72m）、深さ2間（3・6m）の新川を掘った」のうち、長さ770mと幅72mは事実と言ってよいでしょう。ただし、人足数と深さには問題点があります。

まず人足数を計算してみます。新川は長さ770m×幅72m＝面積55，440㎡の広さです。「深さ三尺二寸五分（98㎝）の1坪（3・3㎡）を掘るためには1日16人が必要」とすると、深さ98㎝での人足は268，800人必要です。深さが一律3・6mならば905，142人が必要になります。44万人のほぼ倍になってしまいます。また、この90万人には石堤を作る人足数は入っていません。石堤の人足数を加えると更に増えます。これはどういうことでしょうか。

もし44万人が正しいとすると、新川の深さは一律3・6mではなく、浅い箇所もあったとするしかありません。天保9年の藩主斉典の書状からは東側の堀には通水を試みたようです。図3の東側Aを深く掘っておき西側B・Cを順に浅く掘れば、BやCの工事は水が入らない状態でできます。乾季に実施するにしても、水は無いほうが楽です。Aを最も深く掘り、Bをやや浅くしCを最も浅くするのが妥当でしょう。つまり、一番最初に掘った東側Aが3・6mだったのではないでしょうか。出水などで仮に口留めが崩されて水が流入することを想定すると、その水を貯めたり流す場所がAになります。加えて、新川に一気に水を流す場合にもAが最も深いことが必要です。口留めを外した後の水流は、外側であるAの側の流れが速くなり内側のCの側は遅くなります。同じ深さならばAへの水圧は大きくなります。

水圧を弱めて「東縁」に当たる力を弱めるためにはAの側を深くして流れの速さを抑えることが必要になります。その点からもAが最も深かったと考えられます。

結論としては、44万人の人足数は正しいでしょうが、新川は一律3・6mの深さでなく最深部が3・6mだったと考えられます。深さに差があったため、口留め外しで「平均の深さ」という表現なのでしょう。因みに、慶応3年（1867）に完成した再築前橋城工事の人足予定数は41・5万人でした。

⑵石堤《せきてい》のこと

これまで石堤については記してきませんでした。意図的に触れなかったわけではありません。石堤は天保10年（1839）までの史料に全く出てこないのです。石堤が史料で初めて出てくるのは天保13年（1842）11月4日条の「裏土手《うらどて》築立《つきたて》皆出来」(49)としてです。天保12年（1841）10月4日〜天保13年9月16日の約1年間の『記録』が欠落しているため、土手の普請の開始時期や土手の規模（長さ、幅、高さ）は不明です。記載は「土手」となっていますが、これ以外には与左衛門の石堤に該当する記述はありませんので、この土手が碑文にある石堤と考えてよいでしょう。

「裏土手」の「裏」の意味は、川表《かわおもて》の「表」に対する川裏の「裏」と考えられます。河原に構造物、例えば堤があった場合、川表とは川に面した側、川裏とは陸地側を意味します。つまり「裏土手」とは構造物の陸地側に築かれた土手です。天保10年6月の口留め外しの普請の中で該当する構造物としては建出《たてだし》です。建出は100間《けん》半（181m）でした。建出の裏に築造された土手が「与左衛門の石堤」であり、長さは220mだったのでしょう。裏の備えの土手だったため建出よりも若干長くしたのでしょうか。ただし長さは確認できません。

「裏土手」の「土手」は、土堤や石堤を含む堤の総称としての土手であったと考えられます。この土手は、石だけを組み上げて築造する石堤や土だけで築造する土堤ではなく、川側は石を組み上げて造り、堤の中央部ないしは陸地側は土であったと推定されます。堤の形態については後ほど触れます。

土手（石堤）は天保10年6月の新川普請から3年ほど経ってから築かれています。史料の欠落があるため正確には分かりませんが、残された史料からは天保10年10月の補修工事以降は大渡普請は確認できません。全く無かった可能性もあります。なぜなら、この3年間に重大かつ手間がかかることが松平家に起こったからです。「三方領地替《さんぽうりょうちがえ》」です。川越藩松平斉典《なりつね》が庄内へ、庄内藩酒井忠器《ただかた》が長岡へ、長岡藩牧野忠雅《ただまさ》が川越へ、という異動です（注24参照）。天保11年11月1日に領地替が幕府から伝えられ、松平家では藩を挙げて庄内への引っ越し準備を行いました。与左衛門も移動のための作業の指揮や手配をしました。領地替が中止になる天保12年7月12日までの9カ月間は、『記録』にもこの作業内容がしばしば書かれています。中止になってからも事後処理は大変だったようです。

そちらに勢力が割かれて普請が遅れたか、あるいは天保10年6月の時点で3年くらいは様子を見る予定になっていたか（通常、気候による影響を確認するため、少なくとも1年は普請結果の経過を見守るものです）、天保13年11月になって土手が築かれます。同年12月2日には与左衛門自身が普請全体を回顧・総括しています。「去る申《さる》年（天保7年）より当寅《とうとら》年（天保13年）迄、大渡〆切《しめきり》御普請（中略）皆出来《でき》にも相成《あいな》り候」（「〆切」とは通常使う「締め切り」の意味ではなく、川を制御するという意味[35]）と。そして2か月後の天保14年2月に与左衛門は川越に引っ越します。与左衛門が川越に去ったあと、7月29日に、大渡での追加補修普請および土手築立についての関係者の褒賞があります[50]。

以上の与左衛門の一連の動きからは、大渡普請は当初から新川と土手（石堤）をセットで予定していたことを示唆します。新川だけの予定だったなら、それが終了した天保10年12月に回顧・総括しているはずですが行っていません。天保13年に初めて総括しています。そして、土手築立後すぐに与左衛門が川越に戻ったこともその推定を支持するでしょう。

以上が、与左衛門が前橋に居た期間（天保14年2月まで）の石堤に関する史料です。「122間（220m）の石堤」の長さは確定できません。これまでは『記録』の文章によって与左衛門の利根川治水工事を検証してきました。次に、絵図によって検証します。

8　利根川治水工事の検証：陣屋絵図に基づいて

天保12年（1841）頃の作成とされる前橋陣屋絵図（絵図3[51]）に与左衛門の普請が描かれています。絵図全体は壊されたあとの旧前橋城内と利根川です。★印は旧城の東西南北を示し、城の南北は563間（1,013m）、東西は533間（959m）です[52]。Aの区画内の北側が現在の煥乎堂《かんこどう》などがある区域、Bは現在の日本銀行前橋支店あたり、AとBの区画の間が現在の国道17号です。Cは当時の安井与左衛門の屋敷、Dは現在の県庁、Eは現在の臨江閣《りんこうかく》・るなぱあく、Fは昔も今も風呂川で東に流れて馬場川を分岐します。Gは三角形のおむすび様のものが4つです。これは蛇籠を積み重ねたもので、利根川による風呂川への浸食を防ぐために設置されたものです。Hの蛇行した川筋は天保以前の利

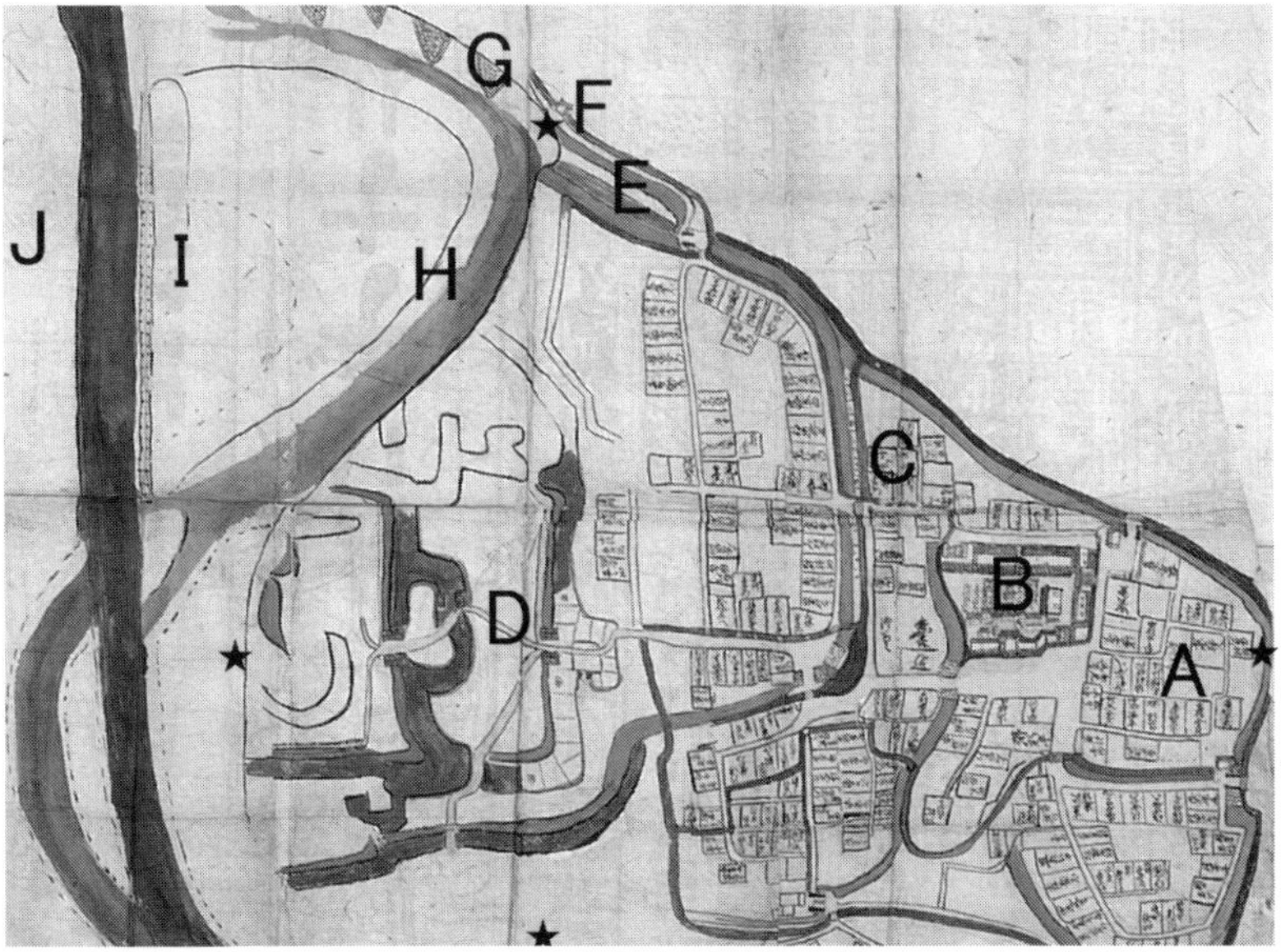

絵図３　前橋陣屋絵図（田代美和氏所蔵）
原図にＡ～Ｊと★を加筆した。

根川の本流で、Ｆの風呂川に接近していることがよく分かります。この状況は碑文と一致します。Ｉは石垣のような棒状のようなものです。当初はこれが石堤かと思いました。Ｊは縦にほぼ一直線に流れる利根川で与左衛門が作った新川と考えられます。

「この絵図で新川と石堤が確認された」と一時は考えました。Ｊについては、いかにも人工的な直線的な流れですので、新川で間違いないでしょう。ただし、旧前橋城の南北の★印の間は１，０１３ｍですので、直線の新川の最上部から最下部までの長さは１，０００ｍ以上になります。絵図の精度が不明なため、あくまで概算ですが、ＨとＪとが交差する地点までは約７２０ｍです。新川の普請は７７０ｍですから最上部から交差部までの区間だったでしょう。交差部以下の南の直線的な流れは新川の流れの勢いによって自然に出来た川瀬と考えられます。

Ｉは一見すると石堤のように見えるのですが、おそらく石堤ではないでしょう。理由は、①旧前橋城の南北の長さ１，０１３ｍと比較するとＩは５２０ｍほどになり、２２０ｍの石堤にしては長過ぎる、②流れを止める石堤を築く場所としてＩの位置では意味をなさず、Ｉの北で利根川の本流Ｈと新川Ｊが交差するあたり（絵図の図外）に築くのが合理的、③この絵図の作成年は天保12年ころなので、13年の土手（石堤）は描かれていないはず（仮に石堤が既に築かれていてもこの絵図の範囲内には描かれない）、の３点です。

Ｉが石堤でないとしたら何か。それは図３のＡの東側に沿って連続して並べた枠《わく》（図４）、つまり「新川東縁枠」でしょう。新川の水が東側（城側）へ流れないようにするために枠や蛇籠が並べられていたのでしょう。拡大した絵図４から、石というより構造物である続枠のように見えます。

以上、前橋陣屋絵図から新川は確定的ですが、石堤は相変わらず不確定です。以降では、天保14年以降の大渡普請を追う中で、石堤を検証します。

9　天保14年以降の大渡普請

与左衛門が指揮した利根川大渡普請は一旦は天保13年（１８４２）に終了しました。しかし、これで全てが終わったわけではありません。大渡普請は江戸時代末期まで続きます。天保14年以降の大渡普請をまとめたものが表２です。『記録』は江戸時代末期は欠落が多いのですが、幸いなことに、『記録』に代わるものとして大久保村（現・北群馬郡吉岡町大久保）の名主が書いた大渡普請の人足帳[53]、前橋の町在奉行の日誌[54]、他[55][56]があります。

なお、大渡には関所があり、対岸に船で渡る船場があり、安政5年（1858）〜文久3年（1863）には大渡から対岸まで万代橋《ばんだいばし》が架かり、万代橋流失後は舟橋《ふなばし》（舟を横に並べて板を渡して作った橋）がありました。そのため、「与左衛門の大渡普請」とは別な目的の大渡普請も行われていました。表2は、別な普請であることが明らかなものは除いてあります。

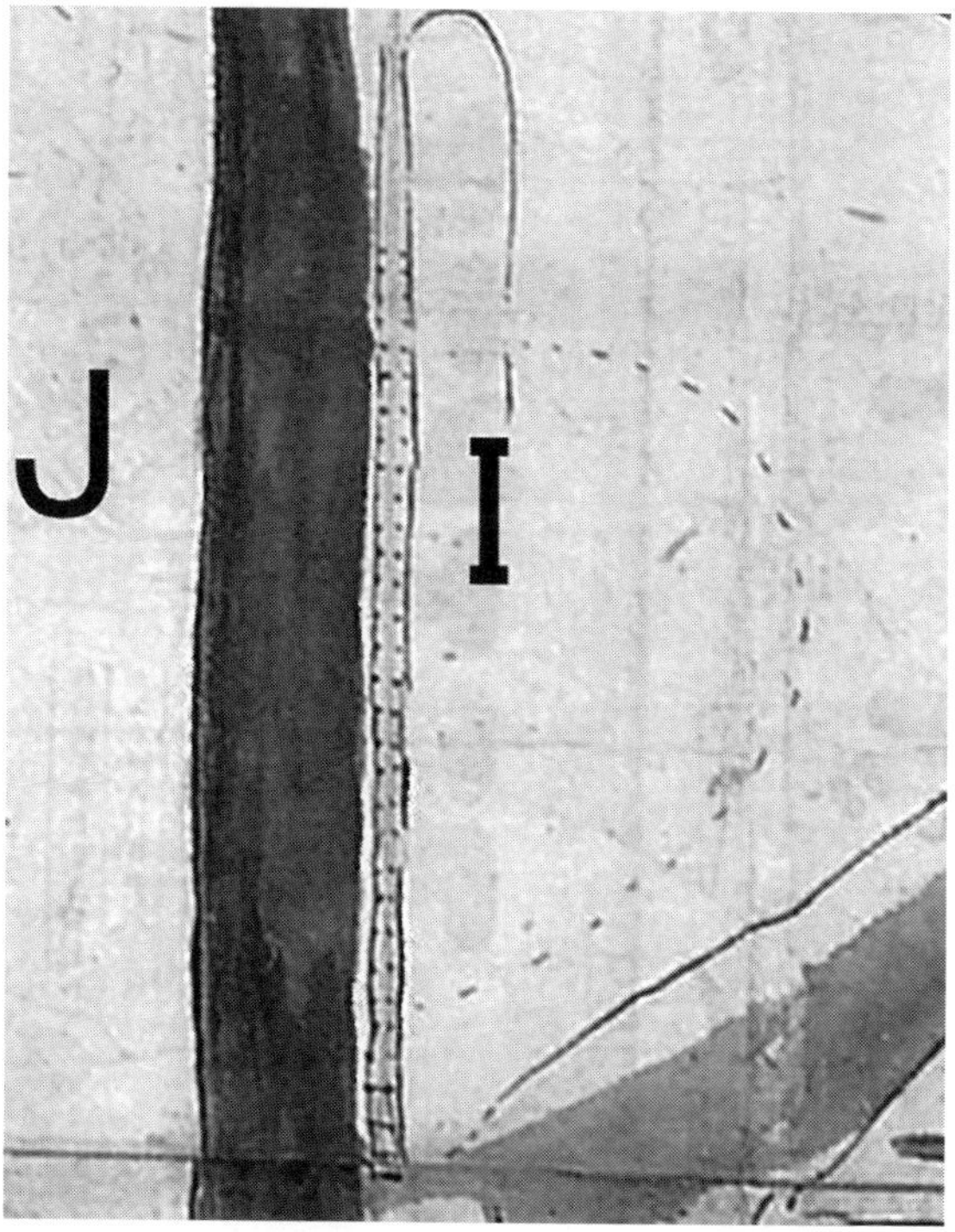

絵図４　新川と構造物の拡大

表2のうち、嘉永2年（1849）から同5年（1852）までの4つの普請は、本稿で扱っている大渡普請とは断定できません。ただ、別な目的の場合にはその旨が記されていますので、別な目的が記されていないこの4つも与左衛門の普請の継続と考えられます。そして、嘉永6年（1853）以降は「〆切」や「仕《し》

表２　天保１４年以降の大渡普請

和暦	西暦	普請内容	出典
天保14年9月	1843	裏土手に楮4,000本植える	前橋藩松平家記録
嘉永2年7月	1849	大渡御普請	大久保村人足帳
嘉永3年11月	1850	大渡冬御普請	〃
嘉永5年2月	1852	大渡御普請	〃
嘉永5年8月	〃	大渡御普請	〃
嘉永6年8月	1853	御触写（大渡普請・廻米他）	名主惣右衛門
		普請内容は「大渡〆切繕い御普請」	高野一男家文書
安政2年2月	1855	大渡〆切仕継繕ひ御普請	大久保村人足通
安政2年11月	〃	大渡〆切仕継御普請	〃
安政4年1月	1857	大渡御普請処	〃
安政4年12月	〃	大渡〆切蛇篭のところ20間（36m）ほど石垣にした	白井宣左衛門日誌
安政5年2月	1858	大渡〆切土手惣長170間（306m）に、桜を9尺（2.7m）間隔に植えるのに114本必要	白井宣左衛門日誌
安政5年4月	〃	大渡石垣の南の方が壊れた	〃
安政6年11月	1859	大渡〆切川除御普請	大久保村人足帳
安政7年1月	1860	〆切御普請処	〃
万延元年7月	1860	大渡〆切御普請	〃
万延元年12月	〃	大渡〆切御普請	〃
〃	〃	大渡〆切仕継御普請と掛橋の御修復御普請に関する多数の褒賞	前橋藩松平家記録
文久2年1月	1862	大渡〆切御普請所への人足派遣依頼	〃
明治2年7月	1869	大洪水と暴風雨で死者が出たり家屋の損壊があったが、大渡川原水防御普請は堅固に出来ていて大丈夫	町年寄御用日記

継《つぎ》」・「繕《つくろ》い」（ともに以前の普請の補修・補強）の言葉がありますので全て「与左衛門の普請」の継続と言えます。嘉永2年から文久2年（1862）までほぼ毎年、継続して普請が行われたことが分かります。そして、明治2年（1869）に与左衛門の大渡普請が完結したと言われます(57)。

与左衛門の大渡普請は江戸末期まで引き継がれていたことが確認できます。また、この間に、与左衛門の「石堤」が流失・消失したとの記載はありませんので、「220mの土手」は補修等で形態は変わりながらも存続していたのでしょう。

10　与左衛門の石堤

懸案の「石堤」（土手）についてです。これは江戸時代の史料だけでは不明なため、天保13年（1842）の裏土手築立から昭和30年（1955）の堤防まで、約110年間の推移を示します（表3）。江戸時代は文書史料、明治以降は地図が主です。

⑴文書史料から

天保13年（1842）に建出の裏に築かれた土手（石堤）は、翌年天保14年9月28日に、土手の土を堅くするため楮《こうぞ》が4千本植えられています(58)。楮が苗であったとしても4千本を植えるためには堤にはそれ相応の量の土が必要です。石だけを積み上げた石堤ならば土がありませんので、4千本も植えることはできません。この点から、堤の中央部ないしは陸地側は土で固めた堤だったと考えられます。

表3　堤の変遷

和暦	西暦	普請内容	出典
天保13年11月	1842	裏土手築立	前橋藩松平家記録
天保14年9月	1843	裏土手に楮4,000本植える	〃
安政4年12月	1857	大渡〆切蛇篭のところ20間（36m）ほど石垣にした	白井宣左衛門日誌
安政5年2月	1858	大渡〆切土手惣長170間（306m）に、桜を9尺（2.7m）間隔に植えるのに114本必要	〃
安政5年4月	〃	大渡石垣の南の方が壊れた	〃
安政5年5月	〃	万代橋の南側に2本の土手と桜	錦絵
明治2年7月	1869	大洪水と暴風雨で死者が出たり家屋の損壊があったが、大渡川原水防御普請は堅固に出来ていて大丈夫。弁慶出しと石垣あり。	町年寄御用日記
明治5・6年	1872・1873	かぎ型の2本の堤	壬申地券地引絵図
明治18年	1885	片仮名「ソ」に似た2本の堤	第一軍管地方迅測図
明治25年	1892	北側が三つに分岐した堤	前橋市街全図
大正6年	1917	4本が連結した一続きの堤	前橋市全図
大正8年	1919	（与左衛門の）当時の石堤、尚その一部を存するものあり	『上毛及上毛人』
昭和9年	1934	一連の堤（大正6年の堤＋南の堤）	三千分一地形図
昭和30年	1955	南端に新たな堤が加わっている	戦災地区復興現状図

安政4年（1857）には、「大渡〆切蛇籠のところ」を20間（36m）ほどを石垣にしています。(54) 蛇籠は土手の根堅めに使われていた可能性もありますが、むしろ、天保10年の「建出」の流れを受け継ぐ構造物のほうでしょう。天保10年のときには100間半（181m）の区間に建出を作りました。それらがうまく機能したため、透過性の大結倉から、不透過性の枠に切り替えてきたのでしょう。そして最終的には本格的な石垣が造られたのでしょう。しかし、一挙に石垣に変えるのではなく、徐々に変えてきたと思われます。

安政4年頃には土手の裏は河原の状態から陸地になっていたと考

えられます。陸地になったところに石垣を作るのは意味がありませんから、土手の表（川側）の河原をさらに陸地化するために、土手の表にあった蛇籠のところに36ｍの石垣を造ったと考えられます。天保13年の土手を1本目の堤とすると、川側にできた2本目の堤です。

翌年の安政５年（１８５８）２月には「大渡〆切土手惣長《そうちょう》１７０間（３０６ｍ）」に桜を9尺（２・７ｍ）間隔で１１４本植えています。[54]ここから2つのことが分かります。１つは、土手が2本だったことです。１本ならば長さに「惣」は使いません。複数の土手があったため「惣」の文字になっているのでしょう。この年の５月に完成した万代橋の錦絵には2本の土手が描かれている点からもそれは確認できます。[59]２つ目は、土手２本の長さの合計が３０６ｍだったことです。「与左衛門の２２０ｍの土手」＋「安政４年の石垣36ｍ」＝２５６ｍ、よりさらに50ｍ延びています。「与左衛門の２２０ｍの土手」がこの時までに50ｍ延びて２７０ｍになっていたか、「安政４年の石垣36ｍ」が延ばされて86ｍになっていたのでしょう。

桜を植えてから2か月後の安政5年4月、「大渡石垣の南の方」が壊れます。[54]程度は不明です。石垣とは、与左衛門の石堤か安政４年の石垣かのどちらであるかも不明です。いずれにしても、南側（下流側）のほうが利根川の流れが回り込みやすいので壊されやすいでしょう。

その11年後の明治2年（１８６９）７月13日に死者が出るほどの大洪水と暴風雨があり、大渡付近も襲われます。[55]このときの大渡での被害状況の記載から、[60]大渡には8基の弁慶出《べんけいだし》（図4の「枠」とほぼ同じもの）と「裏石垣」（元の「裏土手」でしょう）があったことが分かります。このときも石垣の一部が崩されます。ここでは「石垣」の呼び方になっています。

時代は下りますが、石堤が大正8年（1919）の史料にも出てきます。[61]「（与左衛門の普請は）今を距《さ》る50年に遠からず、当時の石堤《せきてい》、尚《なお》その一部を存《そん》するものあり」とあります。ここでは「石堤」になっています。この文があるからといって、与左衛門の土手の一部が大正時代まで残っていたとは断定できません。そう認識していた人もいた、というくらいでしょうか。ただ、この文を書いたのは豊国義孝（覚堂）です。豊国は高名な郷土史家でした。大正時代には既に「石垣」でなく「石堤」の言葉が使用されていたのか、あるいは豊国が使用したため更に定着したか、それは不明です。どちらであるにしても、大正11年（1922）に功績碑が建立されたころには「石堤」の呼称が定着していたのでしょう。

⑵地図による

天保の陣屋絵図（絵図3）以降、与左衛門の石堤が出てくる絵図は明治5・6年（1872・1873）の壬申《じんしん》地券《ちけん》地引《じびき》絵図です（絵図5。[62]以下、壬申絵図）。ここでは2本のかぎ型の堤があります。堤を拡大して見ると石が重なって描かれています。堤は石堤です。川側（表）のAのかぎ型部分も石垣で、明治2年の弁慶出の部分に石を積んだものでしょうか。Bの堤には柳（しだれ桜？）の木が3本描かれています。この絵図の縮尺は不明です。2つの堤があったことは確認できますが、堤の長さ・幅は分かりません。これまでの検討からBが与左衛門の堤と考えられるのですが、長さが確認できれば確実度が増します。そして、Bが現在も残っているなら、それが与左衛門の堤の遺構です。

その確認のため、明治、大正、昭和の16の地図を見てみました。[63]堤は同じ場所に確かに在り続けています。これは確実です。ただ、Bの堤の長さを確かめるためには、縮尺が正確で信頼性の高い地図で確

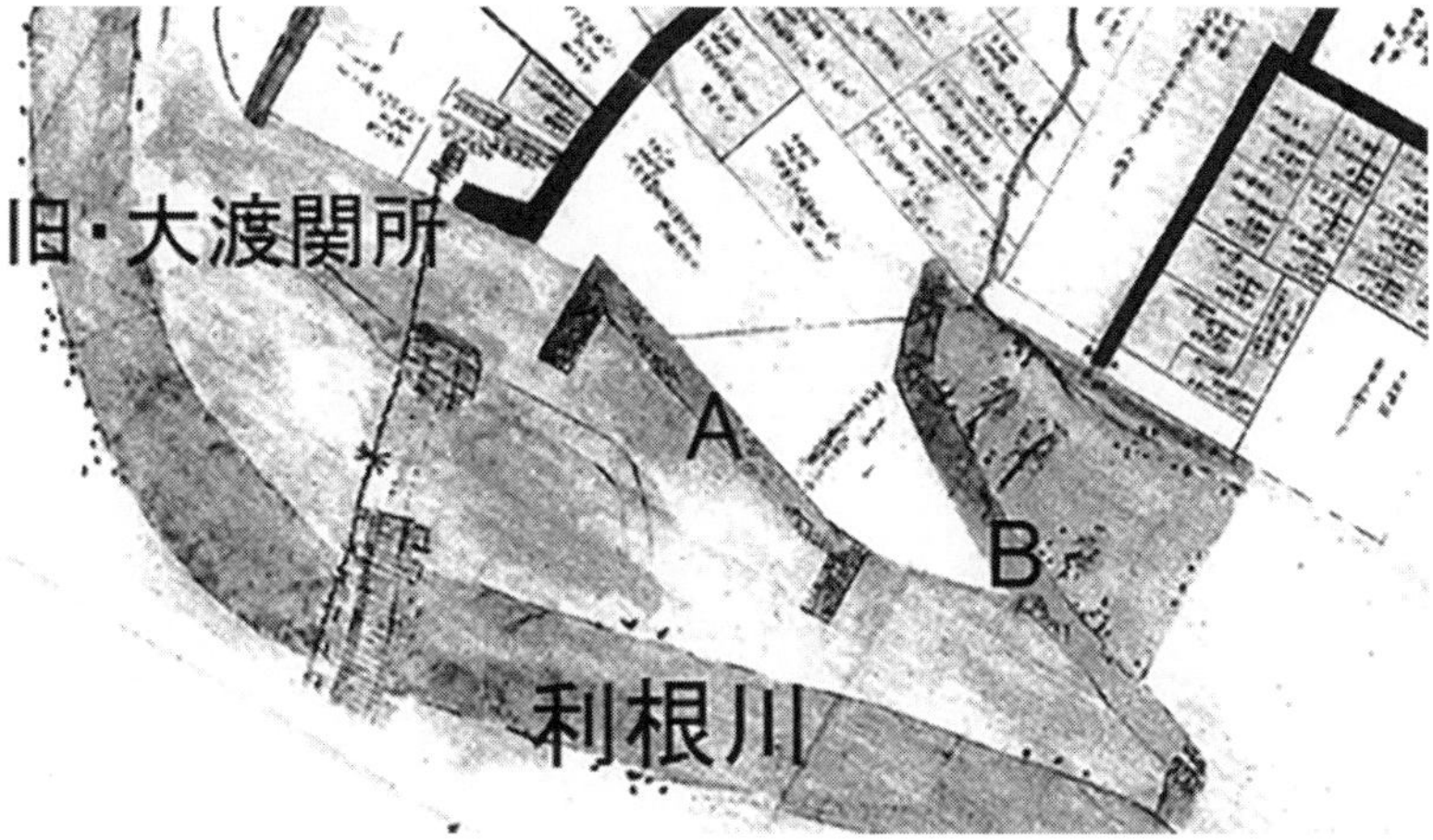

絵図５　明治５・６年「壬申地券地引絵図岩神村」（群馬県立文書館所蔵）から
ＡとＢの２本のかぎ型の堤がある。

認する必要があります。縮尺が信頼できる地図は３つあります。明治18年（１８８５）、昭和９年（１９３４）推定、昭和30年（１９５５）の地図です。それぞれを作製したのは軍や国土地理院です。

明治18年の地図（地図1）は１：２万の縮尺です。旧大渡の関所の南に1本の堤ａ（壬申絵図のＡでしょう）ともう1本の堤らしい線ｂ（壬申絵図のＢか）があります。が、縮尺が小さいため誤差も大きくなり、堤の長さを確認するには適していないでしょう。

次に、縮尺が１：３千の昭和９年（推定）の地図（地図2）を見てみます。この地図では、旧大渡関所の南に、左側（川側）の短い堤ａと、陸地側に長い堤があります。長い堤は単なる一直線の堤ではなく、５つの部分（北から南にｂ～ｆ）で構成されています。おそらくそれぞれの築堤の時期が異なるのでしょう。個々の長さは、短い堤ａは地図上４㎝で実際の距離１２０ｍ、長い堤は北から南に、ｂは４・７㎝で１４１ｍ、ｃは４・２㎝で１２６ｍ、ｄは４・６㎝で

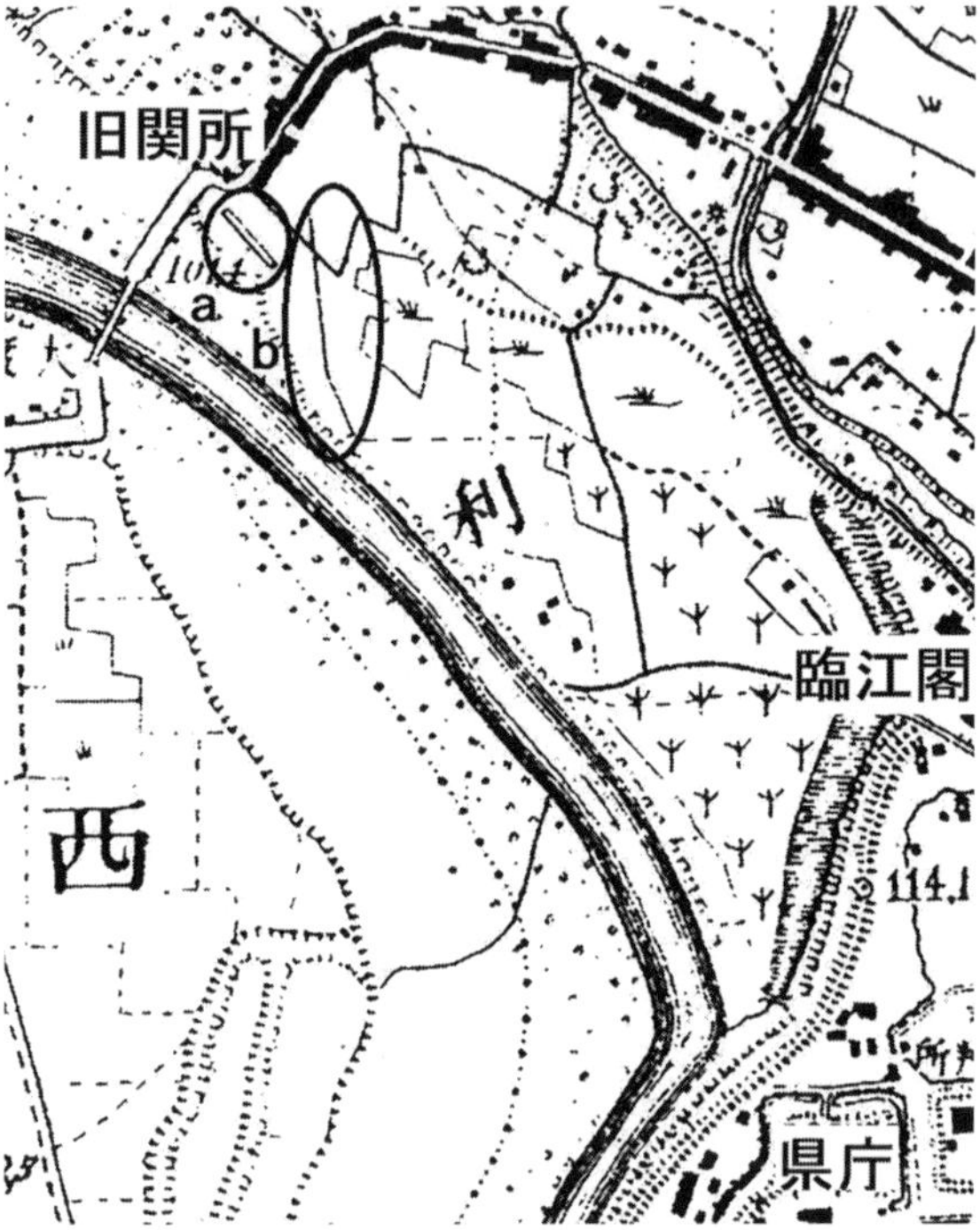

地図1　明治18年（1885）第一軍管地方迅測図
参謀本部陸軍部測量局
楕円形と漢字を加筆した。aは明らかに堤であり、絵図5のAに該当する。bも堤のように見えるが不確実である。

１３８ｍ、ｅは４・２㎝で１２６ｍ、最南ｆは７㎝で２１０ｍです。

左の短い堤ａは位置から考えて壬申絵図の堤Ａでしょう。長さ１２０ｍは、安政４年の石垣36ｍよりだいぶ延びています。順次、蛇篭や弁慶出を堤に変えてきたのでしょう。

右の長い堤の北側は、ｂ（１４１ｍ）＋ｃ（１２６ｍ）＝２６７ｍです。これは安政５年（１８５８）に桜を植えるときの堤（与左衛門の堤の２２０ｍが延長されて２７０ｍになったかと推定した堤）とほぼ同じ長さです。ここが壬申絵図（１８７２・１８７３年）の堤Ｂに該当するのでしょう。また、明治18年の地図１の右側のｂは堤かどうか定かではありませんでしたが、このｂは昭和９年の地図の「ｂ＋ｃ」と同様に「く」の字の形で長さも似ていますので、堤と考えられます。壬申絵図の堤Ｂは、延長等の工事が行われたでしょうが、明治18年地図でも昭和9年地図でも存続していたのでしょう。

以上のことから、天保13年に２２０ｍで築堤された与左衛門の堤は、安政5年までに２７０ｍに延ばされ、壬申絵図（絵図5）の堤Ｂ、明治18年（地図1）のｂ、昭和9年（地図2）の「ｂ＋ｃ」として残ってきたのでしょう。では、昭和9年の「ｂ＋ｃ」のｂかｃのどちらが与左衛門の堤でしょうか。可能性が高いのは北側のｂです。補強のために堤は順次、南に延長されていったと考えられるからです。堤の形は天保13年の築堤当初から曲がっていた可能性もあります。「く」の字の形のほうが強いのか、あるいは地形の関係で「く」の字にしたのか、理由は不明ですが、南北を61間（１１０ｍ）ずつで築堤したのかもしれません。

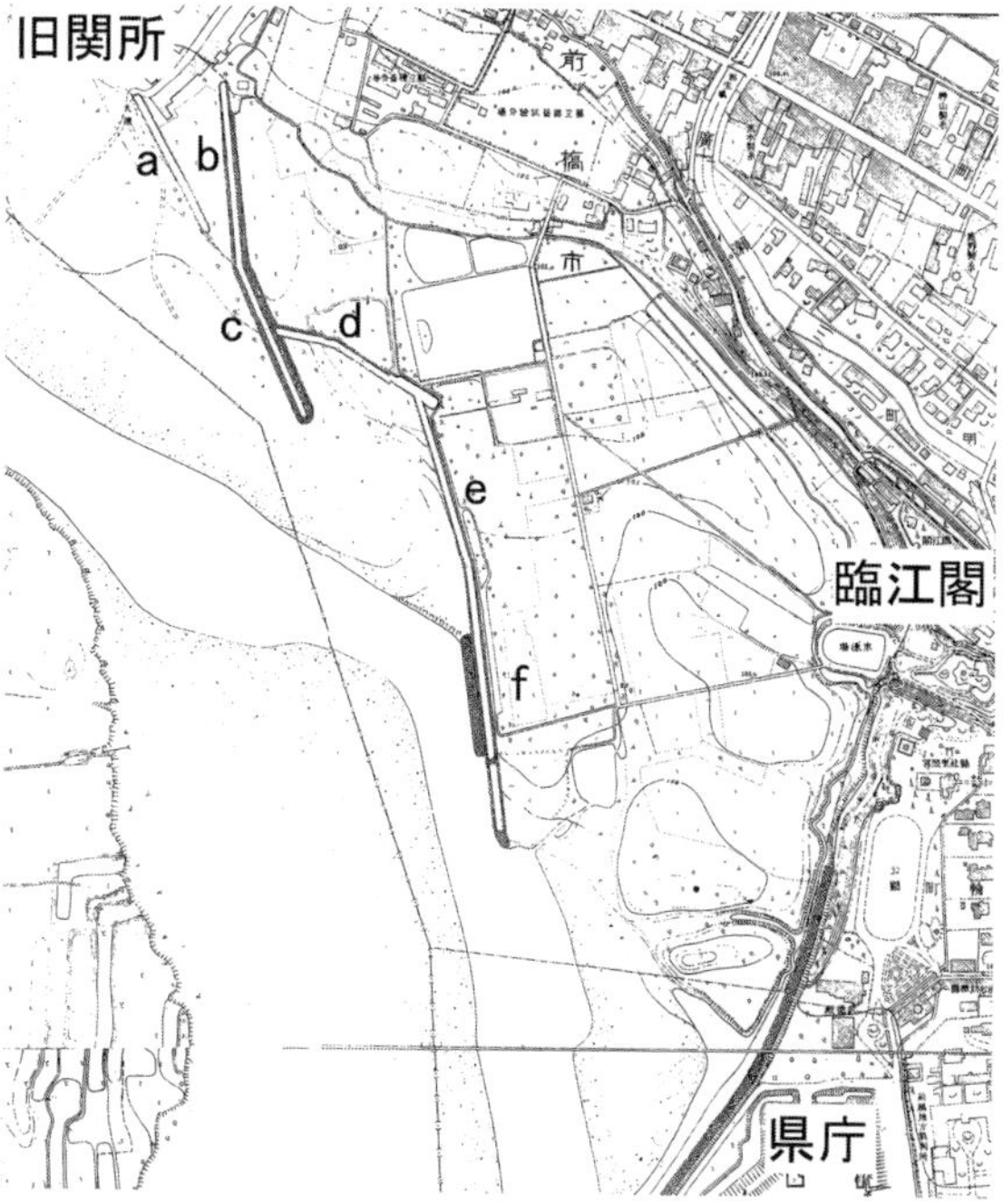

地図２　昭和９年（1934）推定の前橋市三千分一地形図（前橋市教育委員会文化財保護課所蔵）
ａ～ｆと漢字を加筆した。

昭和9年の堤のその後の変化や新たに追加された堤の様子を見るため、昭和30年の地図（地図3）を見てみましょう。

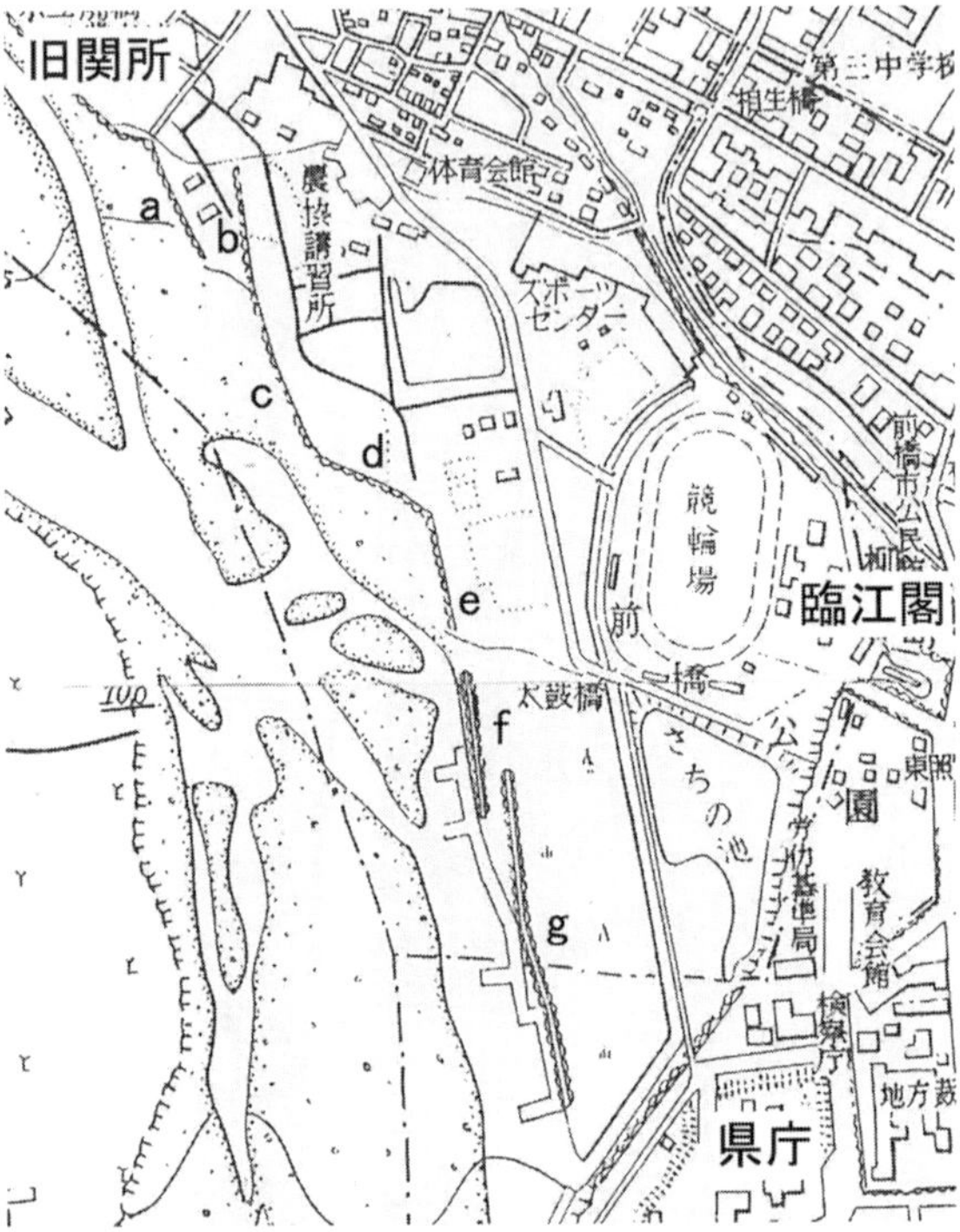

地図3　昭和30年（1955）罹災地区復興現状図
国土地理院承認番号2323号（『戦災と復興』から）
a～gと漢字を加筆した。

昭和30年の地図では、昭和9年のa～fと同じ堤がありますが、b～fでの突き出た余分な部分が削られ、スムーズな一連の堤になっています。また、新たに堤gが加わっています。

堤のb・c以外は後に改変されたようです。現在では地図3と多少異なっていますが、概ね同じです。

11　与左衛門の前橋での功績は事実

これまで検証してきました通り、功績碑に書かれた与左衛門の功績はその多くが事実です。天保13年（1842）に築堤された与左衛門の石堤は178年後の今日も残っていると考えられます。[64]築堤以後の利根川の大洪水は弘化《こうか》3年（1846）、明治23年（1890）、同43年（1910）にありましたが、それらにも流されず続いています。

この遺構を含む「岩神の石堤」は、利根川の他の護岸や水制工とともに日本土木学会の平成24年度選奨土木遺産に認定されました。個人的には、与左衛門の石堤の遺構が歴史的建造物として史跡指定を受けることを願っています。地味でささやかな史跡かもしれませんが、必ずや前橋とその歴史を楽しむための1つになるでしょう。遺構は178年前から続いていること、先人たちが前橋を守るために努力し続けたこと、そして、これほど前橋を思う与左衛門という人物がいたことに思いを馳せていただければ幸いです。

なお、与左衛門が前橋に残した功績はもう1つあります。赤城山に松を植林したことです。碑文には「これが松林になるまで成長するとともに、与左衛門にならって植樹する者が多くなった」とあります。この根拠となる直接的な史料はまだ見つけ得ていませんが、赤城の松林がある富士見町での記載(65)では「安政年間、領民が苦心して植林した赤城原野の松林」という記述があります。

以上で、与左衛門の前橋での功績を終わります。

与左衛門は川越に戻ってから、川越の北に隣接する川島《かわじま》地域（現・川島町）の堤防改修に携わりました。川島領大囲堤《おおがこいづつみ》普請です。川島地域ではそれまでたびたび大きな浸水に見舞われていましたが、与左衛門が指揮した工事以後は60年間以上も大きな浸水はありませんでした。そのため、この改修工事は後世でも高く評価されています。

川島での与左衛門の工事の進め方は自らが書いた「川島領普請一件大略(66)」に記されています。ここには普請の実際の進め方や具体的な現場の指示などが書かれています。一方、前橋ではそれに類する史料はなく、大渡普請での人の動きや現場の様子は分かっていません。川島での進め方の基本は大渡普請にも通ずる点が多くあるでしょう。大渡普請の進め方の参考のため、与左衛門の手記にある川島での工事の進め方をみていきます。

12 川島地域の特殊性

川島地域は江戸時代には47カ村からなる農村地帯でした。四方が川に囲まれた平坦な土地であり、洪水被害が起こり易い地形でした。四方の川とは、北は市野川《いちのかわ》、西は都幾川《ときがわ》・越辺川《おっぺがわ》、南は入間川、そして東は荒川です(図6)[67]。荒川による被害が一番大きかったのですが、他の川による被害もありました。それを防ぐために地域全体をとり囲むように堤が築造されていました。川島地域の総面積は42㎢で、外周に沿って造られた堤の長さは一万六千間《けん》(29㎞)、まさに大囲堤です。川島地域は大きな輪中《わじゅう》堤の中にありました。

弘化2年(1845)年7月と8月、相次いで大洪水が川島地域を襲い、東、北、西の3カ所の堤が決壊して大きな被害が出ました。そのため領民は藩に堤の改修・補強などの普請を願い出ます。藩主の松平斉典が普請実施を決定し、前橋での実績があった与左衛門に指揮を命じました。当時の普請には、幕府と藩とで費用を負担する「御普請」と村民が自前で行う「自普請」があります。このときの普請は川越藩単独での御普請で行われました。

藩財政が逼迫《ひっぱく》していた中、斉典が藩単独での普請を決めた背景には藩領の変化がありました。天保12年(1841)に川島地域の47村中40村が川越藩領になったのです。それまでは川越藩領、山形藩秋元

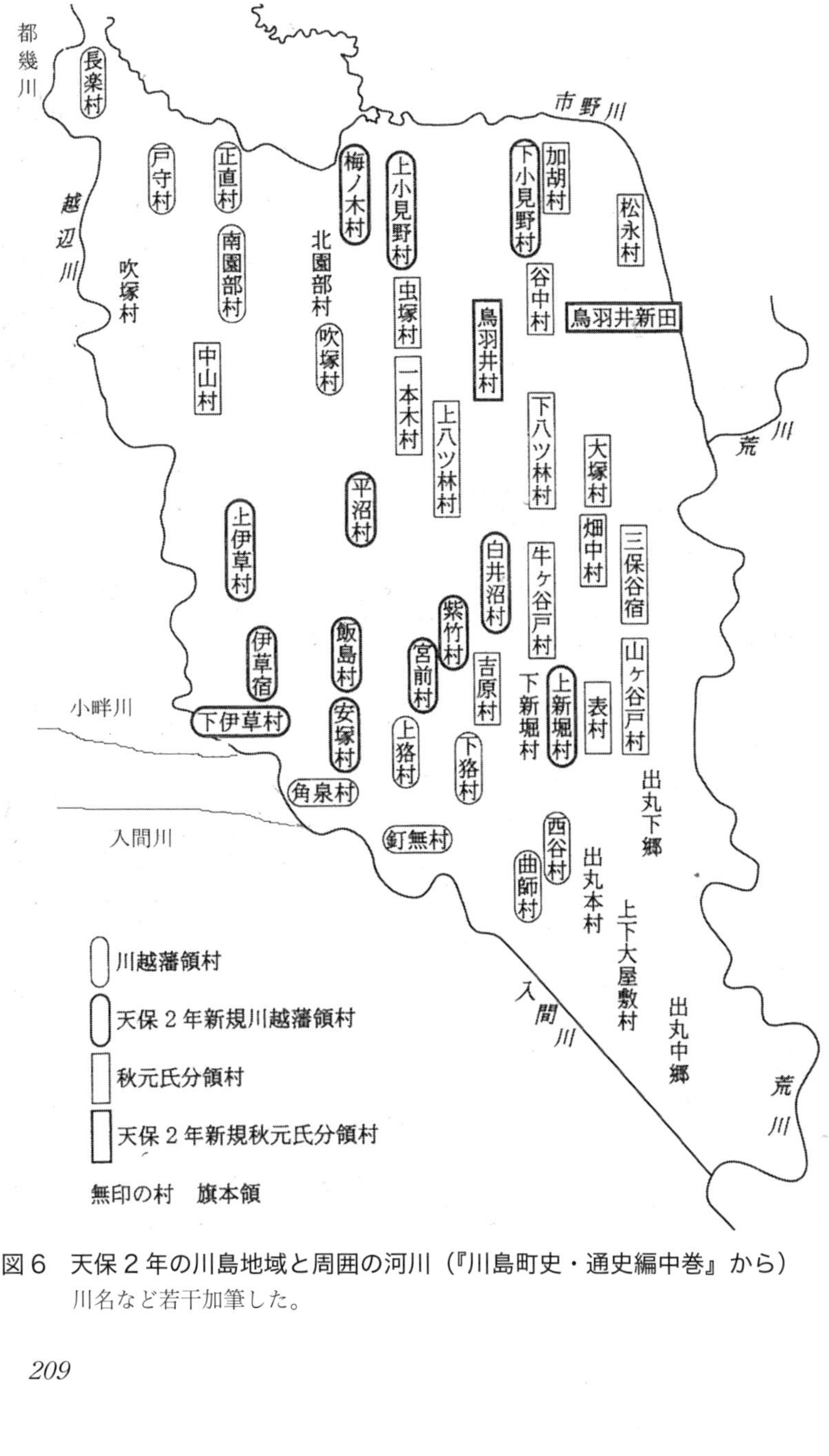

図６　天保２年の川島地域と周囲の河川（『川島町史・通史編中巻』から）
川名など若干加筆した。

氏（かつて前橋の総社藩主）分領、旗本領に分かれていて、川越藩領は川島地域の半分ほどでした。天保12年に川島地域の大半が川越藩に属したことで統一的な普請がやり易くなったのです。また、川島地域は1万7千3百石の石高があり、川越藩17万石の一割を占めていたこともあったでしょう。(24)

13 与左衛門の普請

功績碑に川島地域での普請に関する記述があります。「君」とは与左衛門のことです。

君先ず郷民《ごうみん》の欲する所を聴く。衆密《ひそ》かに以為《おもえ》らく、十を求めて五を得ば則《すなわ》ち望み足ると。計簿を作りて進む。君見て曰く、この工は闔《こう》郷民の命の繋がる所なり。之を求むるに何ぞそれ微なるやと。衆その言の意表に出ずるに驚き、欣喜して命《めい》に従う。（君はまず村民の希望を聞いた。村民は内心では「十のことを要望して、そのうちの五が達成できれば十分である」と考えた。計画書を作成して差し出した。君は見て「今回の普請は全村民の命が懸かっている。そのための計画であるのに何故これほど少ないのだ」と。村民はその言葉が意外であったことに驚き、非常に喜び、命令に従った）

この文章では、「何ぞ微なるや」との与左衛門の発言がキーワードです。与左衛門は、村民らの計画が思いのほか小さいことを指摘しているのです。与左衛門は、村民が「永久に水難を相遁《のが》れる」ための「手堅く」「手厚い」普請が必要と考えていました。与左衛門の考えからすれば、村民が本当に希望することを倍に誇張した内容でさえも不十分だったのです。

では、実際に行われた普請はどうだったのか。村民の願い出た普請の規模と与左衛門が実施した普請

表４　村民の要望と与左衛門の実施結果との比較

	村民	与左衛門
決壊箇所	その箇所	両側も含めた
荒川側の堤	4.5km	6.3km
馬踏	3.6〜2.7m	4.5m
都幾川の堤防	○	3.9km
沼の埋め立て	—	○
悪水の堀	—	3.6km

の違いの概略を比較してみます（表４）。

村民から出された請願書には具体的な要望が４点ありました。①決壊箇所の普請、②荒川側（東側）堤の２千５百間（４・５㎞）の補強、③補強には馬踏《ばふみ》（堤防上部の平面）の幅を２間（３・６ｍ）～９尺（２・７ｍ）の広さにすること、④都幾川の堤防の補強、です。

それに対して実際に行われた普請は、①決壊箇所はその両側も含み新しく築造し、かつ、それまでよりも法《のり》（堤の斜面）を厚くして芝を張り、馬踏も広くした、②荒川側の堤は３千５百間（６・３㎞）の長さを改修し、法を補強、③馬踏の幅は２間（３・６ｍ）～２間半（４・５ｍ）に拡げた、④都幾川の堤防の補強は２，１４１間（３・９㎞）を実施した。加えて、⑤堤防の決壊によって地域内にできた沼を埋め立て、⑥悪《あく》水《すい》（田畑で使用したあとの水）のための１，９７３間（３・６㎞）の堀を新規に掘った。結果、６，２６８間（11・３㎞）の堤防の普請を行い、⑤と⑥も行った。

数字を見ても、村民の期待を大きく超えた普請になったことが分かります。堤は高くなり堤の幅も広がり大型の堤防になりました。村民の本心が要望の半分だったとすれば、本心の何倍もの結果だったのです。

そのときの普請の堤と推定される遺構が昭和58年（１９８３）に見つ

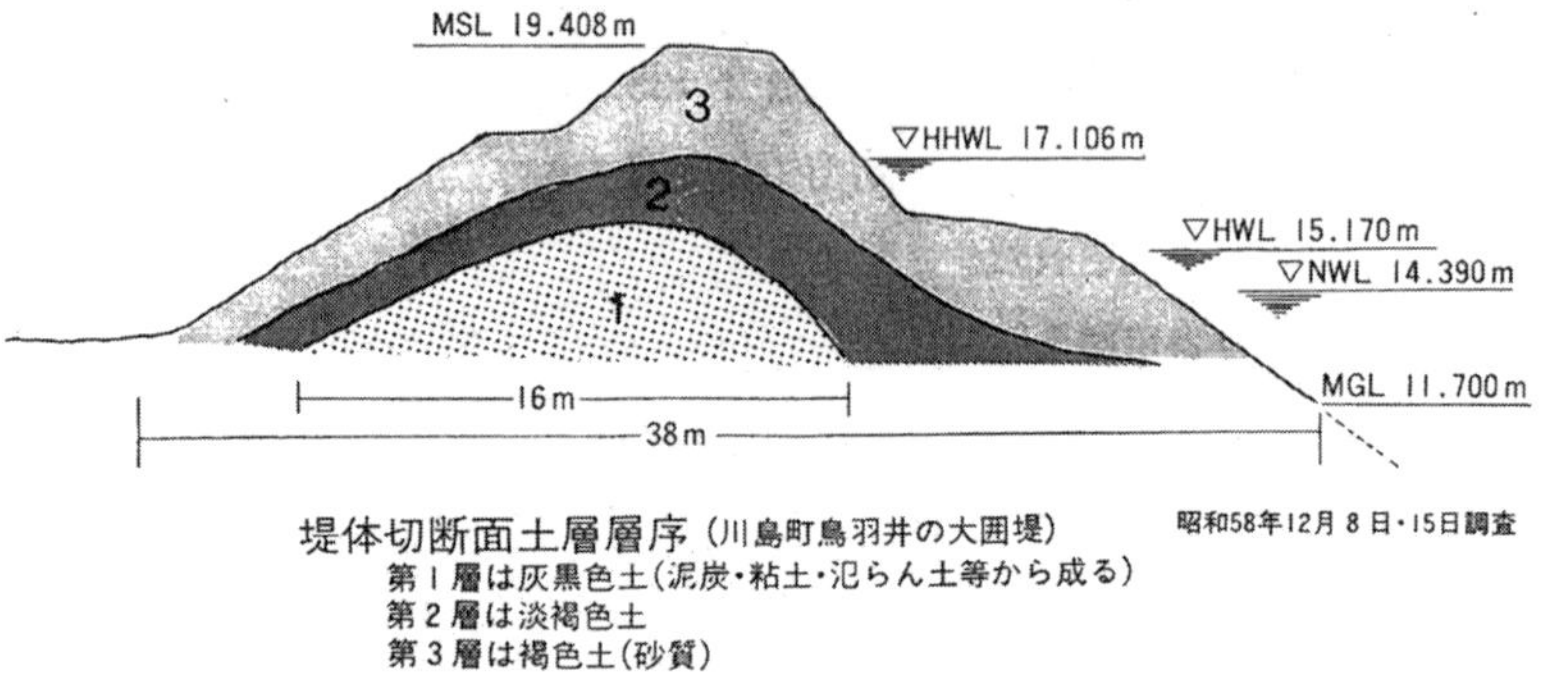

図７　堤の横断面（『荒川 人文Ｉ』から）
第２層が弘化の普請と推定される。

かりました。大囲堤の東側（荒川側）の鳥羽井《とばい》で発見された堤の横断面です（図7[68]）。横断面は3層に分かれていました。断定はできないものの、第2層が与左衛門が関わったものと推定されたのです。

与左衛門は、大規模な普請であるため春だけでは終わらずに春と秋の2回に分けての普請になると予想していました（「大普請に付き一時には出来申す間敷《まじ》く、春と秋と両度に仕立て申す可き」）。費用は4，400両を見込んでいました。

普請は弘化2年（1845）12月18日から取り掛かっています。本格的には翌弘化3年（1846）1月14日から開始し同年4月14日に終了しました。3カ月という予想以上の早さで完了したのです。携わった人足は延べ173，068人、1日平均1，967人。要した費用は2，554両でした。当初の見込みより1，846両も少なくて済んでいます。工事期間が短かったが故に安く済んだのでしょう。

14　普請の進め方

普請が早く完了した理由は、村民が懸命に働いたことに尽きるでしょう。自分達の希望以上の普請をしてもらえる期待から士気も上がったのでしょう。それに加えて、指揮をとった与左衛門の考え方、進め方も関係しているでしょう。そこに、大渡普請との共通点を見出せるかもしれません。ただし、前橋では大渡での限定された範囲での工事であったのに対し、川島では広い地域での分散した工事でした。その違いに一応の留意は必要です。

藩の役人や村役人への通達

・役人の食事は朝夕の一汁と香の物（漬物）に限り、魚肉や厚味《こうみ》（ごちそう）の品は一切無用、現場に商人を入れてはならない、普請場へは弁当持参、酒は禁止

・1村ごとに担当場所を決め、1坪あたりの人足数、総人足数、何日までにできるかなどを記入した札を現場に立てること

・村役人は人足を引き連れて御普請方（藩の役人）へ届け、現場の指揮をとり日払い帳に記入すること

・村から届いた木や竹の材料は普請方にて改め、普請帳に割り印をして代金を払うこと

・普請方役所（藩の現場事務所）を建てて普請を見張るとともに、そこで木や竹の代金を支払うこと

・仮番所を建て、役人は盤木《ばんぎ》（板木《ばんぎ》。木槌で打って鳴らす板）や拍子木《ひょうしぎ》で人足を指図すること

・奉行は下代《げだい》（手代。雑務係の役人）を連れて毎日見回りをし、指揮すること

普請場での村役人と人足の法度《はっと》

・明けの六つ時（朝6時）に盤木を打って合図するので、人足は宰領《さいりょう》（村の役。ここでは工事責任者か）とともに遅刻せず現場に揃うこと

・藩の役人は見張所に出たときは目印の采配《さいはい》（細長い紙をまとめた総《ふさ》を木などの柄《え》につけたもの）を立てて一同の者から分かるようにすること

・各村の宰領はどの村の宰領か分かる目印を付け、人足を引率して見張り所へ届けたらすぐに持ち場に行って精を出して働くこと

・自分の村の担当場所は計画書の通りに手堅く普請すること、遅れがあれば取調べて処罰するので怠けないこと

・拍子木を打ったら休み、次の拍子木で働くこと

・宰領は絶えず人足に付き添って人足の働き具合を見ること、もし申し聞かせたことに背く者があれば名前を役人に伝えること

・現場においては村役人も一切禁酒のこと

・賭け事、喧嘩、口論などは決して行ってはならない、あるいは、天候が悪いときに文句を言う者があれば、村役人に申し出、村役人は藩の役人に伝えること、必ず処罰する

・人足が病気を理由に遅参や休みをとったときには、嘘実を調べ、もし嘘であれば厳罰に処すので、怠けないこと

・人足にやむをえない身体的不調があった場合には、詳細を村役人に伝え、村役人は藩の役人に伝

え、その指図を受けてから引き取ること、勝手に引き取ってはならない
・仮番所を3カ所建て、不届き者がいれば直ちに召し捕ること、そのための縄と手鎖《てぐさり》（手錠）を番所に置いておくこと

以上の通り、通達と法度はかなり細かく、また、厳格でした。1日に2千人が働く現場であり、普請の区間は長く各現場同士も離れています。その統制のためには、自分を含む藩の役人から人足にいたるまで、細かい点を決めておく必要があったのでしょう。これらの項目を読んで感ずるのは、詳細さや厳格さとともに、人足でも役人でもその人の動きを外の人も分かる、という点です。関わる人たちは怠けることができなかったでしょう。

大渡普請とは工事の内容や規模が異なりますので具体的な進め方には相違はあったでしょう。しかし、人の掌握、進め方の基本に大きな違いはなかったのではないでしょうか。

15　与左衛門の人間性

法度は厳格でした。厳罰に処した者もあったかもしれません。しかし、与左衛門は厳格なだけではありませんでした。実際のエピソードを3つ紹介します。築堤の誤り、堤の穴埋め、そして狐憑《きつねつ》きの話です。

・築堤の誤り
谷中村《やなかむら》（地域の北側）の切所《せっしょ》（決壊箇所）を補修して堤がほぼ出来たころ、差水《さしみず》（水のしみ込み）が

あった。普請箇所の堤を切り崩して調べたところ、築堤の方法に誤りがあった。関係者を立ち会わせて誤りを確認させた。厳しく罰すべきだったが、普請は本来は万民を救うための普請なので、処罰者が出るのは本意ではない。堤を手堅く直すことができたので罰しなかった。

・堤の穴埋め

松永村字関根（地域の北側）の堤の斜面に8寸（24㎝）の穴があり差水があった。堤を崩して原因を明らかにし、堤を造り直そうとした。しかし、村民は「穴には関根の主《ぬし》が住んでいて、堤を切り崩せば祟《たたり》がある」と言う。そして2月11日に12カ村の連名で「この穴は百年来あるが、堤が決壊したことはない。堤を切り崩せば変事が起こるかもしれない。今後、差水があれば自分たちが責任をもって対処する」との書面を出してきた。丁度この頃に大風雨もあり、堤の上に立っていられないほどであった。村人は関根の主が荒れていると恐怖していた。無理に普請を進めれば村民の人気（士気）も落ちて支障が出る。そのため、堤は崩さず、箱堀《はこほり》（堤の上面から掘ること）をして穴を埋めたり、斜面の穴を突き固めたりして補強した。

・狐憑き

2人の人足に狐が取り憑き、その2人が与左衛門の前に来た。与左衛門は「許可無く堤に穴を空けたのは不届きである。また、恨みがあるなら人足ではなく普請を命じている自分に取り憑け。人足から離れないなら同類も狩りたてて1匹もここに住めないようにしてやる」と叱った。すると狐は離れ、人足はまた元気に働いた。

以上の3つのエピソードのうち、関根の主や狐憑きの話は、現代からみれば迷信として片付けてしまうでしょう。ここで肝心なのは、普請はあくまで村民のためであること、迷信であっても村民の意向を無視するのでなく、意向を尊重しつつ、しかし必要な修理はしたこと、そして指揮者としての責任感です。そういう与左衛門であったからこそ人足や藩の役人も指示に従ったであろうことです。与左衛門への村民の感謝の気持ちが強かったことは次のエピソードにも表れています。

4月14日に普請は終了し、与左衛門たち藩の役人は16日に川島を去ることになっていました。15日に、女達は釘無《くぎなし》村まで、男達は川越まで見送ると申し出てきました。断わりましたが聞き入れないため、好きにさせることにしました。しかし、15日の戌《いぬ》の刻（午後8時前後）に川越で火事が発生したため与左衛門たちはその夜のうちに川越に帰ってきます。結局、見送りはなくなりました。

16　その後

弘化3年の大改修の際、堤の上に桜が500本植樹されました[67]。桜見物に来る人たちが堤を踏み固めることを企図したものです。この桜は徐々に増やされ、川島大囲堤は江戸を除き地方としては極めて珍しい桜の名所となりました。堤の桜を詠んだ俳句集『つつみの花』（文久元年・1861）もあります[67]。桜は明治4年（1871）には1，560本あったようですが、廃藩置県を機に全て伐採されてしまいました。それを惜しみ、明治14年（1881）の山林共進会に際してこの桜のことが川島の三保谷《みおのや》宿から提出され、4等に入賞しています[69]。

この年、与左衛門の孫の安井醇一が前橋の第三十九国立銀行（現・群馬銀行）の取締役に就任しています。同時に取締役に就任したのが大手生糸商人の下村善太郎（後の初代前橋市長）と江原芳平（後の貴族院議員）です。安井は士族、下村と江原は平民を代表していたのでしょう。その後、安井醇一が第2代頭取、江原芳平が第3代頭取になります。醇一は群馬県議会議員、前橋市議会議員も務めています。与左衛門亡き後も、その子孫が前橋と深い関わりをもっていました。(70)

そして、大正7年（1918）11月の特別大演習（軍の演習）の際に与左衛門に正五位《しょうごい》の贈位（生前の功績に対して位階を贈ること）がなされました。(71) 埼玉県での6人のうちの1人が与左衛門でした（群馬県では船津伝次平、高山長五郎などに贈位）。これを契機に、前橋藩旧藩士の組織であった厩葵《きゅうき》会が中心になり与左衛門の功績碑建立が進められたのです。大正12年（1923）4月の除幕式では、碑文が書かれた扇子が記念品として配られています。(72) 与左衛門没後70年目の年でした。

17　おわりに

安井与左衛門政章は明治以前の治水工事における全国の功労者24人の中に名前が挙げられているほどの人です。(44) しかし、前橋においてはまだまだ知られていません。与左衛門を知る人がもっともっと増えて欲しいものです。

与左衛門の石堤は形を変えながらも確実に現在まで引き継がれてきました。その点では、与左衛門の大渡普請は今も続いていると言えます。前橋を水害から守ってきた石堤は前橋の防災モニュメントであり、与左衛門を筆頭とした先人たちの知恵と努力の結果です。

与左衛門の石堤の場所は県の担当です。石堤が歴史的建造物として史跡指定を受けられないものか、10年ほど前に県の担当課にそれとなく打診しましたが反応はありませんでした。今後の期待として、石堤に関する工事があった場合、断面を確認する機会がないものかと思います。川島大囲堤の図7のような横断面があるかもしれませんし、堤の下に大結倉や枠の痕跡が見つかるかもしれません。

与左衛門は天保2年に前橋に赴任する際、「大事を成し遂げられなかったら私の屍は前橋に埋葬してほしい。魂魄として永く前橋の地に留まって、後世の人が成し遂げるのをひそかに助ける」と決意しています。与左衛門は大事を成し遂げましたので、魂魄は前橋には留まっていないことになります。留まってはいませんが、与左衛門の魂魄が一つの形となって残されたものが、今ある石堤なのでしょう。

与左衛門の石堤は、市民が大切にすべきものであり、誇るべきものです。

注

1　「安井與左衛門政章功績之碑」は、古屋毅士「安井与左衛門の碑」『群馬の古碑』上毛新聞社、1983年、に全文翻刻されている。

2　上毛新聞、大正12年（1923）4月30日号

3　与左衛門の決意については下記の通りである。

「この行は任重く事大なり。若し成らずんば則ち一死を以って謝（詫び）あるのみ。断じて帰葬する勿かれ」（碑文）

「予身を以って大事に任ず。料るに五年ならずんば成る能わず。志成らざるの間は、家事の係累をして吾耳に触しむる事なかれ。不幸にして事成らずんば一死を以って国に謝せんとす。死するの日は吾が屍を彼の地に埋めて帰葬する事莫れ。魂

魄永く彼の土に留り、冥護して後人の成業を賛けん」（『近世上毛偉人伝』注4）

4 高橋周楨『近世上毛偉人伝』吾妻書館、1982年。
　これは大藤確操『藩史材料』（コピーは前橋市立図書館所蔵）が底本と考えられる。『藩史材料』の中の「安井政章略伝」は保岡川荘（1828~1883年）が書いている。保岡は与左衛門より41歳若く同じ時代の人である。書かれている内容の確実性は高い。

5 前橋市立図書館編『前橋藩松平家記録』煥乎堂発行（以下、『記録』）

6 碑文内容は『記録・第19巻』で確認できる。『同書』の天保3年正月22日条によると、「漆原村用水再興御普請」が天保2年12月から実施されている。漆原村にあった天狗岩堰（利根川から取水する堰。ここで取水して総社村以南の村々、更に玉村までの広い地域に水を供給した）の普請も併せて工事していることから、漆原村用水とは天狗岩用水である。『同書』の天保4年7月13日条によると、漆原村用水路再興普請は天保2~4年の3年を要し、人足数は17，839人余りだった。

7 この碑文内容も『記録・第19巻』で確認できる。『同書』の天保4年10月29日条によると、「玉村領沼之上村・飯倉村は、年来、用水路を失い、皆畑になっていたが、今年の春に御普請をしてくださったので用水路が再興した」とある。天保4年の記録は1~5月が未収録（欠落？）のため、普請の規模は不明である。同年12月2日条に「玉村領沼之上村・飯倉村用水路仕継《しつぎ》普請」の見積もりが出されている。仕継普請とは一旦は完了した普請箇所が危険になったときに行われる補強工事である。年初に実施した用水路の再工事が必要になったことになる。

8 富田村の普請は『記録・第22巻』天保9年12月27日条に出てくる。「田方起返《たかたおきかえ》し」（荒廃した田の復旧）と「用水路」への貢献で富田村の名主等の褒賞がある。漆原村や玉村領より後年である。富田村では、申《さる》年（天保7年）の洪水で荒砥川沿岸が決壊して普請には3年を要した（鹿沼明『荒砥村誌』1974年）。その功績により名主の久米右衛門、組頭の平左衛門・清造が名字を許されている。「堤防」の場所は不明である。堤防が築かれたのは川が蛇行していた箇所だっただろう。

9 「97町歩」、「750町歩」の数値は未確認である。新田の開発でなく、耕作されなくなった水田の復活なので、数値としては不明である。

10 363戸の数は確認出来ていない。

11 『記録』の底本である「松平藩日記」（『前橋藩松平大和守家記録405冊』）天保2年3月29日条にあるが、『記録』には収録されていない。与左衛門が上申書を書いたのは3月10日以前であり、その後の経緯も含めて3月29日条に記載されている。

12 『記録・第20巻』天保5年10月25日条、11月18日条、12月26日条

13 『記録・第21巻』天保7年4月24日条

14　天保4年の飢饉対応は碑文にはなく、『近世上毛偉人伝』に書かれている。

15　『記録・第19巻』天保4年11月29日条。月日は旧暦なので、現在ではこれよりほぼ1カ月後になる。他の月日も全て旧暦であり略しているが、ここでは気象のことなので特に月日を記した。

16　『同書』天保4年9月26日条

17　『同書』天保4年10月22日条

18　『同書』天保4年11月9日条には、大間々町・太田・木崎・境町・伊勢崎・高崎の地名が挙げられ、「打ち潰し」や「焼き払い」の風聞があり、それが前橋に及ぶことを危惧する記載がある。これは単に風聞ではなく、実際、大間々町では一揆呼びかけの張り札がされて「10月25日に打ちこわしがある」と書かれていた（大間々町誌編さん室『大間々町誌・通史編上巻』大間々町誌刊行委員会、１９９８年）。11月に入って伊勢崎町・境町では打ちこわしの札が貼られていた（伊勢崎市『伊勢崎市史・通史編２』伊勢崎市、１９９３年）。
『記録』の中にも「ねだり取り候様成る人気に相成り」（無理矢理に取るような風潮・雰囲気になっている）とある。

19　『同書』天保4年11月9日条

20　『同書』天保4年12月8日条

21　功績碑読み下し文「当時風呂川用水は郭外より来たりて城内を貫き再び郭外に流れて去る、水利の及ぶ所広くかつ大なるも、上流の岸壁は利根川本流のために衝突せられ、累次崩壊して余地僅《わず》かに二間《にけん》のみとなり、危険言うべからず、君之《きみこれ》を救わんと欲し、新川《しんかわ》を河の間、大渡の南に於て急流を遮りて新川に注ぐ、是に於て川勢は俄《にわか》に方向を更え、岸壁の崩壊頼りて以て免るるを得る」

22　「44万人」の数は碑文にはなく、『近世上毛偉人伝』にある。

23　「７００８石」の数は碑文にはなく、『近世上毛偉人伝』にある。

24　打開策として、天保9年（１８３８）に前橋帰城願を幕府に提出している。前橋にまとまった領地があったことと、川越は江戸に近い利点もあったものの日常生活の場としては城地が狭かったことがあった。また、天保11年（１８４０）には三方《さんぽう》領地替《りょうちがえ》の指示が幕府からあった。これは川越藩松平家が幕府に働きかけた結果と考えられる。三方領地替とは、3大名の間での異動であり、川越藩松平斉典が庄内へ、庄内藩酒井忠器が長岡へ、長岡藩牧野忠雅が川越へ、という異動である。幕府の決定であり、川越藩でも準備を進めた。しかし、庄内で領民による大きな反対運動が起こり、幕府も撤回せざるを得なくなる。中止となった代わりに、川越藩松平家に2万石が加増され17万石となった。

25　農村を除く前橋町に限定すると、陣屋時代の嘉永7年（１８５４）の人口は４，９８０人、明治5年（１８７２）は２，

471戸（一戸あたり3・7人とすると9，143人）である（丸山清康『前橋史話』1956年）。この数字では1・8倍に増えている。加えて、藩主が慶応3年（1867）に前橋に戻った際には、武士とその家族の合計8千〜9千人が川越から移ってきている。その人々は町なかと近郊に住んだわけであり、近郊も含むと、4，980＋（8，000〜9，000）＝12，980〜13，980人になった。2・6〜2・8倍に膨れたといえる。

26 「（明和5年に藩主が川越に移り、旧前橋城が廃城になって）数十年、堤を築き渠《ほり》を疏《そ》し、治水法あり、河身亦漸く遷徙す。是に於いて始めて再築の議あり」阿久津宗二「前橋城址之碑」『群馬の古碑』1983年。『群馬の古碑』と碑の脇にある翻刻文では「遷従」となっているが、本稿では「遷徙《せんし》」（移ること、移すこと）とした。

27 与左衛門は経歴では作事奉行は務めたが土木・治水を担当する普請奉行には就いていない。与左衛門はどこで治水・土木を学んだかは史料には書かれていない。作事奉行のときや江戸で藩主付きだったときだろうか。役職の上で一番可能性が高いのは郡奉行のときかもしれない。農村関連を統括する郡奉行ならば、土木・治水の指揮もしただろうから学ぶ機会もあっただろう。あるいは、与左衛門の部下に優秀な治水土木実務担当者がいたのだろうか。

28 『記録・第23巻』天保11年12月11日条

29 『記録・第23巻』天保13年10月13日条

30 『記録・第24巻』天保14年2月5日条

31 元禄14年5月14日『重朗日記抜粋』（『酒井家史料・37』に所収）

32 「甲冑＝頭部用の兜＋胴体用の鎧」であるが、本稿での「鎧」は甲冑の意味で使用。

33 絵図1、絵図2とも、前橋市教育委員会文化財保護課『前橋城絵図帳』2017年、に所収

34 正徳4年6月22日『重朗日記抜粋』（『酒井家史料・49』に所収）

35 『記録・第24巻』天保13年12月2日条

36 『記録・第21巻』天保8年正月19日条

37 『記録・第21巻』天保8年正月22日条

38 『記録・第22巻』天保10年6月26日条

39 『記録・第21巻』天保8年12月12日条

40 『記録・第21巻』天保9年2月8日条

41 前橋市史編さん委員会『前橋市史・第2巻』前橋市、1973年

42 大石久敬『地方凡例録《じかたはんれいろく》』寛政6年（1794）。底本補訂・大石信敬、校訂・大石慎三郎『地方凡例録・下巻』近藤出版、

１９６９年

43 建出については、「大結倉二六八組百間半之所四側建」とある。大結倉《おおゆいくら》２６８組を１００間半（１８１ｍ）のところに60ｍ間隔で「四側」（4列）に配分して作った、という意味だろう。「大結倉」は、内務省土木局編纂『土木工要録』１８８１年、や『明治以前日本土木史』（注44）には記載がなく、『地方凡例録・下巻』に記されている。「上州烏川に結倉という普請あり。笈牛《おいうし》に似たる物にて川底を水通らずして〆切《しめきり》等には利方《りかた》（便利）の普請なれども、余国の川々にはかつて見当たらず」。また、大結倉の重石として5間（９ｍ）の蛇籠２４１・２本が「敷五本留め三本引」として使用された。「敷五本留め三本引」の意味は不明である。蛇籠１本で３つの大結倉の重石としたのか。「蛇籠２４１・２本」と端数があるのは、１００間半１８２・７ｍ（この数値と次の5間は1間＝１・８１８ｍとして計算）と蛇籠の長さ5間（９・09ｍ）から逆算した数値か。１８２・７ｍ÷９・09ｍ＝20・１本であり、20・１×３本×４カ所（四側）＝２４１・２本となる。実際には20本のうちの1本を若干長く作ったのだろう。

　なお、蛇籠は幕府が宝暦年間以降は長さ5間、差渡し（直径）は1尺5寸（45㎝）か1尺7寸（52㎝）と決めていた（『明治以前日本土木史』）。しかし、与左衛門の普請では直径3尺（90㎝）の蛇籠を使っている。倍近い太さである。かなり重い蛇籠を使用していたことになる。

44 土木学会『明治以前日本土木史』土木学会、１９３６年

45 「市平脇」は、新川の上流か下流のいずれかだろう。上流には大渡の関所があり、渡し船もあった。そこを削ると利根川の川幅が広がって不便になるだろう。とすると下流だが、その場合、城付近は削らないだろうから、城の対岸の突出した箇所か。酒井氏時代の絵図1の「対岸」の箇所のうち下方の突出した場所だろう。対岸は石倉だが、石倉の小字で該当する地名はない。

46 『記録・第22巻』天保10年9月晦日条

47 『同署』天保10年10月22日条

48 『同署』天保10年11月24日条

49 『記録・第23巻』天保13年11月4日条

50 『記録・第24巻』天保14年7月29日条

51 天保12年、田代平治右衛門の作とされる。陣屋絵図は、平成元年（１９８９）の前橋市観光協会「関東の華・前橋城」（絶版）、『記録・第15巻』の口絵、『前橋城絵図帳』に掲載されている。原図は約58㎝×約70㎝のカラー版。

52 前橋市立図書館所蔵「前橋城絵図（酒井１‐９）」より換算

53　群馬県立文書館所蔵。請求番号：H34‐7‐1近世。
ここに記されている人数はあくまでも大久保村からの人足数であり普請全体の人足数ではない。各年の普請の規模は不明である。

54　白井宣左衛門日誌「公私箇条留」（前橋市史編さん委員会『前橋市史・第6巻』前橋市、1985年、に所収）

55　「町年寄御用日記」（『同書』に所収）

56　高野一男家文書、群馬県立文書館所蔵、請求番号：H34‐7‐1近世

57　丸山清康『前橋史話』1956年

58　『記録・第24巻』天保14年9月28日条

59　万代橋の錦絵は数種類ある。群馬県立歴史博物館所蔵の錦絵には2本の土手に満開の桜が描かれている。これを原画として作成されたであろう、前橋市役所ロビーの万代橋の壁画も2本の堤と桜が描かれている。ただし、桜は苗木を植えたばかりなので錦絵ほど見事には咲いていなかったはずである。誇張されたか予想して描かれたのだろう。

60　原文「壱・二・三弁慶出し別条無し、四・五少々損し事、六・七・八皆無く流損亡、一二三弁慶出しの裏石垣の上まで水流る、それより後ろの土居敷水当たり候について（中略）四五弁慶大出し損し所に相成り候えども、裏石垣別条無し、六七八流亡、石垣残らず崩れ」。弁慶出しの番号はおそらく最北が「一」で最南が「八」だったのだろう。天保7年のときの建出しの4つの群が8つに増えたのだろう。

61　豊国義孝「贈正五位安井与左衛門氏」『上毛及上毛人・第27号』、1919年

62　「壬申地券地引絵図」岩神村、より。群馬県立文書館所蔵

63　明治18年「第一軍管地方迅速図」参謀本部陸軍部測量局、明治25年「前橋市街全図」、明治31年「前橋市街図」、明治41年「同」、明治41年「前橋市街全図」、明治42年「前橋市真景図」（本書「前橋市真景図と共進会……」参照）、明治43年「前橋市街図」、大正6年「前橋市全図」、大正10年「同」、大正12年「同」、大正15年「前橋市案内」、昭和3年「前橋市全図」、昭和7年「同」、昭和9年「前橋市三千分一地形図」（前橋市教育委員会文化財保護課所蔵）、昭和9年「前橋市全図」、昭和30年「罹災地区復興現状図」昭和30年国土地理院承認番号・地2323号（『戦災と復興』付録）。

64　利根川治水同盟編『利根川総合開発図譜』利根川治水同盟、1952年

65　『富士見村誌 続編』富士見村役場、1979年

66　『新編埼玉県史・資料編13』埼玉県、1983年。『川島町誌・資料編近世1』川島町、2005年

67　『川島町誌・通史編中巻』川島町、2008年

68 利根川宇平「荒川と川島領大囲堤」『荒川 人文Ⅰ‐荒川総合調査報告書２‐』埼玉県、１９８７年
69 鈴木誠一『川島郷土史』川島村郷土研究会、１９５６年
70 前橋市史編さん委員会『前橋市史・第４巻』前橋市、１９７８年
71 上毛新聞、大正８年（１９１９）２月15日号
72 松田徳松「群馬人国記」、上毛新聞、昭和44年（１９６９）１月29日号

9 「前橋藩営製糸所」と武蔵屋伴七を追う

1　はじめに

私の生家は養蚕農家でした。無数の蚕が一斉に桑を食べるときの音、曾祖母が縁側で座繰りを回して糸を挽いていたこと、そして、煮た繭の独特な匂いなどを覚えています。今年97歳の母に聞いたところ、良い繭は売り悪い繭は布団の綿にしたり、上質な生糸はまちの撚《よ》り屋さん（撚糸店）に出して生糸にして家で織物を織ったそうです。また、稚蚕《ちさん》（卵からかえったばかりの蚕）を育てるための土室《どむろ》もよく覚えています。しつけのためにに入れられてこわかった記憶があります。土室は1〜2坪ほどの土壁の建物で、温度と湿度を管理するため窓がなく、扉を閉めると真っ暗になったからです。

そんなことを思い出しながら、今回は前橋藩営製糸所と武蔵屋伴七について記してみます。

2　製糸のおさらい

まず、製糸の基本的語句のおさらいをしておきます。(1) 以下の工程の②〜⑧の一連の作業を製糸といいます。明治時代の器械製糸とは⑦⑧の工程に動力（当初は水力、後に蒸気機関）を導入して②〜⑧を工場内で行ったことです。ただし、通常言われる「器械製糸」は正しくは「洋式器械製糸」であることは後述します。

①収繭《しゅうけん》：繭をとること。時期が遅れると繭の中の蛹《さなぎ》が発蛾《はつが》（蛾になること）して繭を破る。
②乾繭《かんけん》：繭の中の蛹を殺して発蛾しないようにする。カビの発生などを防ぐ。

③貯蔵：収繭から繰糸⑦までの期間、カビ・害虫・ねずみなどから守る倉庫が必要。
④選繭：汚れや形の悪い繭を除く。
⑤繭合併：均質な生糸を作るため、蚕期、品種などの異なる繭を混合して均質化する。
⑥煮繭《しゃけん》：繭糸《けんし》同士を接着しているセリシンを溶かして繭糸が離れ易くする。
⑦繰糸：繭糸は1本では細すぎるため数本を撚《よ》り合わせて生糸を作り小枠《こわく》に巻き取る。
⑧再繰（揚げ返し）：小枠から大枠に巻き返して束ねる。
⑨撚糸：織物ごとに使用する生糸の種類が違うため、目的に合った太さや撚り方にした糸を作る。
⑩織物

3 「明治3年日本最初の機械製糸場跡」碑（住吉町）

世界遺産になった官営富岡製糸場の2年前、明治3年（1870）6月に前橋藩営の日本最初の機械製糸所が細ヶ沢《こまかざわ》町（現・住吉町一丁目）に設けられました。生糸取締役の速水堅曹《はやみけんそう》（天保10年・1839年～大正2年・1913年。製糸技術指導者。富岡製糸場の所長を2度務める）のもと6人が分業して繰糸しました。このときはミューラーの指導を受けて前橋で作った繰糸器を手動で動かしたようです(2)(3)(4)。

藩の重臣で製糸所創設を進めた深沢雄象《ゆうぞう》の娘・こうの回想では「竪町《たつまち》通りを北に、細ヶ沢に参りますと（略）その突き当たりに十丁《じっちょう》という油屋が在りました。その大きな家を借りて試験的に繰糸場を開設いたしたのです」(4)。竪町通りとは現在の国道17号です。明治22年（1889）までは、今の国道17号は厩橋《うまやばし》の北で突き当たりの丁字路になっていました。十丁とは中島政五郎の経営する油問屋（肥料問屋）の通称です。中島家から鈴木薬局に婿に出た鈴木愛三（前橋商工会議所第7代会頭）が十丁の位置を図示しています（図1）[5]。図から、突き当たりの丁字路や「日本最初の機械製糸の標識」の位置が分かります。

「標識」とは昭和38年（1963）に建てられた記念標柱（照明灯）です。標柱の中ほどに付いていた「明治3年日本最初の機械製糸場跡」の銘板が、昭和56年（1981）に外されて石碑として作り変えられました（写真1・左）。銘板が外された標柱は厩橋の脇に移されました。昭和38年当時の標柱を写真合成で復元したものが写真1の右です。これが記念標柱の当初の姿です。

4 「日本最初の器械製糸場 藩営前橋製糸所跡」碑（岩神町）

細ヶ沢の製糸所はあくまで「試験的」であったため、3カ月後の9月に岩神村観民大渡《いわがみむらかんみんおおわたり》（岩神町二丁目）に移ります。明治時代の共愛女学校、今の前橋市医師会館・看護学校、のすぐ西です（図2）。ここは時期によって名称が前橋製糸所、大渡製糸所、勝山製糸場と変わりました。図2では「旧大渡製糸」となっています。

細ヶ沢では6人繰りでしたが大渡では12人繰りと規模も大きくなり、本格的な繰糸が行われました。富岡製糸場建設を控えて、責任者のブリューナや政府の役人も視察に訪れています。その際、ブリューナは、大渡製糸所では②で蒸殺を行わず、⑦繰糸と⑧再繰（揚げ返し）が分離されていないこと（＝直《じき》

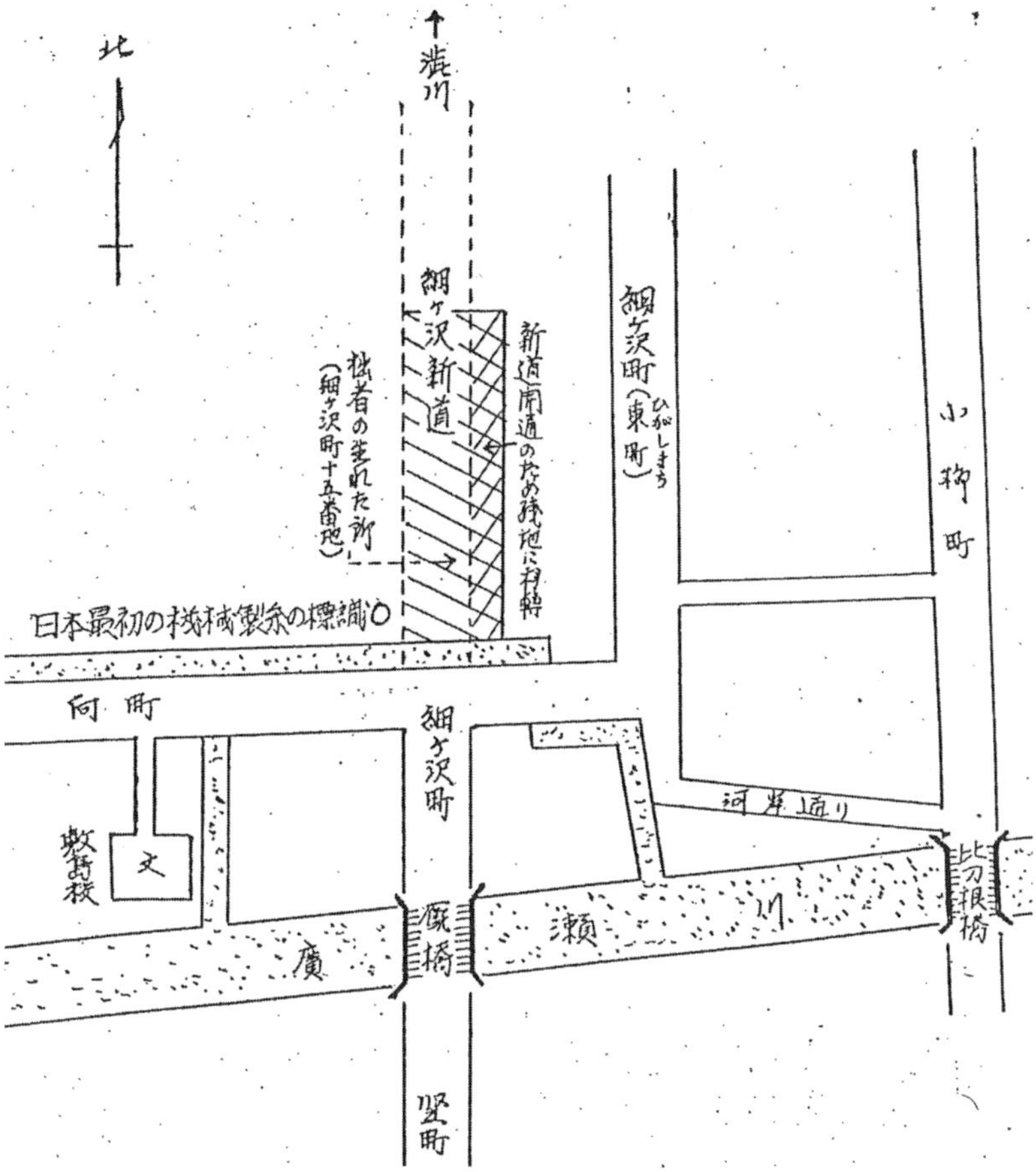

図１ 「厩橋付近図」 鈴木愛三画

写真１　「明治３年日本最初の機械製糸場跡」碑

左：現在の石碑、右：銘板を写真合成した標柱。標柱の右が小枠、左が提げ糸（束ねた生糸）。

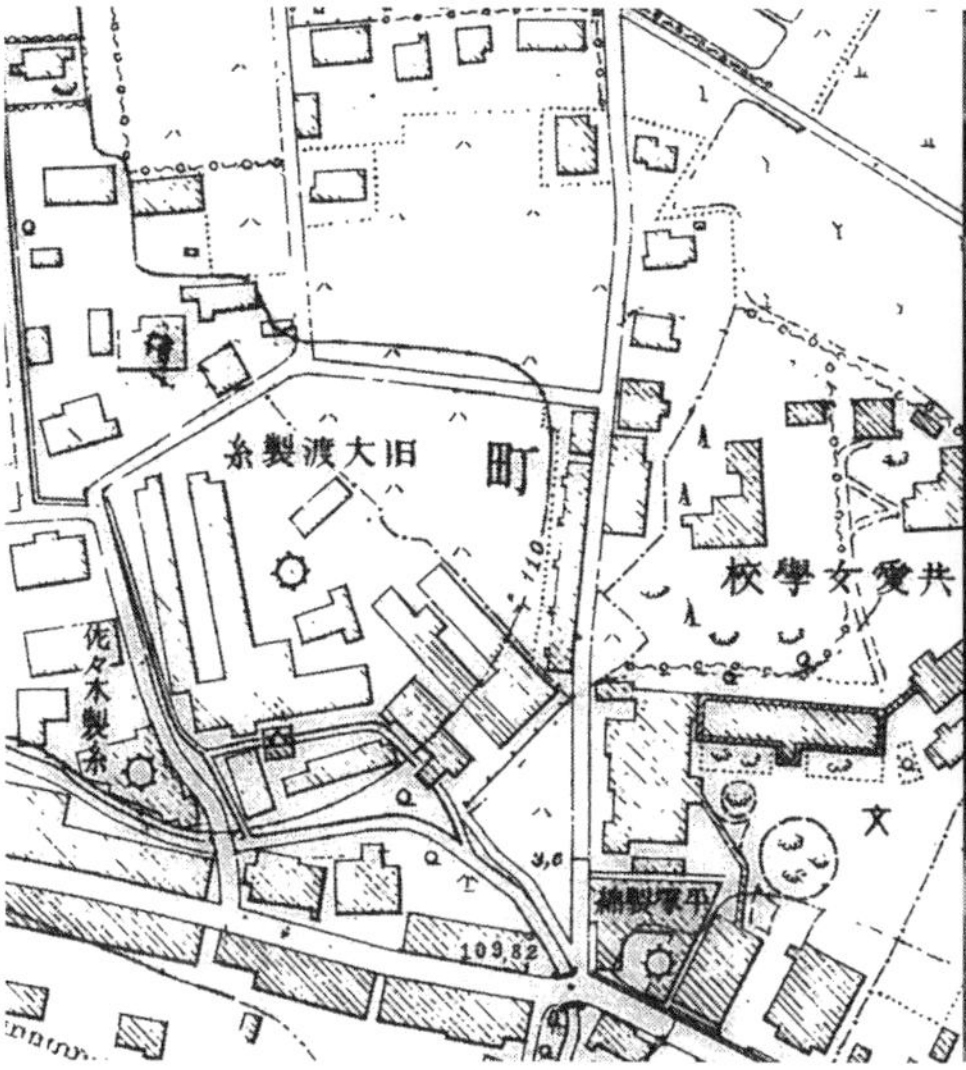

図２　旧大渡製糸（前橋市教育委員会文化財保護課所蔵『前橋市三千分一地形図』から）

写真２　「日本最初の器械製糸場　藩営前橋製糸所跡」碑

繰《ぐり》）を見て、富岡製糸場では蒸殺を行い⑦と⑧を分離することなどを語っています[6]。大渡製糸所は明治時代初期に器械製糸を日本各地に広めるために大きな役割を果たし、ここで学んだ星野長太郎らが地元に帰って製糸所を開きました。建物の写真が『群馬県史・資料編23』の口絵に載っています。

この場所に、大渡製糸所開設140周年にあたる平成22年（2010）に、藩営前橋製糸所跡の碑建立委員会によって碑が建てられました（写真2）。

5　機械製糸、器械製糸、座繰製糸

住吉町の碑では「機械製糸」、岩神町の碑の説明文では「器械製糸」となっています。機械と器械は同じ意味ですが、機械は大型で動力で動くもの、器械は小型で人が用いるもの、と使い分けることもあるようです。製糸に関する近年の文献では「器械製糸」の表記が一般的です。

なお、住吉町の碑の「日本最初の機械製糸」という表現は正確さに欠けます。先述しましたように、正しくは「日本で最初の洋式器械製糸」です。動力を使った器械製糸という点では、安政《あんせい》6年（1859）に碓氷郡《うすいぐん》の沼賀茂一郎が坐繰器《ざぐりき》を連結して水車で動力を取って糸枠を回転させています[7]。沼賀が日本で最初の器械製糸を行ったことになります。これに対して「洋式器械製糸」とは、動力で行うだけでなく、数本の繭糸から一本の生糸にする工程で使用する器具や構造が「洋式」であり、結果、均質で高質な生糸にするための方法を指します。従来の不均質な生糸の改良のために洋式化が必要だったのです。

前橋藩営製糸所や富岡製糸場ができたものの、群馬県全体では洋式器械製糸に移行するには時間を要しました。隣の長野県では②～⑧を製糸所で一貫して行う器械製糸が早くから主流になって日本一の生産量を維持するようになりました。群馬県では⑦繰糸は各家庭で改良座繰器で行い、⑧再繰を共同の揚げ返し場で行うという座繰製糸がしばらく主流でした。群馬を代表する前橋市の交水社《こうすいしゃ》や西毛の南三社（碓氷社《うすいしゃ》、甘楽社《かんらしゃ》、下仁田社《しもにたしゃ》）は明治後半まではそうでした。この理由は群馬の改良座繰器が優秀だったことも一因です。群馬の改良座繰器は歯車を組み合わせて高速回転しましたし、繭糸から生糸にする工程も工夫されていました。改良座繰器そのものが優良な小型器械だったために通常の洋式器械製糸に対抗できたのです。

ともあれ、決して大きくない前橋藩にあって全国にさきがけて洋式器械製糸所開設を進めた深沢雄象や速水堅曹の先見性と努力は素晴らしいことです。

6　細ヶ沢の製糸所の場所

細ヶ沢の製糸所の場所に関して現在2つの説があります。不思議なことに、これまでは一方が書かれることはあっても両説を取り上げた記述は管見の限り見当たりません。

(1)「十丁」説

昭和59年（1984）の『前橋市史・第5巻』や平成元年（1989）の『群馬県史・通史編8』では製糸所の位置は「十丁《じっちょう》」としています。その根拠は先述しましたように、製糸所開設の責任者である深沢雄象の娘こうが製糸所について語った内容です。

十丁で生まれ青年期まで暮らした鈴木愛三の記憶では、十丁は間口《まぐち》8間《けん》（14・4m）奥行《おくゆき》60間（108m）の広さであり、倉庫は間口3間（5・4m）奥行6間（10・8m）のものが2棟、間口10間（18m）奥行3間のものがあったという広い敷地でした。[5]

十丁は細ヶ沢町15番地にあり、沼田・渋川・富士見村・伊香保など北から前橋に入る際の交通の要衝に位置していました。十丁の名前の由来は、大渡橋[8]から十丁（1090m）、才川町《さいがわまち》の入口（現・若宮町四丁目あたり）から十丁、によるようです。[5] 現在も店が同所（区画整理で動いたが）にあります。

深沢こうは万延《まんえん》元年（1860）生まれ。細ヶ沢の製糸所は深沢が10歳のときの話です。その記憶は年齢とは関係なく驚くほど正確であったため研究者からも信憑性の高いものと評価されました。

⑵「武蔵屋伴七宅」説

藩営製糸所の直接の運営者であり後に富岡製糸場の所長を2回務めた速水堅曹が書いた『速水堅曹履歴抜萃《ばっすい》・自記』[2]に、武蔵屋で製糸を明治3年に行ったとあります。

6月12日　糸試験所を武蔵屋と決す

6月22日　外国人を連れ武蔵屋に夕刻着す

これは当事者が当時に書いた文章ですので事実です。また、「速水堅曹手記」を引用した記述[9]にも「先づ前橋町細ヶ澤、武蔵屋伴七宅を借入れて」とあります。故に武蔵屋伴七宅が藩営製糸所の場所であったことは確かです。

速水以外にも武蔵屋での製糸所についての証言があります。後年のことですが、向町《むかいちょう》（細ケ沢町の西隣。現・平和町）で製糸業を営んでいた岡部伝平が語っています。[10]岡部は向町の町内役員や前橋を代表する製糸会社・交水社の役員も務めた人です。

（明治3年）6月21日藩主松平大和守様は細ヶ沢町武蔵屋伴七宅（現在近江屋そば店の処にあった）を借り入れ（略）

岡部は嘉永《かえい》元年（1848）、利根郡の生まれ。前橋の岡部家に婿に入りました。[11]岡部が前橋に出た年月は不明です。岡部が製糸業を始めた年は明治7年（1874）から明治15年（1882）の間の諸説がありますが、遅くともそれ以前に前橋に出ていたはずです。

明治3年（1870）の武蔵屋での製糸所は岡部が22歳のときです。明治3年に既に岡部が前橋に居たならば上記の話は岡部が直接見た話ですし、伴七とも面識があったかもしれません。また、明治3年以後に前橋に来たとしても、岡部は武蔵屋と同じ通りの300m先に住んでいましたので、武蔵屋宅の藩営製糸所のことを身近に見聞きしていたでしょう。

岡部の話からも藩営製糸所は武蔵屋です。ただし、武蔵屋の正確な住所は不明です。

以上より、武蔵屋に藩営製糸所が置かれたことは確定です。となると問題は十丁と武蔵屋との関係です。深沢こうの言う「突き当たりにあった」「大きな家」が十丁ならば、武蔵屋は十丁の敷地内にあったことになります。深沢の勘違いならば武蔵屋と十丁とは不明確な境界線で隣接していたのでしょう。明治22年（1889）に道が北に抜けた際、十丁は敷地の南西部を斜めに切り取られて道路の北東側に残ります（図3）。また、岡部伝平の談話や製糸所の記念標柱（写真1）が国道17号の西側に建てられていることから考えますと、「隣接」とした場合には武蔵屋は十丁の西隣だったのでしょう。

『前橋市史』や『群馬県史』では十丁説をとっています。『速水堅曹履歴抜萃・自記』は市史や県史が書かれる以前から知られていました。にもかかわらず武蔵屋を採用していません。その理由は不明です。一因として推定されることは、十丁はその存在が確かであったのに対して武蔵屋は藩営製糸所の場所だったこと以外は全く知られていませんし、伴七の姓や職業などの詳細が分からなかったことも関係しているのかもしれません。

明治初期は、洋式器械製糸への無理解や反対がありました。糸試験所も簡単に決まったわけではありません。その中で、伴七が場所を提供しました。その提供がなければ、日本初の洋式器械製糸は遅れたかもしれません。前橋の歴史にとって武蔵屋伴七は重要な人です。その伴七を追いました。

図３　十丁周辺と製糸所記念標柱（「前橋市全図」昭和 26 年、煥乎堂発行、から）

右上が北。十丁（細ケ沢町 15 番地）の周辺をトレースした。破線で囲まれた範囲が細ケ沢町。●印は記念標柱の位置。

7 江戸時代の武蔵屋伴七

武蔵屋伴七に関しては前橋藩営製糸所関連以外では全く書かれてきませんでした。まずは、筆者の知る江戸時代末期の2つの史料です。

(1) 前橋藩松平家記録・第26巻(12)

『前橋藩松平家記録』は藩の公式記録です。この中の安政元年（1854）12月27日条に「細ケ澤町伴七」の名があります。ペリー来航などの外国船への防備のため、前橋藩は台場などを担当して警備しました。それには莫大な費用と人手が必要でした。警備のための献金や人手を工面した人物に対して藩から褒賞《ほうしょう》がありました。その中に伴七の名前があります。

永苗字差免、其身一代名主格、麻御上下《かみしも》一具、三ツ組御盃一組　細ヶ澤町　伴七

「細ケ澤町 伴七」が、苗字《みょうじ》を許され、名主格《なぬし》になり、裃《かみしも》や盃を与えられています。細ヶ沢町は狭い町ですので、16年後の明治3年（1870）の細ヶ沢町の武蔵屋伴七と同一人物でしょう。

(2) 白井宣左衛門《しらいせんざえもん》日誌(13)

江戸時代末期の前橋町在奉行・白井宣左衛門の日誌「公私箇条留」に伴七の名前があります。

安政4年12月12日条　武蔵屋伴七献金一条之儀、弥平より含申出候

武蔵屋伴七が弥平を通して献金を申し出ています。前記(1)の安政元年から3年後の安政4年

（１８５７）の献金です。町名が書かれていませんので、細ケ沢町の武蔵屋伴七とは断定できませんが、同一人物と考えて間違いないでしょう。

２つの史料から、武蔵屋伴七は慶応３年（１８６７）の再築前橋城竣工（＝藩主の前橋帰城）以前から前橋に在住していたこと、また、献金をするほどの立場にあったことが確認できます。そして、(1)と(2)が同じ細ケ沢町の武蔵屋伴七ならば、13年後の明治３年（１８７０）の藩営製糸所の武蔵屋伴七も同一人物（もしくは息子）と考えてよいでしょう。

8 明治時代以降の史料

武蔵屋伴七の名前は『速水堅曹履歴抜萃・自記』の中の明治5年の箇所に出てきて以後、史料上では全く出てきません（見つけ得ていません）。その点では、武蔵屋伴七は屋号と名前が判明しているだけです。姓（苗字）も職業も不詳な人物です。

明治6年以降の史料には武蔵屋伴七そのものは出てきませんが、「武蔵屋」という屋号は明治21年（１８８８）からの史料で見ることができます。明治5年の細ケ沢の武蔵屋と明治21年以降の武蔵屋との関係は不明です。16年の期間が空いていますので、同じ親族ではないかもしれませんが、屋号が同じことから、ここでは同じ武蔵屋として話を進めます。史料に登場する武蔵屋を表1に、場所が明らかなものは図4に示します。なお、本項の人物名は個人情報保護のため伏せ字とします。御了解下さい。

⑴明治21年（1888）1月の「前橋芸妓連名表」(14)

本表は芸妓置屋《げいぎおきや》とそこに属する芸妓名の一覧表です。27軒の芸妓置屋、61人の本玉《ほんぎょく》（一人前の芸妓）、11人の半玉《はんぎょく》（芸妓見習い）が掲載されています。本表に「むさし屋」があり（武蔵屋はない）、むさし屋に属する芸妓と半玉の1人ずつの名前があります。場所は記載されていません。

⑵明治23年（1890）2月1日の上毛新聞(15)

この日の上毛新聞に「武蔵屋の小鶴」の記事があります。小鶴は雛妓《はんぎょく》（＝半玉）でしたが既に評判を集めていました。

⑶明治23年（1890）10月発行の『前橋花柳穴さがし』(16)

この書に、芸妓置屋38軒、芸妓84人、半玉23人が掲載されています。武蔵屋は榎町《えのきまち》（現・千代田町四丁目～三河町一丁目）にあったことと、武蔵屋の小鶴が紹介されています。むさし屋はありません。この書には相生町《あいおいまち》（現・本町二丁目と表町二丁目の一部）に新武蔵屋もあります。新しい店を出すほど繁盛していたのでしょうか。

⑷明治24・25年（1891・1892）を回顧した『群馬県料理店連合会誌』(17)

この会誌は後年の発行ですが、回顧的な記載として、明治24・25年に芸妓置屋の「武蔵屋」が中心街の花街（紺屋町《こんやまち》、榎町、横山町《よこやまちょう》）に「出来た」ことが書かれています。この会誌は花街を中心とした区

表１　史料に見る武蔵屋など（片括弧の数字は本文の番号）

本文の番号	和暦	西暦	芸妓置屋・料理店		他の武蔵屋	
			屋号	場所	屋号	場所
	明治5年	1872	武蔵屋	細ケ沢		
1）	明治21年	1888	むさし屋	？		
	（明治22年	1889	国道17号開通）			
2）	明治23年1月	1890	武蔵屋	？		
3）	同年10月	〃	武蔵屋	榎町		
3）	同年10月	〃	新武蔵	相生町		
4）	明治24・25年	1891・92	武蔵屋	榎町		
5）	明治28年	1895	むさし屋	？		
6）	明治37年	1904	武蔵屋・新武蔵	榎町		
7）	明治43年	1910	武蔵屋・新武蔵	榎町	武蔵屋	連雀町
8）	大正4年	1915	武蔵屋・新武蔵	榎町	武蔵屋	小柳町
9）	大正11年	1922	新武蔵	紺屋町	武蔵屋	小柳町
10）	昭和4年	1929			武蔵屋	向町
11）	〃	〃	たぬき	榎町	武蔵屋	小柳町
11）	昭和6年	1931	たぬき	榎町	武蔵屋	小柳町

域に限定した記載であり、細ヶ沢は範囲外になります。武蔵屋の詳細な場所や経営者は不記載です。後年（昭和11年・１９３６年）の回顧的記載であったため、花街出店の年を明治24・25年としていますが、明治23年には武蔵屋が榎町にあったことは前記(3)から明らかです。

(5)明治28年（１８９５）の『前橋花柳界[18]』

この冊子に10軒の芸妓置屋と各店１人ずつの芸妓が紹介されています。芸妓置屋として「むさし屋」があり、美の子が紹介されています。武蔵屋はありません。

以上の明治20年代に関する史料５点から２つのポイントが分かります。

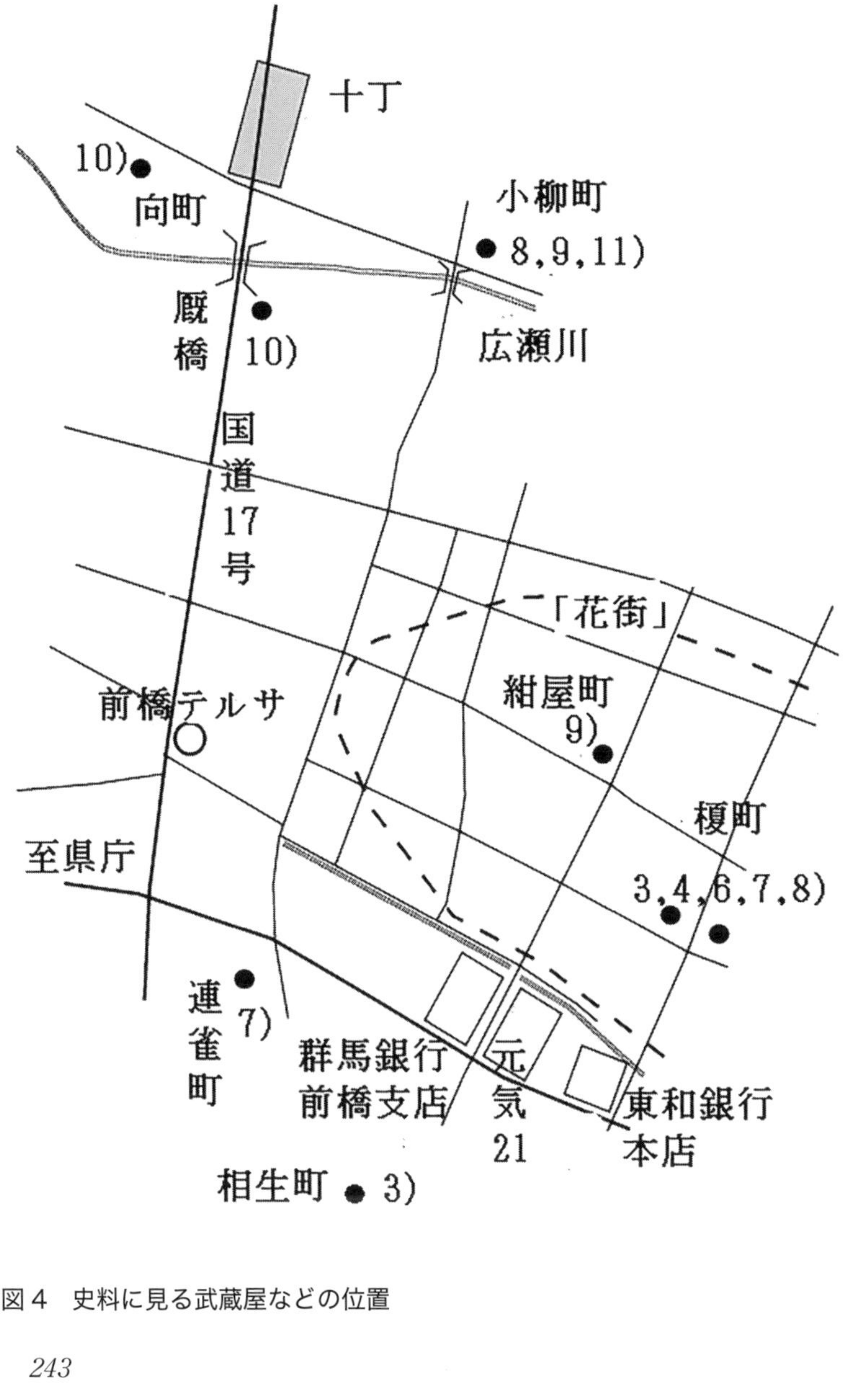

図４　史料に見る武蔵屋などの位置

1つは、武蔵屋とむさし屋は同一店であろうことです。そもそも、同じ芸妓置屋であるなら同じ発音の店名は避けるでしょうから、武蔵屋とむさし屋は同じ店だったでしょう。また、明治21年の「前橋芸妓連名表」と明治23年の『前橋花柳穴さがし』では繁華街の主な芸妓置屋は網羅されていたでしょうから、別な店ならば同一書の中で2つの店が紹介されるはずです。武蔵屋とむさし屋は同じ書には書かれていません。同じ店だったと考えられます。

2つ目は、遅くとも明治23年に武蔵屋が花街に「出来た」ことです。このことは武蔵屋はそれ以前には花街（この場合は花街のうちの榎町）にはなかったことを示します。武蔵屋が花街に移転・出店した時期は不明ですが、明治21年時点ではまだ細ヶ沢だったと推定されます。それは明治22年に国道17号が北に開通し、武蔵屋は道路開通と区画整理に伴い細ヶ沢から移ったであろうことからです。これは次項以降、少しずつ触れていきます。

(6)明治37年（1904）の『群馬県営業便覧』[19]（以下、営業便覧）

本書は今の住宅地図に該当します。この中に、下町通り（現在の東和銀行本店東脇の通り）と馬場通り（現・馬場川通り）の交差点に「料理店 武蔵屋」が通りを挟んで東西に2店あります。榎町の52番地あたりと55番地です（今の千代田町五丁目2番と3番）。経営者は不記載です。

本書では、細ケ沢の武蔵屋があった場所は「旅人宿、御料理、生蕎麦 近江屋」となっています。近江屋は明治31年（1898）の史料[20]に既に記載がありますので、明治31年以前に武蔵屋が転居していたことは明らかです。

次の(7)と(8)は『営業便覧』との比較も述べます。

(7)明治43年（1910）の『前橋商工案内』(21)

この中の「前橋商工人名録」に2軒の武蔵屋があります。1軒は「武蔵屋 連雀町《れんじゃくちょう》47 ○邊○次○」（連雀町は今の本町二丁目の一部）です。明治37年の『営業便覧』では「饅頭店 ○邊○次○」とだけあり屋号の記載はありません。屋号の武蔵屋は途中から付けられたようです。

もう1軒は「料理店乙」の項に「武蔵屋 榎町52 ○間○左○門」があります。また「新武蔵 榎町55 ○間○サ」もあります。姓が同じなので家族か親族でしょう。榎町55番地は52番地の向かい側です。『営業便覧』での向かい合った2軒の武蔵屋がこの2軒です。ここで初めて武蔵屋の経営者の姓名と榎町の正確な場所が判明しました。

(8)大正4年（1915）の『前橋商工案内』(22)

この中の「前橋商工人名録」に2軒の武蔵屋があります。1軒は「海産物商 武蔵屋 小柳町《こやなぎちょう》57 ○角○平○」（小柳町は今の住吉町二丁目の一部）。明治37年の『営業便覧』の小柳町57番地には海産物商も○角宅も武蔵屋も記載がありません。この店は明治37年以降の店で本稿での武蔵屋ではないでしょう。

もう1軒は「料理店」の項の「武蔵屋 榎町51 ○間○左○門」と「新武蔵 榎町55 ○間○サ」です。明治43年と同じです。「51番地」は「52番地」の誤りでしょうか。

(9)大正11年（1922）の『前橋市案内』[23]

この中の「前橋商工人名録」に1軒の武蔵屋があります。大正4年と同じく小柳町の海産物の武蔵屋です。榎町52番地の武蔵屋も同55番地の新武蔵もありません。代わりに「新武蔵 紺屋町64 ○間○サ」（紺屋町は今の千代田町四〜五丁目の一部）があります。武蔵屋はなくなり新武蔵が紺屋町にできています。移転したのでしょう。

(10)昭和4年（1929）の「大日本職業別明細図第179号」[24]

この図の中で、武蔵屋菓子店が向町通り（現・平和町）にあります。武蔵屋伴七宅から西に100mほどの場所です。この店は後に国道17号の広瀬川の厩橋《うまやばし》南詰に移り武蔵屋の名前で知られていましたが、平成になって閉店しました。武蔵屋菓子店は明治・大正時代の史料には出てきませんので、本稿の武蔵屋とは別でしょう。

(11)昭和4年（1929）の『前橋商工人名録』[25]、昭和6年（1931）の『前橋商工案内』[26]

昭和4年の『前橋商工人名録』と、昭和6年の『前橋商工案内』中の「前橋商工人名録」とでは、小柳町の海産物の武蔵屋はこれまでと同様にあります。しかし、榎町や紺屋町の武蔵屋も新武蔵もありません。ただ、両年とも「料理店」の項に「たぬき　榎町11 ○間○ち」があります。「新武蔵」が「たぬき」と店名を変えて移転したのでしょうか。

昭和14年（1939）の『前橋商工人名録』[27]には「たぬき」はありません。

9 絵図と登記簿

ここまでいくつかの史料を見てきましたが、武蔵屋伴七についてもっと正確に分かるはずの史料があります。明治5年（1872）の町絵図と登記簿です(28)。これらに伴七の情報があれば調査も容易に進んだと思われます。

明治5年の町絵図には細ケ沢町・向町などの広瀬川以北の町の、個々の土地所有者と土地の面積が記入されています。図5は、町絵図のうちの十丁周辺を示したものです。ここには、清兵衛、甚右衛門、清吉持《もち》、太右衛門、幸七、信吉、長二郎などの名前はありますが、伴七の名前はありません。図5の更に周辺を見ても伴七はありません。

では登記簿はどうか。十丁は細ヶ沢町15番地です（図3）(29)。十丁の西隣の土地は13番地と14番地。閉鎖登記簿に遡って調べましたが、13～15番地には伴七、〇間の名前の記載はありません。中島はあります。念のため13番地と14番地の西である11番地と12番地も調べましたがやはり伴七や〇間の名前は出てきません。

つまり、絵図と登記簿からは、伴七宅は自己所有地ではなかったことになります。藩に献金し、苗字を許され、名主格にまでなった伴七が土地を所有していなかったとは信じがたいところですが、借地（借家？）だったと考えるしかありません。婿であれば登記簿に名前がない場合もあるでしょう。しかし、苗字を許され名主格になったことは家の当主であったことを意味しますので、婿であったとしても絵図には載っているはずです。

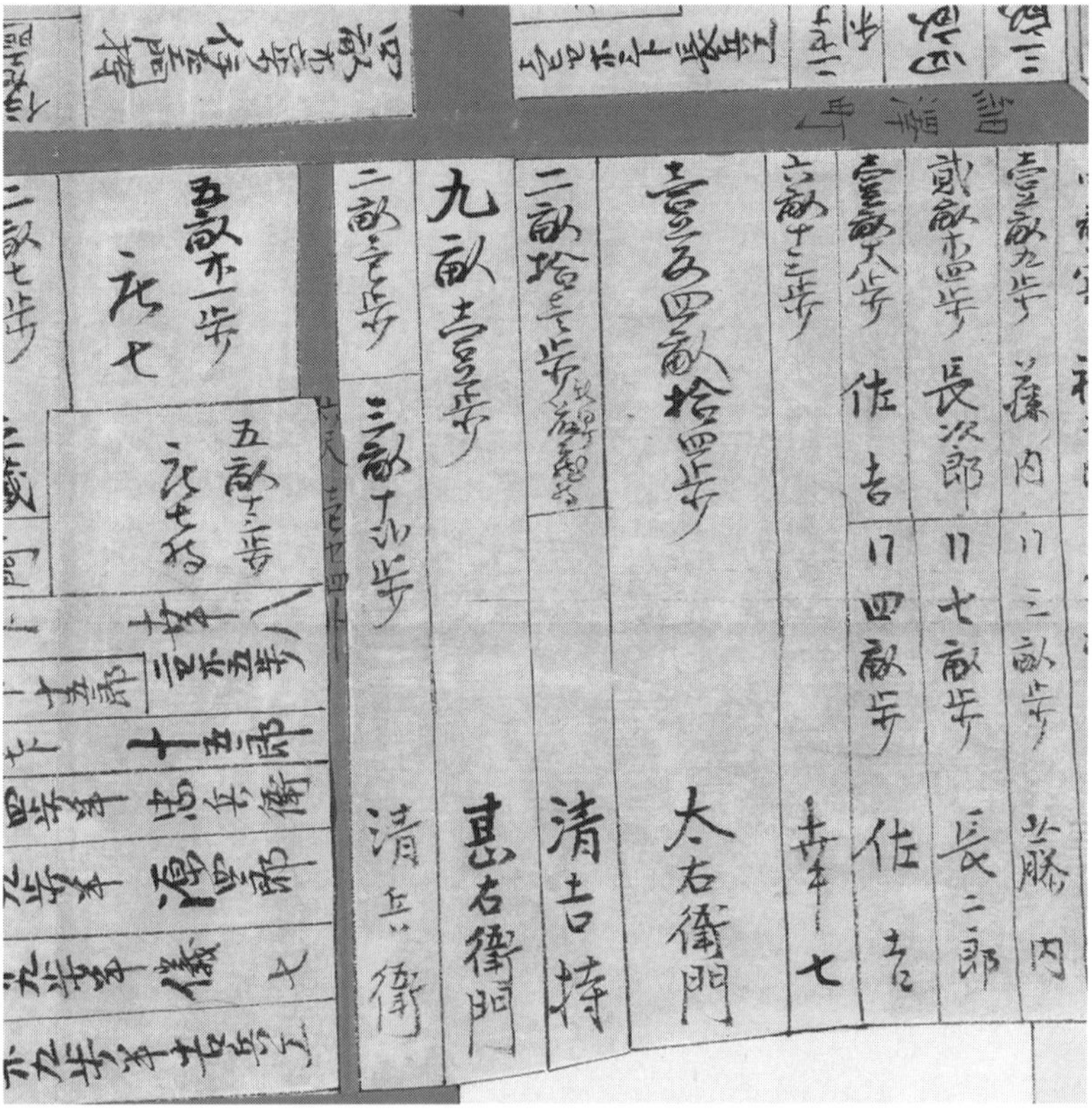

図５　十丁周辺（群馬県立文書館所蔵『上野国勢多郡前橋町絵図面』から）
上が南。突き当たりの土地は、清兵衛、甚右衛門などはあるが、伴七の名はない。

武蔵屋の移転先である榎町52番地と同55番地の登記簿も調べました。結果、52番地は伴七の名前も名字の○間も出てきませんでした。52番地はずっと借地だったことになります。一方、55番地は他人名義であったものを明治39年（１９０６）に○間○左が購入し、それを大正５年（１９１６）に○間○イが購入しています。そして大正８（１９１９）には手放しました。55番地は明治39年までは借地だったこと、また55番地の新武蔵は大正８年に閉店したこと（52番地の武蔵屋も同時に閉店したか）を示し、(9)の大正11年に武蔵屋も新武蔵も榎町には無いことと符合します。

絵図と登記簿から推定されることを整理します。

まずは、明治21年に芸妓置屋だった武蔵屋の状況についてです。明治22年に今の国道17号が北に開通し周辺は区画整理されました。武蔵屋の場所は区画整理後は主要道路に面した角地になります。仕事上では好ましい立地条件になりますし地価も上がるでしょうから、通常ならば土地は手放さずに仕事を続けるでしょう。しかし、武蔵屋は場所を移っています。移った、と言えるのは、「武蔵屋の跡地にできた近江屋は武蔵屋が屋号を変えて仕事を続けた」という話は、岡部をはじめ誰も指摘していないことからです。実際、武蔵屋は明治23年には榎町に移っています。登記簿で確認された通り、細ヶ沢の武蔵屋の土地は（家も？）伴七の所有地ではありませんでしたので、立ち退かざるを得なかったのでしょう。また、榎町の店も開店当初は借地でした。細ケ沢が借地だったことと関連しているのでしょう。

10　十丁の武蔵屋

細ヶ沢の武蔵屋は借地でした。借家でもあったかもしれません。土地（家）の所有者については、深沢こうの言う「突き当たりにあった」「大きな家を借り」たのが正しければ、十丁が所有者だったのでしょう。つまり、武蔵屋伴七宅は十丁の借地（家）だったと考えるのが妥当です。結論としては、前橋藩営製糸所の場所は武蔵屋であり、かつ十丁であったということになります。

武蔵屋伴七宅の屋敷間取図《まどりず》を速水堅曹が『履歴抜萃・自記』の欄外に残しています。速水は自分が住んだ家の間取図をメモしていました。ただし、明治3年の藩営製糸所のときは速水が住んだわけではないのでこの時の間取図は描かれていません。明治5年に速水の住まいが焼失したために「細沢武蔵屋に引移」ります（細沢は細ヶ沢）。このときに転居した武蔵屋の間取図を残しています。「武蔵屋に引移る」とありますので明治3年のときと同じ建物と思われますが、間取図には「細沢武蔵屋裏」と書かれています。武蔵屋に「裏」が付いています。「武蔵屋裏」は明治3年の武蔵屋ではなく、武蔵屋の裏に別にあった建物の可能性が残ります。

それを踏まえた上で「武蔵屋裏」の建物の間取図（図6）を見てみます[2]。規模は、1階は3間《けん》（5・4m）×4間（7・2m）の建物（住居）と2間（3・6m）×2間の蔵があり（住居も蔵も2階建て）、2つの建物の間（?）に「雪チン」（トイレ）と「湯」（風呂場）があります。この「武蔵屋裏」の規模が十丁の倉庫にぴったり合えば、武蔵屋伴七が十丁の倉庫を借りたと断定できます。

十丁にあった倉庫の規模[5]は「倉庫は間口3間奥行6間のものが2棟、間口10間奥行3間のもの」で

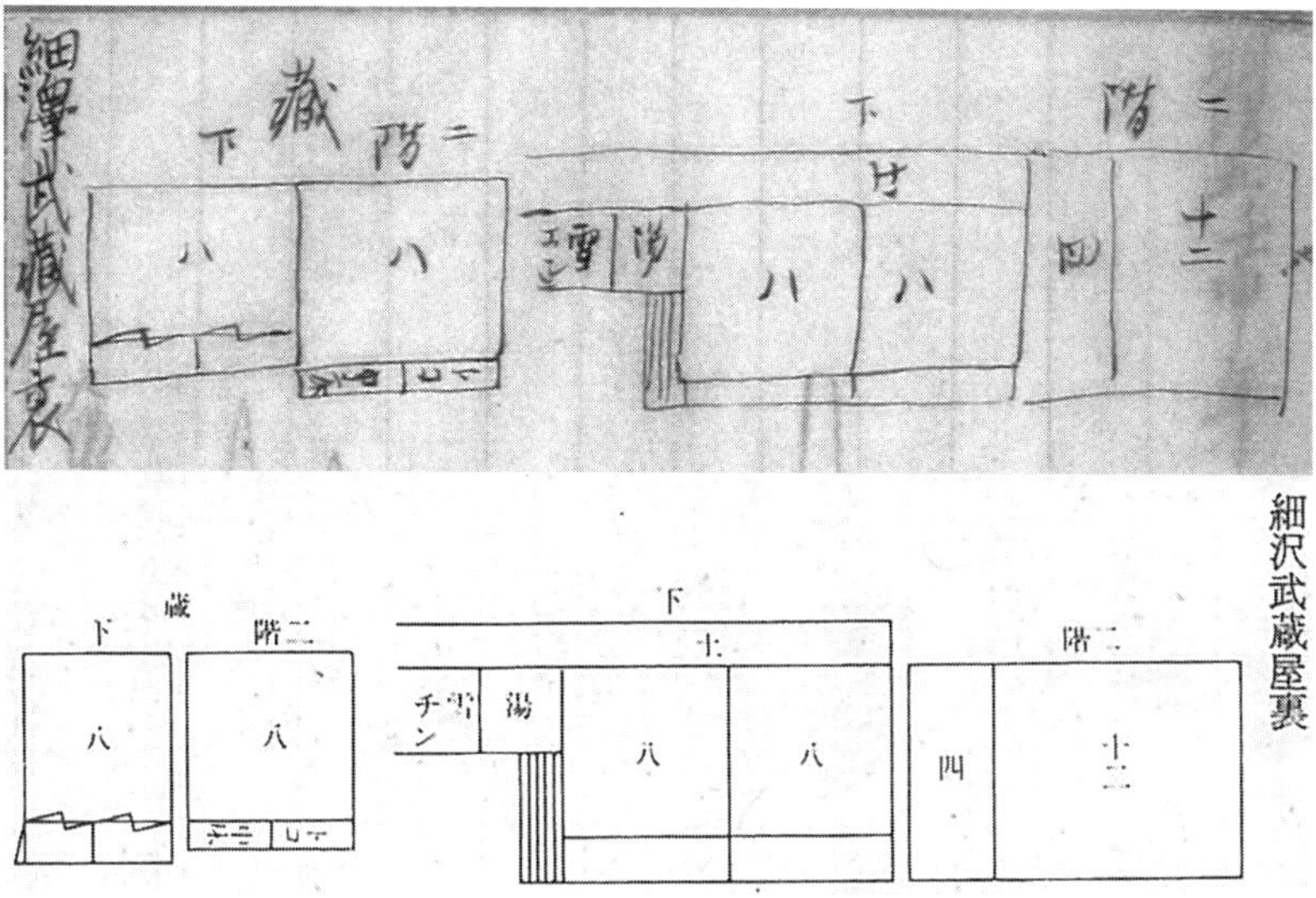

図６　武蔵屋間取図

上が原本（群馬県立文書館所蔵）、下は『前橋市史・第７巻』から。

す。「武蔵屋裏」の間取図の2つの建物は単独では十丁の倉庫に合致しません。ただ、住居＋蔵ならば3間×6間になって十丁の倉庫の一つと同じ規模になります。が、これは無理なこじつけかもしれません。因みに、十丁の3間×6間の建物は天保《てんぽう》の飢饉のときに困った職人家族を住まわせるために建てたもので、職人にはそこで仕事をさせています。[5] そういう経緯からは、十丁では倉庫を他の人に貸すという実績はあったわけですので、武蔵屋が借りて仕事をした可能性はあります。

なお、伴七の姓は「〇間」氏と推定されます。職業は明治21年には芸妓置屋ですが、明治3年は別な職業だったでしょう。何故なら、前橋で最初に芸者が置かれたのは明治4・5年（1871・1872）[30]と言われ、明治3年には芸妓置屋という職業は存在しなかったからです。

伴七の職業は何だったでしょうか。当時の前橋では生糸関連の職業が盛んでしたので、生糸関連かもしれません。生糸関連の仕事だったから家（蔵？）を製糸所に提供したとも考えられます。あるいは、十丁も武蔵屋も交通の要衝にあり自ずと人が集まる場所でした。武蔵屋の後の近江屋は旅人宿や料理店をしていました。近江屋と同じように武蔵屋も旅人宿や料理店だったかもしれません。それならば、後に芸妓置屋に移行し易かったでしょう。

11　おわりに

前橋での洋式器械製糸を推し進めた人物として、深沢雄象と速水堅曹はよく知られています。しかし、武蔵屋伴七は全く知られていません。場所を提供した人物には光が当たりにくいのでしょう。本稿ではその伴七に焦点を当てました。重要人物であると考えるからです。結果的には、残念ながら伴七にはたどり着けませんでしたが……。

本稿の記述は、明治3年の藩営製糸所の武蔵屋と明治21年の芸妓置屋の武蔵屋が同じであるという前提での話です。もし、両者が全く別であれば、本稿の明治21年以降の史料は意味がないことになります。別な店であったとすると、視点を変えての調査が必要です。

後考を待ちたいと思います。

注

1 群馬県立日本絹の里編『製糸—近代化の礎—』群馬県立日本絹の里、2000年

2 「速水堅曹履歴抜粋・自記」群馬県立文書館所蔵（前橋市史編さん委員会『前橋市史・第7巻』前橋市、1985年、に所収）

3 石井寛治「明治期の群馬の生糸」『群馬の生糸』みまや文庫101、1986年

4 鈴木和一「機械糸繰り事始め」早稲田商学第140・141号、1959年

5 「鈴木愛三翁回顧談その一」昭和40年（1965）（『前橋市史・第7巻』に所収）

6 上條宏之「ポール・ブリュナー器械製糸技術の独創的移植者」『講座・日本技術の社会史 別巻2』株式会社日本評論社、1986年

7 碓氷教育会『復刻版 碓氷郡志』碓井郡志刊行会、1973年、によると、安政6年（1859）6月、碓氷郡の沼賀茂一郎が発起人となって「座繰を連結して製糸器械の様に仕立て、水車より『ツルベ』仕掛にて動力を取り、そうして糸枠を回転して繰糸した。その糸枠は4台で、1台に10口づつを繰る、工女30人で1日2石7斗の繭を製糸した」。

長野県の諏訪では、小井川《おいかわ》村の増沢清助が文久元年（1861）に座繰り器を何百個も製造し、その後、錘《おもり》の重力を利用した原動機を考案して座繰り器の小枠を回転させたという（『長野県史・第6巻』）。原動機で小枠を回転させた年月は記載されていないが、1861年から数年以内の江戸時代であろう。

山梨県甲府の若尾逸平は文久2年（1862）に「一種の製糸機械を考え出した。これには6人取、8人取、10人取、16人取など云うのがあった。勿論人手を借りて回転するものではあったが（略）これを『若尾機械』と呼んで（略）」「8人取12台を据付けた。多数の工女を一所に集める製糸工場と云うものが此に始めて甲府の町に出来た」（内藤文治良『若尾逸平』1914年（復刻『伝記叢書328・若尾逸平』大空社（出版）、2000年））。この伝記の内容は明治2年7月のイギリス公使館書記官の次の記述で確認されている。「甲府では我々は1本の軸で12の糸枠が動いている工場を訪ねる機会をもった。取子は糸枠の正面に座っていた。そして、装置の運転を仕事とする男子または女子がいた」（山梨県編『山梨県史・通史編5』山梨日日新聞社、2005年、より引用）

「器械製糸」の定義にもよるが、上記の3件は器械製糸と呼べるかもしれない。

8 この「大渡橋」は現在の大渡橋（大正10年・1921年架橋）ではない。年代や鈴木の他の談話から、大渡橋とは大渡の渡し（大渡の舟橋。グリーンドームの北西）である。大渡の渡しから東に行くと広瀬川を越えて向町《むかいちょう》（現・平和町）になる。向町の一直線の通りは沼田街道であり明治中期までは渋川や沼田との往来の主要道路であった。十丁はその通りの東端

にあった。また、「才川町の入口」とは桃ノ木川あたり（今の若宮町四丁目）である。今は県道前橋赤城線が主要道路になっているが、以前は才川通り（前橋赤城線の1本西の南北の通り）が富士見村などとを繋ぐ幹線だった。明治22年以前は、十丁はその2本の幹線が交わる場所にあり、北から前橋城大手門に向かう要衝だった。そのため、前橋への入り口である大渡橋や才川町入口からの距離で呼ばれたのだろう。

9 『日本蚕糸業史・第2巻』大日本蚕糸会、1935年。速水の手記の原本は不明。

10 上毛新聞、昭和3年（1928）9月27日号

11 群馬県蚕糸業史編纂委員会編『群馬県蚕糸業史・下巻』群馬県蚕糸業協会、1954年

12 前橋市立図書館編『前橋藩松平家記録・第26巻』煥乎堂、2002年。

ここには、「其身一代名主格 細ケ沢町 政右衛門」の褒賞もある。この政右衛門は十丁の当主である中島政右衛門であろう。武蔵屋も十丁も藩に献金できるだけの財力を持っていたのだろう。

13 「白井宣左衛門日誌」前橋市史編さん委員会『前橋市史・第6巻』前橋市、1985年

14 「前橋芸妓連名表」明治21年（1888）、群馬県立文書館所蔵

15 上毛新聞、明治23年（1890）2月1日号

16 大川又吉編『前橋花柳穴さがし初編』磯野菊三郎、1890年（国立国会図書館デジタルコレクション）

17 品田亀松『群馬県料理店連合会誌』群馬県甲種料理店連合会、1936年

18 猪波鑛一郎『前橋花柳界』金迷閣、1895年（国立国会図書館デジタルコレクション）

19 田口浪三編『群馬県営業便覧』全国営業便覧発行所、1904年、群馬県立図書館所蔵

20 野條愛助『前橋案内』野條愛助、1898年

21 前橋商業会議所編『前橋商工案内』前橋商業会議所、1910年。

この年発行の豊国義孝『前橋繁昌記』の花柳界の項に「武蔵屋のあぐりの琴」が評判が良いことが書かれている。

22 前橋商業会議所編『前橋商工案内』前橋商業会議所、1915年

23 前橋商業会議所編『前橋市案内』前橋商業会議所、1922年

24 東京交通社編「大日本職業別明細図第179号」東京交通社、1929年

25 前橋商工会議所編『前橋商工人名録』前橋商工会議所、1929年

26 前橋商工会議所編『前橋商工案内』前橋商工会議所、1931年

27 前橋商工会議所編『前橋商工人名録』前橋商工会議所、1939年

28 群馬県立文書館所蔵。
　この絵図の年次は明治5年となっているが、疑問がないわけではない。それは十丁の場所の所有者の名前が当主の中島政五郎ではないからである。突き当たりの土地にもその並びにも政五郎の名前はない。中島家初代の政五郎は文政11年（1828）に十丁の土地を購入して油商を始めた（『前橋市史・第3巻』。住吉町一丁目成年会文化部『住吉ものがたり』住吉町一丁目成年会文化部、1999年）。明治3年に没。2代政五郎は中島家に婿入りし、明治3年に中島家を継いでいるので明治5年には中島家の当主だったはずである。明治5年は継いでから2年後であるが、まだ政五郎を称さなかったのだろうか。

29 住所の表記は住居表示であり、登記簿上の地番ではない。

30 注17の『群馬県料理店連合会誌』によると、前橋で最古の料理店（料亭）といわれる嬉野《うれしの》に内芸者が置かれたのが明治4・5年である。芸妓置屋が開業したのは明治10年（1877）ころという。

10　謎の「以文会」と『前橋繁昌記』の謎

1　はじめに

明治時代の中ごろ、前橋に「以文会《いぶんかい》」という社交倶楽部《くらぶ》がありました。以文会は明治24年（1891）に県内初の地誌（郷土誌、風土記）『前橋繁昌記《まえばしはんじょうき》』(1)を出版し、前橋市域初の図書館も運営していました。それほどの会でありながら『前橋市史』では触れられていません。また、現在においても以文会の実態は全く知られていません。

今回、以文会の会員名簿(2)を調べる機会があり、会員93人のうちの大半の人を特定できましたので紹介します。併せて、以文会の設立には、明治時代における前橋での最大の騒動であった「前橋凶徒《きょうと》事件」が影響した可能性を述べます。そして、以文会が残した『前橋繁昌記』の著者や挿絵画家についても触れます。

2　以文会

以文会とは、論語（顔淵第十二）の「君子以文会友、以友輔仁」の文に由来します。君子は学問によって友を集め、友によって仁徳を高めることを助ける、という意味です。論語を学んだ人ならこの文を知っているためでしょう。以文会を称するグループが昔もありましたし現在もあります。会の内容は、純然たる漢詩の会や学友会誌、そして政治結社や会社など様々です。言葉の意味からは「以文会友」の4文字で一続きなのですが、3文字の「以文会」で区切ると会・団体の名称として使い易いのでしょう。

明治・大正時代の県内に限っても、前橋町の「以文会」（明治23年・1890年結成）、大間々町の「三余以文会」（同24年・1891年に会誌『三余之友』を発行）[3]、「藤岡以文会」（同28年・1895年）[4]、渋川町の「以文会」（大正8年・1919年に発会し絵画の持ち寄り会を開催）[5]などがありました。

いろいろな以文会がありますが、本稿の対象は「明治中期の前橋町の以文会」です。

3　以文会結成前後の時代背景

以文会は『前橋繁昌記』を出版し図書館も運営していた文化団体でしたが、単純な文化団体ではありません。設立趣旨[2]の要約は次の通りです。

「社会は結合力によって安寧を維持する。しかし前橋では2万5千の人が四分五裂している惨状である。それは、集合機関が無いためである。以文会は図書館的組織と一大社交倶楽部をつくる。そこに人々が集い、知識を交換して交誼を親密にして談笑することで自然と団結を強固にすることができる。これが以文会の大旨である。」

「前橋が四分五裂している」とはどういうことでしょうか。当時の日本と前橋の時代背景を簡単に述べます。まずは明治23年（1890）前後の時代背景に触れます（表1）。

全国の経済的な動向としては、明治22年（1889）までの好景気の反動で明治23年には経済恐慌に見舞われます。恐慌は同26年まで続き、前橋では第三十三国立銀行前橋支店が倒産して多大な影響を与

表1　明治23年前後の出来事

和暦	西暦		全国・県	前橋
明治22年	1889		好景気	
		4月		前橋町になる
		12月		前橋停車場、鉄橋
明治23年	1890		経済恐慌	
		1月		前橋倶楽部結成
		4月		市制案否決
		6月		市制案可決、道路問題
		7月	第1回衆議院選挙	
		9月		町会紛糾
		10月	上毛三社大同団結	自治体改良同盟
		11月	帝国議会開会	前橋凶徒事件
		12月		以文会結成
明治24年	1891	9月		『前橋繁昌記』発行
明治25年	1892	1月		第一回報告書
明治25年か				上毛新聞への投稿
明治27年か	1894			深町が前橋を離れる
明治27年～29年				以文会解散

えました[6]。

政治的な面では、明治23年7月に第1回衆議院選挙がありました。今のように18歳以上の誰もが投票できる普通選挙ではなく、一定額以上の納税者で25歳以上の男性にしか選挙権がありませんでした。前橋町の選挙人数は84人のみでした[7]。それでも国民の投票によって議員を選ぶという点で画期的な出来事でした。これは旧薩摩・長州藩を中心とした既存の藩閥政治に対する自由民権運動の大きな成果でした。全国で衆議院選挙を目指した運動が活発化しました。群馬県内にも独自の政治結社（政治団体）として「上毛三社」がありました。上毛民会（急進派、自由党系）、群馬公議会（穏健派、立憲改進党系）、上毛同志会の3社です。衆議院選挙では、上毛民会と群馬公議会が前橋でも候補者を立てて競いました。しかし、11月には上毛三社は大同団結して上毛協和倶楽部を結成しています。11月の帝国議会開会に対応するためです。[8] この上毛三社とは別に、前橋には地域限定の非政治結社である前橋倶楽部（後述）が明治23年1月に結成されていました。

このころの群馬独自の政治社会運動として廃娼《はいしょう》運動があります。明治15年（1882）4月に、「明治21年6月をもって公娼を全廃する」旨の布達が楫取素彦《かとりもとひこ》県令（県知事）から出されていましたが、公娼存続を訴える存娼派と廃止すべきという廃娼派とのせめぎ合いが続いていました。紆余曲折《うよきょくせつ》を経て明治26年（1893）には公娼は全廃となります。[9] この運動で中心的な役割を担ったのが上毛青年連合会（以下、上毛青年会と略す）でした。[9][10] 明治初期からの自由民権運動思想とキリスト教精神に基づいた超党派の団体でした。

4　明治23年の前橋

前橋は明治22年（1889）4月に町制となり前橋町になっていました。12月には両毛線の鉄橋が架けられ前橋停車場（前橋駅）が開設され、両毛線が東京まで開通しました。東京と前橋が1本の線路で結ばれたわけです。それまでは現在の石倉町にあった内藤分《ないとうぶん》停車場までしか汽車は来ず、利根川で遮断されていました。翌明治23年の前半には市制施行の案件と衆議院選挙、[11] 後半には道路問題が起こりました。[12]

(1) 前橋倶楽部発足

明治23年1月に、市制実現のために全町的な規模で発足したのが前橋倶楽部です。[13] しかし、4月に市制移行案が町議会に上程されたものの否決され、他市を視察した上での再検討となりました。6月には視察の結果を踏まえて町議会に再上程され可決されます。

前橋倶楽部の会員数はかなり多かったと推測されますが実数は不明です。役員（評議員）30人[14]は、町長、助役2人、町会議員18人（町会議員定数は30人）、元・区長（前橋は前橋町になる前は6つの町連合に分かれていてそれぞれに区長がいました）2人、前・県会議員2人、第三十九国立銀行（現・群馬銀行）頭取、上毛物産会社（現・群馬銀行）頭取、第三十三国立銀行（明治25年に倒産）前橋支店長、それと篠原叶（上毛新聞社社長）、深町藤蔵（後述）です。篠原と深町の立場は他の役員と比較すると若干異なるようです。篠原と深町は事務局的な立場だったかもしれません。役員構成から考えますと、町会議員と元・区長は相当数が入っていたようです。この役員30人のうち15人が以文会の会員になります。

(2) 第1回衆議院議員選挙

衆議院選挙が今と異なる点は、制限選挙であったこととともに、7月の正式な投票とは別に「私選投票」（模擬投票）を実施して誰を候補者にすべきかをアピールしたりしました。

前橋は第1区に属していました。1区には新井毫《ごう》（公議会。当選）、竹下康之（無所属。前・群馬県警部長。次点)、竹内鼎三《ていぞう》(上毛民会)の3人が立候補しています。竹下は当時は岐阜県の警部長でしたが佐藤與三群馬県知事の要請を受けて岐阜県庁を辞職して群馬の1区で無所属で立候補しています[15]。

7月1日の投票日に向けた選挙戦の中、前橋倶楽部も選挙活動をしたようです。当時を知る新聞記者は「(前橋倶楽部は)前橋居住者を以《も》って組織したもので政治的臭味は余り濃厚でなく寧《むし》ろ不偏不党の中立団体、或る意味に於いて上毛民会、上毛同志会、群馬公議会等に対し一敵国をなしていたものである」、「五月頃から県下到るところ、選挙談で持ち切り、上毛民会、群馬公議会、上毛同志会、前橋倶楽部やその頃出来た群馬共和倶楽部(上毛協和倶楽部との関係は不明)など云う団体が縦横に活躍し」と書いています[16]。前橋は選挙戦では上毛民会、公議会、前橋倶楽部に分裂していたのでしょう。前橋倶楽部は思想信条を同じくするという意味での政治団体ではないものの、衆議院選挙で選挙活動をしたことは確かのようです。前橋倶楽部の選挙活動の実態は不明ですが、候補者の顔ぶれから考えると竹下康之を推したと推定されます。

(3)道路開通問題

6月、町議会で市制施行が可決され、衆議院選挙活動も真っ只中のときに「道路開通の請願書」が提出されます。ここから道路開通問題(以下、道路問題)が起こります[12][17][18]。

「道路」とは、現在の本町一丁目の交差点から南に向かう道路のこと(現・国道17号)です。現在は十字路になっていますが、明治23年当時は丁字路(T字路)でした(図1)。東西方向には県庁前通りと国道50号が通じていましたが、北(現在の前橋テルサ側)から来ると行き止まりになっていました。この

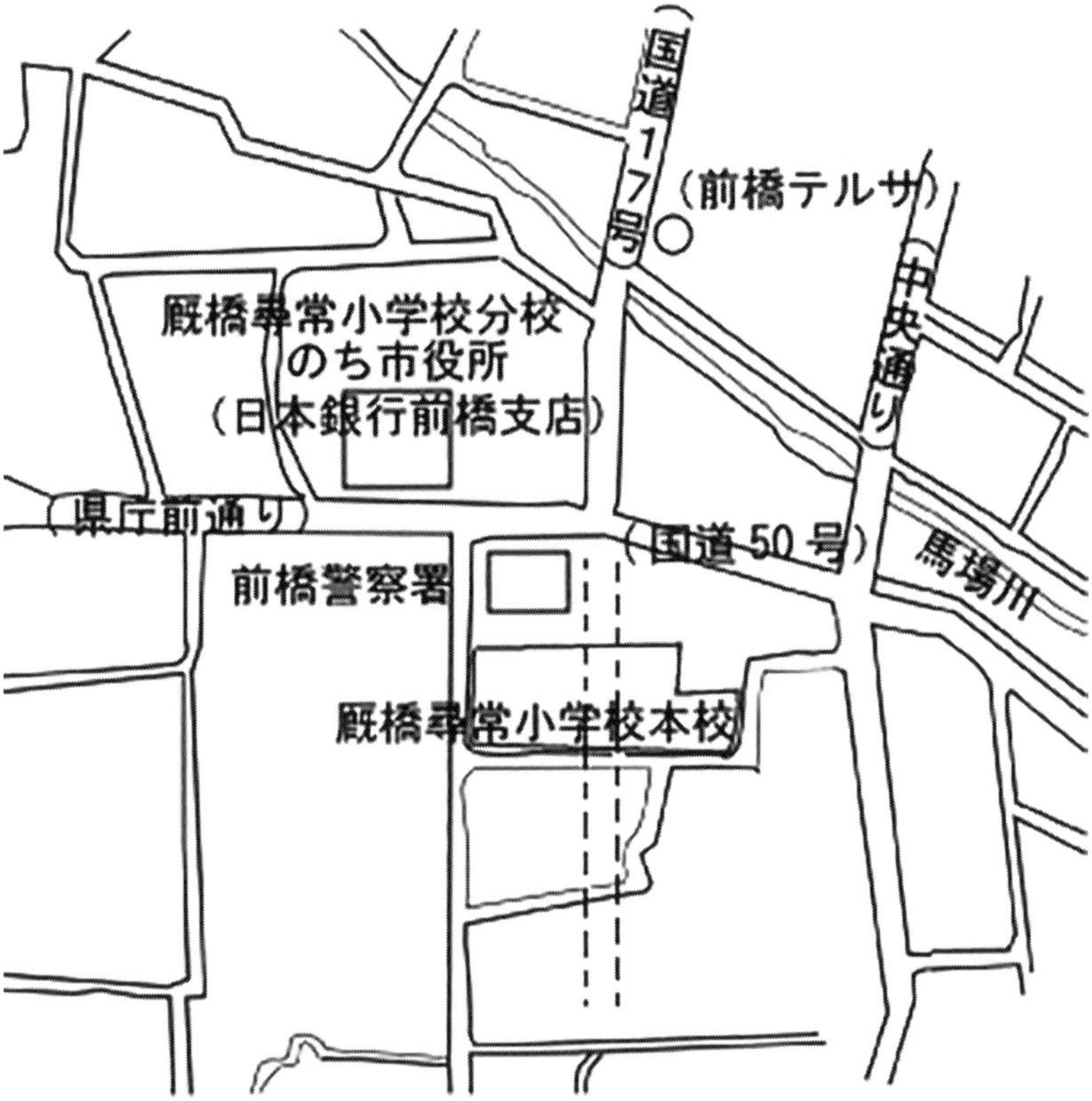

図１　明治23年の前橋市街
括弧は現在の名称。破線部が予定道路

道路を南に開通させて十字路にし、前橋停車場への便を良くするために計画されました。この請願書が曲輪町《くるわちょう》（現・大手町二丁目周辺）などの現・国道17号の西側・南側の町および竪町《たつまち》（現・千代田町二〜三丁目あたり）の連名で提出されました。

この道路開通の請願書によって、前橋は開通賛成派（開通派）と開通反対派（非開通派）に二分されます。両者をおおよその地域で分けると、開通派は竪町と国道17号の西部、非開通派は本町《ほんまち》（現・本町二丁目あたり）を含む国道17号の東部でした。町を二分するほどの騒動になったのは、道路開通によって東部への人の流れが減ってしまうことを東部側が懸念したことが大きな理由です。加えて、丁字路の南に厩橋尋常《うまやばしじんじょう》小学校本校があったことです。この小学校は元は桃井《もものい》学校であり（後、桃井尋常小学校と改称）、下村善太郎（生糸商。後に初代前橋市長）や勝山源三郎（質商、洋品商。元・町年寄。元・県会議員）などの本町の有力者が苦労してつくったものでした。非開通派は「道路は小学校の敷地を削って造ることになり教育にも悪影響を及ぼす」と主張しました。

9月23日、非開通派である本町ほか21町村で集会を開き、町長に開通案の撤回を求めますが、町長が拒否します。

9月27日の町議会が1つの山場になりました。町議会には1，200人の傍聴人が集まっています。非開通派町民3千人から会議中止の請願書が出される中、道路開通案が上程され賛成14・反対11で可決されました。現在ならばこれで決定なのですが、当時は議案が可決されるまでは、総論である「第1次会」、各論を討議する「第2次会」、そして第3次会まで行うこともありました。

9月28日の第2次会は非開通派の議員が欠席して流会。29日は今度は開通派の出席議員が少ない。そのため、開通派が手を回し、町議会の会場である愛宕座《あたござ》（芝居小屋。後に柳座《やなぎざ》と改称。住吉町二丁目公民館あたりにあった）を貸さないことになり町議会が流れます。すると、そのやり方に反発した非開通派議員9人が10月2日に辞職願を出しました。こうなると、町議会そのものが成り立たなくなります。窮した町長と1人の助役（助役は2人制）が辞職することになって、完全に町政が麻痺してしまいました。10月13日に非開通派を中心に自治体改良同盟会が結成されます。これによって運動の方向性が変わります。当初の道路問題から町行政の批判・糾弾へと変わっていきます。非開通派の動きに急進派の壮士《そうし》（政治運動化のプロ）が加わり政治運動になったのです。

そして11月3日を迎えます。数百人が前橋八幡宮に集まり、そこから臨江閣《りんこうかく》に移動して気勢を上げました。集会終了後、参加者の一部が暴徒化して2人の助役の家と開通派議員4人の家などを襲ったのです。人的被害はなかったものの家屋が壊されました。これが「前橋凶徒事件」です。県知事は、改良同盟会の動きを警察力だけで抑えられない場合に備えて、高崎歩兵第15連隊の出動要請も準備していたほどでした。

明けて4日に首謀者の8人、5日には関係者33人が逮捕されました。その中には、石原竜太郎（町会議員）、石島良三郎（上毛青年会の中心者）、そして勝山牧次郎（先述した勝山源三郎の長男。歌人。後に市の助役）も含まれていました。逮捕者が出たこともあってか、その後ようやく沈静化に向かいます。以前から行われていた郡長《ぐんちょう》・八木始（萩原朔太郎の母方祖父）などによる調停・仲裁も効果が出てきます。そして、12月25日に道路問題の延期が決定され、一応の解決に至るのです。なお、11月の逮捕者は翌年10月に全員が無罪となっています。

5　以文会の設立趣旨

この騒動の中、以文会は明治23年12月19日に20人の会員で設立されました。新聞と雑誌の閲覧所を設けることからスタートしています。そこに人が集まるようになり、議論を交わし、友好を深めました。自分の蔵書を持ち込んだり、金銭を拠出して書籍を購入して、以文会の文庫が充実していきます。この文庫が発展して図書館になります。会員は明治24年1月には45～46人に増加します。そこで、改めて趣意書と会則を定めることになりました[19]。

設立趣旨を再掲します。

「社会は結合力によって安寧を維持する。しかし前橋では2万5千の人が四分五裂している惨状である。それは、集合機関が無いためである。以文会は図書館的組織と一大社交倶楽部をつくる。そこに人々が集い、知識を交換して交誼を親密にして談笑することで自然と団結を強固にすることができる。これが以文会の大旨である」

趣旨書にある「四分五裂」とは何を指すのでしょうか。時期的には直近の道路問題を指すと考えるのが自然です。ただし、道路問題のことだけならば「二分されて」と表現すればよいようにも思われます。「四分五裂」と言うからには、開通派と非開通派の対立以外のこと、例えば衆議院選挙における上毛民会、公議会、前橋倶楽部のしこり、存娼派と廃娼派の対立などを含むのかもしれません。

いずれにしても、以文会は12月になって急に立ち上げたのではないでしょう。それ以前から準備されていたと思われます。その時期は「兇徒事件」が起こってからだったのではないでしょうか。

6　以文会の活動[1][19]

明治24年6月には以文会の会員は93人（表2と表3。詳細は後述）になります。会費は月額35銭（現在の金額に換算すると3，500円ほどか）[20]。設立当初の会費は50銭でしたので、値下げしています。

会員増加に合わせて会の事務所や図書館は3回移転します。9月に、敷地300坪以上の北曲輪町《きたくるわちょう》（現・大手町～本町の一部）第十一号官舎に移っています。「第十一号官舎」とは旧書記官の官舎です。書記官は知事に次ぐ立場でしたので、県の支援、県知事の了解があったのでしょう。官舎の地番が不明なので事務所の正確な場所は分かりません。現在の大手町三丁目の前橋法務総合庁舎の北辺りでしょうか。この官舎から『前橋繁昌記』が出版されました。

以文会の活動は、図書館運営、講義部、遊戯部の3つの部門がありました。事務所は午前6時から午後12時（午前0時）まで開いていました。専属の事務員も置かれました。

図書館の開館時間は午前8時から午後5時まで。蔵書は会員が預けた書籍や寄付した書籍、そして会が購入したものからなっていました。明治24年現在、書籍は3千冊以上、24種の新聞、18種の雑誌が揃っていました。翌25年には「書冊およそ4千」ともあります。館内閲覧が基本でしたが、自宅借覧（貸出）も可能でした。利用者は、会員、会員同伴の人、閲覧券（月額7銭。現在の700円）持参の人でした。

この図書館は前橋市域で最初の図書館です[21]。一般的に知られる上野《こうずけ》教育会図書館（教育会は教職員の研修団体）[22]が現在の群馬会館のすぐ南に開設されるのは9年後の明治33年（1900）です。また県内

以文會々員

明治廿四年六月調
（イロハ順）

猪谷秀麿	竹内勝藏	深町增五郎
岩崎作太郎	高橋彌之助	福原三巖
岩島匡徹	高山學	小泉善六
伊藤昌春	瀧澤菊太郎	小泉專七
市村愛三	反町覺彌	小林正義
板井忠七	津久井文讓	江原桂三郎
蜂須半三郎	中村英嘉	江利川莊三
羽生顯親	中村元雄	寺澤精一
芳賀金登	中島文左	新井常七
蜂須長五郎	村田虎三郎	新井树之助
本間進三	生形柳太郎	朝岡剛平
星野耕作	井上廣佐	青木類之助
富永又助	井村傳	明石濱太郎
富樫竹次	井上輔三	佐藤林平
戸張志智之助	久野三吉雄	佐藤市藏
間常夫	熊谷彬六	笹治元
小原澤通仙	黒崎德太郎	坂謙次
小田切秀繼	栗山鋼次郎	佐藤暢
綿貫孝造	桑原壽平	宮澤巽男
鷲田迅雄	黒田矩鎭	宮北順太郎
渡邊金次郎	保岡亮吉	宮崎有親
加藤信存	安井醇一	三木泰象
龜山直秀	山田孝之助	下村善右衛門
吉川省吾	松井嘉一郎	篠原叶
多賀恒信	松田欽太郎	白井茂八郎
高島千嘉人	眞砂野彦	茂原周輔
瀧野壽茂	眞野節	森村運太
田中政吉	松本源五郎	關農夫雄
田部井宗七	松本鈔三郎	鈴木捨三
高間白鳳	深町藤藏	杉銓太郎
高久逸象	深町傳七	杉友八

表2　以文会会員　明治24年6月調（イロハ順）　　（群馬県立文書館所蔵）

初の公立図書館である前橋市立図書館は大正5年（1916）に現在の日本銀行前橋支店敷地内の東隅に開設されます。市立図書館の開館当初の蔵書は3，152冊でした(23)ので、以文会図書館の所蔵数の多さが分かります。

当時、書籍を集めた施設は一般的には文庫、書籍館と呼ばれていました。「図書館」の言葉は明治10年（1877）に東京大学で使用されたのが初めてですし、その後も大学以外では使用されなかったようです。(24)群馬県内で、「図書館」の語句を使用したのも、本格的な図書館も、ともに以文会図書館が初めてと考えられます。また、図書館は「ずしょかん」とも「としょかん」とも読まれていました。(25)以文会の図書館がどちらの呼称かは不明です。

講義部は月・水曜日が講習会、月の最終

表３　以文会会員の立場・職業（アイウエオ順に並び替え）

以文会幹事★６人、評議員◆10人。可能な限り明治24年６月現在の立場・職業を記したが、その前後の時期の立場の人もいる。４人は不明なため空欄。立場のうち「上毛青年会」とした人は上毛青年会に積極的に関わっていたと思われる人。

氏名　★幹事　◆評議員	立場・職業など	出典
青木類之助	上毛青年会	上毛之青年第６号明治22年６月15日
明石濱太郎	町会議員・「上毛之青年」発行兼印刷人	前橋市史第４巻
朝岡剛平	私塾の集成学館	前橋市史第４巻・前橋市教育史上巻
新井常七	東京銀座の時計商・時計製造	明治前期東京時計産業の功労者たち
新井桝之助	のちに小学校教員か	上毛新聞明治28年７月４日
猪谷秀麿	前の町助役・前の県会議員	群馬県議会議員名鑑
板井忠七	連尺町区長・水戸屋	上野新報明治20年６月21日・前橋案内
市村愛三	町会議員	前橋市史第４巻
伊藤昌春	伊東が正しい・前橋地方裁判所判事	群馬県職員録明治24年６月20日調
井上輔三	明治５年北第一大区小二区副区長	前橋市教育史上巻
井上廣佐	前橋地方裁判所書記	群馬県職員録明治24年６月20日調
井村傳	尋常中学校教授依嘱	群馬県職員録明治25年５月11日調
岩崎作太郎◆	前の町会議員・生糸商の松嶋屋	前橋市史第４巻
岩島匡徴◆	尋常中学校長	群馬県職員録明治24年６月20日調
生形柳太郎★	町会議員・薬剤師	前橋市史第４巻・前橋繁昌記
江原桂三郎	のち市議・第五代市長	前橋市史第４巻
江利川荘三	新聞や雑誌の売捌所	時事新報明治25年４月29日
岡常夫	生糸商の松嶋屋に勤務	紡績界の隠れたる偉人岡常夫君
小田切秀継	前橋地方裁判所判事・部長	群馬県職員録明治24年６月20日調
小原澤通仙★	のち敷島小学校や桃井尋常小学校の校長	敷島小学校百年史・桃井校百年のあゆみ
加藤信存	前橋地方裁判所判事	群馬県職員録明治24年６月20日調
亀山直秀	前橋地方裁判所判事	群馬県職員録明治24年６月20日調
久野三吉雄	「上毛之青年」編集人	上毛之青年第26号明治24年９月19日
熊谷株六	上野新報発起人の一人	前橋市史第５巻
栗山鋼次郎	上毛青年会	上毛之青年第23号明治23年11月15日

黒崎徳太郎	薬剤師	前橋繁昌記
黒田矩鎮	上毛医籍集や上野国地誌を発行	上毛医籍集・上野国地誌
桑原壽平	官宅建設資金拠出	前橋繁昌記
小泉専七	前橋実業同志会	前橋案内
小泉善六	前橋実業同志会	前橋案内
小林正義	参事官室附属書記	群馬県職員録明治24年6月20日調
坂謙次	のちの市会議員の坂謙二郎か	前橋市史第4巻
笹治元	助役・のち第3代市長	前橋市史第4巻
佐藤市蔵	前の町会議員の佐藤市造か	前橋市史第4巻
佐藤暢	群馬県書記官兼内務部長	群馬県職員録明治24年6月20日調
佐藤林平		
茂原周輔	上毛新聞編集人	上毛新聞明治25年8月18日
篠原叶	上毛新聞社社長	前橋市史第5巻
下村善右衛門◆	生糸商のち衆議院議員	前橋市史第4巻
白井茂八郎◆	県職員	群馬県史資料編21
杉銓太郎★	生糸商の松嶋屋に勤務・上毛青年会	紡績界の隠れたる偉人岡常夫君
杉友八	町会議員	前橋市史第4巻
鈴木捨三	前橋地方裁判所判事・部長	群馬県職員録明治24年6月20日調
関農夫雄	代言人のち市会議員	前橋繁昌記
反町覚弥	上毛繭糸改良会社・県会議員	群馬県議会議員名鑑
多賀恒信	代言人・上毛新聞編集人	前橋繁昌記・前橋市史第4巻
高岡白鳳	龍海院住職	洞上高僧月旦
高久逸象	前の町会議員のち市会議員	前橋市史第4巻
高橋弥之助	新聞記者のち上州新報創刊	群馬県議会議員名鑑
高畠千嘉人	私塾の智心学舎	前橋市教育史上巻
高山学	医師	前橋繁昌記
瀧澤菊太郎	尋常師範学校長	群馬県職員録明治24年6月20日調

瀧野壽茂★	県職員八等属	群馬県職員録明治18年
竹内勝蔵	製糸業	前橋案内
田中政吉		
田部井宗七◆	町会議員・生糸商	前橋市史第4巻・群馬県営業便覧
津久井文譲	医師	前橋繁昌記
寺澤精一	尋常中学校教幹事	群馬県職員録明治24年6月20日調
富樫竹次◆	東群馬南勢多郡書記	群馬県職員録明治24年6月20日調
戸張志智之助	尋常中学校生徒取締	群馬県職員録明治24年6月20日調
富永又助	米穀商か	上毛新聞明治26年9月27日
中島文佐	上毛馬車鉄道会社取締役・元の県会議員	上毛新聞明治24年10月4日
中村英嘉◆	代言人のち市会議員	前橋繁昌記・前橋市史第4巻
中村元雄	群馬県知事	群馬県職員録明治24年6月20日調
芳賀金登	東京美術学校生・上毛青年会	東京芸術大学百年史
蜂須長五郎	前の県会議員・裁判所執行官の執達吏	前橋繁昌記・群馬県議会議員名鑑
蜂須半三郎	私塾の集成学館	前橋市史第4巻
羽生顕親◆	前橋地方裁判所判事	群馬県職員録明治24年6月20日調
深町傳七★	町会議員・筆や和洋紙の清水井	前橋繁昌記・前橋市史第4巻
深町藤蔵★	相生町の味噌醤油の清水井勤務か	上毛紳士録
深町増五郎	横山町の味噌醤油の清水井	深町真嗣氏よりご教示
福原三箴	群馬県典獄	群馬県職員録明治24年6月20日調
星野耕作◆	前の県会議員	群馬県議会議員名鑑
本間進三	上毛青年会	上毛之青年第31号明治25年1月16日
真砂野彦	私塾の育英学校	上毛之青年第8号明治22年8月17日
松井嘉一郎	町会議員・旅館の本陣	前橋市史第4巻・前橋繁昌記
松田欽太郎	地域誌「江北之筆」発行兼印刷人	江北之筆第1号明治23年1月16日
松本源五郎	製糸会社の桐華組	前橋繁昌記
松本鈔三郎	「江北之筆」寄付者	江北之筆第1号明治23年1月16日

真野節	県職員一等属	前橋案内
三木泰象	東群馬南勢多郡長	群馬県職員録明治24年6月20日調
宮北順太郎	尋常中学校教諭	群馬県職員録明治24年6月20日調
宮崎有親	県会議員・製糸業	群馬県議会議員名鑑
宮澤真男	以文会会則を作成した一人	以文会第一回報告書
村田虎三郎	第二国立銀行前橋支店頭取	前橋繁昌記
森村連太	のちの県議の森村堯太か	
安井醇一	元の県会議員のち市会議員	前橋市史第4巻
保岡亮吉◆	私塾の集成学館	前橋案内
山田孝之助	上毛新聞編集人	上毛新聞明治23年4月17日
吉川省吾	前橋直税分署長	群馬県職員録明治25年5月11日調
鷲田迅雄	町会議員・上毛倉庫	前橋市史第4巻
渡邊金次郎	尋常中学校書記・上毛青年会	群馬県職員録明治24年6月20日調
綿貫孝造		

日曜日が講話会でした。講習会では法律、経済、数学、英学、簿記などを専門家が講義しました。会員には専門家が揃っていたようです。講話会では演説、討論、講釈、落語、詩歌、吟詠、音楽、合奏、雑談などがありました。[26] 会員と聴講券（月額10銭。1，000円）所持者が聴講できました。

遊戯部は玉突（ビリヤード）、碁、将棋、弓があり、大弓射的場《だいきゅうしゃてきば》も備えていました。玉突は1ゲーム3銭（300円）でした。

以文会で購入した備品のほか、庚寅《こうしん》倶楽部、商法研究会、県庁倶楽部から引き継いだ物品もありました。庚寅倶楽部とは、明治24年11月の帝国議会で最大会派となる立憲自由党の前身です。県内にもその組織があったのでしょう。商法研究会と県庁倶楽部は不詳です。前者は判事（裁判官）などの法律家が中心、後者は県庁の幹部職員の会と推定されます。

明治24年の収支報告書によると、収入、支出ともに871円15銭（8，711，500円）でした。明治25年以後の収支報告書は未見です。

7　93人の会員

明治24年6月の会員93人の立場・職業を表3に示します。表2はイロハ順でしたが、表3はアイウエオ順に並び替えてあります。(27) 立場・職業が不明な人は4人でした。できる限り明治24年6月現在の立場・職業を記載しましたが、その前後の立場の人もいます。

会員の顔ぶれは多彩です。県関連では、県知事、書記官（内務部長兼務）、前橋地方裁判所部長及び判事、東群馬南勢多郡（前橋町は東群馬郡に属していた）の郡長と書記（郡長に次ぐ役職）、尋常師範学校（現・群馬大学教育学部）の校長や教諭、尋常中学校（現・県立前橋高校）の校長や教諭、県庁職員の幹部クラス、前・現の県会議員がいます。前橋関連では、前橋町の前・現の助役、前・現の前橋町会議員、第三十九銀行（現・群馬銀行）の前・頭取、第二銀行（現・横浜銀行）前橋支店頭取、私塾の教授、上毛新聞社の社長と編集人、代言人（弁護士）、生糸商、などとともに、上毛青年会のメンバー、雑誌編集人まで多士済々です。県外在住者も見られますが、前橋の出身者や前橋と関係のある人たちです。

以文会と道路問題とは関連があるのでしょうか。それを考えるため、道路問題時に町会議員だった人で以文会の会員となった人を調べました。結果、開通派14人のうち以文会の会員は3人（生形、高久、鷲田）21%であり、非開通派は11人中5人（市村、笹治、佐藤市造、田部井、松井）45%です。非開通派が倍の頻度です。更に、非開通派だった下村善太郎、黒崎長左衛門、深町富八は以文会の会員にはなっていませんが、3人とも息子が会員です。下村善右衛門、黒崎徳太郎、深町増五郎です。父と息子が同じ意見とは限りませんが、父親の代わりに息子が入ったとすれば、非開通派は11人中8人73%が以文会に属していることになります。開通派と非開通派との間には明らかに差があります。また、明治23年11月3日の凶徒事件で襲われた助役2人と開通派議員4人の計6人のうち、会員になったのは助役の猪谷秀麿だけです。道路問題のしこりが影響していたのかもしれません。

8　以文会役員

以文会の発足時の会員は20人でした。明治24年2月時点での役員は幹事6人、評議員10人、計16人です。役員の多くは発足時の20人からの選出でしょう。以下、役員の立場・職業、そして年齢が分かる人は年齢を記しました。

6人の幹事は、杉詮太郎（生糸商勤務か。28歳か）、深町藤蔵（実家の味噌醤油製造か。24歳）、瀧野寿茂（県庁職員）、深町伝七（和洋紙店。町会議員）、生形柳太郎（薬剤商。町会議員。30歳）、小原沢通仙（のち敷島小学校長、桃井小学校長）です。

10人の評議員は、星野耕作（前・県会議員。41歳）、保岡亮吉（私塾・集成学館）、富樫竹次（東群馬南勢多郡書記）、白井茂八郎（県庁職員）、羽生顕親（判事）、下村善右衛門（生糸商。後に衆議院議員。28歳）、岩崎作太郎（生糸商。前・町会議員）、田部井宗七（生糸商。町会議員）、岩島匡徵（尋常中学校長）、中村英嘉《てるよし》（代言人）です。

役員のうち中心者は深町藤蔵と杉詮太郎と推定されます。「深町藤蔵、杉詮太郎その他前橋市民諸氏の協力に依りて以文会なるもの設立せられたり[28]」と紹介されていることや、深町が『以文会報告書[19]』を書き、杉を中心に趣意書と会則が作成された点[19]からです。2人の略歴を述べます。

深町藤蔵は慶応3年（1867）に相生《あいおい》町（現・表町二丁目）で味噌醤油製造を営む深町代五郎の長男として生まれます[29]。代五郎は元・区長を務めた有力者です。代五郎の弟が以文会幹事の伝七です[30]。つまり伝七は藤蔵の叔父にあたります。深町藤蔵は横浜の岩崎商店で見習いをしました[31]。岩崎商店主の岩崎作太郎は下村善太郎の店で働いたあとに独立し、横浜に為替会社まで持った人であり[32]、以文会の評議員です。

深町はその後、東京商業学校（現・一橋大学）に籍を置いたのち、明治19年（1886）に渡米[29][31]。シカゴの商業専門学校を21年（1888）に卒業。その後、シカゴ市で就職しています[29][31]。当時のシカゴには明治4年（1871）創設のシカゴ公立図書館（現在は世界最大級）と明治20年（1887）創設の個人運営のニューベリー図書館（貴重書を多数所蔵）がありました[33]。深町も利用したかもしれませんし、以文会の図書館運営の参考にしたかもしれません。深町は明治22年（1889）に帰国しました[34]。帰国後は家業を手伝ったか他社へ就職したかは不明です。明治23年（1890）1月結成の前橋倶楽部では評議員として参加し、明治24年（1891）に『前橋繁昌記』の叙文（序文）、25年（1892）1月に以文会の主任幹事として『以文会第一回報告書』を書き、12月に『米国商家実見録』[31]を著し、明治26年（1893）10月の『近世上毛偉人伝』[35]の跋《ばつ》（後書き）を書いています。明治27年ごろ（推定）に三井銀行に就職[36]。後、日本電気株式会社、貿易商佐藤商店などに勤めました。

杉詮太郎についても生年月日も経歴も不詳です。同姓の杉友八が明治24年2月に町会議員になっています。詮太郎はその親族でしょうか。

杉は岡常夫（文久3年・1863年生まれ。のち東洋紡績専務）と一緒に渡米しています[32]。岡は明治15年（1882）に東京商法講習所（現・一橋大学）で学びますが中退して渡米しています。岡と杉は同時期に東京商法講習所で学んでいますので[32]、ほぼ同年齢かもしれません。同年齢ならば、深町藤蔵の4歳年長となります。

杉は帰国後、明治21年以前から[37]岩崎作太郎の店（松嶋屋）で働き、上毛青年会の初期からメンバーとして活動しました。米国から帰った岡は杉の紹介で松嶋屋に就職します（正確な年月は不明）。店は明治23年（1890）の恐慌で倒産しました[32]。その後の杉の職業は不明です。以文会の趣意書と会則は杉を中心に作成されています。明治29年（1896）に三井銀行に就職し前橋を離れました[38]。先に三井銀行に就職していた深町が誘ったのでしょう。

9　以文会のその後

以文会は20代の青年たちが中心となって前橋全体の融和を目指して結成されました。しかし長くは続きませんでした。明治26年10月の『近世上毛偉人伝』の深町の跋の添え書きには「以文会に於て」とありますので、このときには会は存続していたのでしょう。しかし、明治31年（1898）の『前橋案内』[39]にも明治40年（1907）の『前橋繁昌記』[40]にも、以文会についての記載はありません。明治27年ころに深町が、29年に杉が前橋を離れています。以文会は明治27年～29年に解散したと思われます。

以文会の目的は素晴らしいものでしたが、手段としての図書館運営がうまくいかなかったのでしょう。明治24年の収支決算書[19]では、収入871円（871万円。以下、銭以下は切り捨て）のうち「会費、特別会費、閲覧券、聴講券並びに寄付金」が282円、「会債並びに借入金」が533円です。「会債並びに借入金」は負債でしょう。会員数が明治24年の前半6カ月が45人、後半6カ月が93人とすると、会費収入は、35銭／月×6カ月×（45人＋93人）＝290円であり、282円に近い金額になります。会員が200人になれば年間会費収入は840円になり、負債の返済に充てられたでしょう。

しかし会員数は伸びなかったようです。明治25年ころの「以文会図書館の拡張」という文（宣伝用か）[41]に、図書館の書籍数も利用者数もまったく伸びない状況が語られ、図書館利用を市民に呼びかけています。利用者数のことだけならば無料にすればもっと伸びたでしょう。しかし会員制図書館である以文会図書館は無料にはできなかったでしょう。問題は、設定した利用料金では富裕層の人しか利用できなかったことでしょうか。あるいは初期の負債が大き過ぎたのかもしれません。

因みに、現在では公立図書館は無料ですが、明治～昭和前期には公立図書館は有料でした。公立図書館が無料になったのは昭和25年（1950）公布の図書館法からです。

以文会の活動期間は数年だったと考えられます。図書館事業は上手くいきませんでしたが、『前橋繁昌記』という貴重な書籍を残してくれました。『前橋繁昌記』には明治24年の前橋の姿がありありと描かれています。この本を出版したことだけでも以文会は前橋の歴史に大きく貢献しています。

10 『前橋繁昌記』

『前橋繁昌記』出版の経緯は深町藤蔵の叙文（序文）に書かれています。「自分が近ごろアメリカからの帰路の途中のそれぞれの町で風土記がない町は無かった。しかし前橋にはそれがないことを残念に思っていた。ある日、灌園居士《かんえんこじ》を訪れて話題がたまたま風土記になり、1冊の本にすることに及んだ。それ以来、原稿が集まったかしきりに催促した。今回、ようやく原稿が完成した」とあります（灌園居士は後述）。

『前橋繁昌記』は前橋の風土記を企図したものであるため、前橋に関する案内書であり紹介書です。内容は、前橋の沿革から、各町の戸数・人口、気候、県庁・裁判所などの官公庁、名所旧跡、学校、寺院、病院・医師、代言人（弁護士）、銀行、会社、交通、生糸・製糸、旅館、料理店、芸妓など基本的なことを踏まえながら多岐にわたります。文章での解説のほか、多くの統計表が示されています。特筆すべきことは、前橋の各所・建物を描いた31枚の版画の挿絵があることです。本は、四六判、101ページ、定価15銭（1，500円）です。

明治維新以降、前橋を総合的に記述した書物はこの『前橋繁昌記』が初めてです。その意味で前橋にとって貴重な著作であり、明治期中期の前橋を知る上で欠くことのできない史料となっています。

戦後まで残った原本はわずかであり、県内では2冊ほどしか確認されていませんでした。貴重書であるため、昭和49年（1974）にみやま文庫として復刻され、誰でも読めるようなりました。

11　『前橋繁昌記』の著者と挿絵画家

『前橋繁昌記』の出版に関係した人物は多数いました。著者のほか、挿絵画家、版木の彫物師などが、本名、ペンネーム、号などで書かれてます。これまでペンネームの人物特定はなされていませんでした。本項ではペンネームの人の特定を試みながら、以下の4人を取り上げます。叙文で深町藤蔵が触れている「灌園《かんえん》居士」、本文の冒頭に出てくる「半醒亭閑人槿華《きんか》編述　衆粋庵逸客冷露《れいろ》画図」の2人、そして奥付《おくづけ》にある「著作兼発行者　保岡申之《やすおかしんし》」の4人です。

4人について、みやま文庫『前橋繁昌記』の「解題を兼ねて」で、萩原進は、挿絵を描いた「冷露は不詳」、著者については「（申之は繁昌記を書いたときは）まだ20歳（数え年）であるから、著者としては多くの疑問が残る」、「申之と灌園、槿華は別人ではないかと思えてならない」としています。4人のうち、まずは著者関係の申之、灌園、槿華の3人から述べます。

萩原は、保岡の年齢が若いことから著者であることに疑問を呈しています。しかし、著作兼発行者が保岡申之であることは紛れもない事実です。当時の19歳（満年齢）は書物の執筆者としては決して若すぎません。立派な成人です。ましてや保岡は儒学者の家に生まれています。祖父は『川越版日本外史』を執筆した保岡嶺南《れいなん》（元吉）、父の正太郎は藩の儒学者でした。兄の亮吉《りょうきち》は師範学校の教諭であり私塾も経営していました。そういう家庭環境で育った申之は書に接し、執筆の力も十分だったでしょう。また、執筆の際の資料収集も容易だったと思われます。以文会には県・市の関係者が多くいたからです。兄の亮吉も元は県職員でした。書ける環境は整っていました。

問題は、灌園、槿華の2人が誰なのか、です。

一番可能性が高いのは、シンプルに、灌園＝槿華＝保岡申之、です。深町の叙文に脚色がなく事実だとすれば、深町がしきりに催促した相手は灌園ですので、灌園が保岡です。そして編述は槿華ですから槿華は保岡です。上毛新聞に掲載された『前橋繁昌記』の広告には「半醒亭槿華述」とあります。著者について『前橋繁昌記』では「編述」になっていますが、広告では「述」となっています。「述」は「槿華」です。「槿華」が保岡とすると、保岡には灌園と槿華の2つの名前があったことになります。灌園は深町が保岡を呼んだ名称、槿華は保岡自身が名乗った名称、ということでしょう。他称と自称で名前が異なることは不思議ではありません。

敢えて別な可能性を挙げれば、灌園＝保岡亮吉でしょうか。深町は以文会の幹事でもある亮吉＝灌園に相談したところ、亮吉は当初は自分で書こうとしたものの、私塾の集成学館の運営などで忙しかったため、代わりに（または分担執筆で）弟の申之に書かせた、ということかもしれません。この場合でも著者はあくまで槿華＝保岡申之です。これは動かせません。

また、灌園は保岡亮吉でなく杉銓太郎の可能性もあります。杉と深町は以文会の中心者でしたので、2人の雑談の中で『前橋繁昌記』を着想したのかもしれません。この場合、杉は編集人の立場で関わり、執筆は申之だったのでしょう。

次は挿絵画家についてです。挿絵の冷露について、萩原進は「冷露は不詳」としています。が、手掛かりはあります。まず、カラーの表紙絵には「霞巌」とサインがあります。また、文中の31枚の挿絵中の5枚の挿絵にも確かに霞巌のサインがあります。もう1枚も霞巌のようです。この霞巌は前橋で著名な画家だった森霞巌《かげん》と考えられます。

森霞巌は前橋藩のお抱え絵師であった森東渓の息子です。『前橋市史・第3巻』[43]では、「(霞巌は)おそらく前橋が生んだ近世の画家の中では最も活躍し、また作品でもその実力を高く評価される一人であろう」と評しています。霞巌の作品としては市内苗ヶ島町《なえがしままち》の金剛寺の天井の花鳥画があります。また、市内上泉町《かみいずみまち》の宝禅寺の天井花鳥画も霞巌の作と伝わっています。霞巌には弟子が数十名いて画家として名の知られた人材を輩出しました。名の知られた弟子として、息子の広陵(五巌、白雲、広雲とも称した)、霞堂、狐巌、玉穂(直巌とも称した)、東巌、霞松、亀巌、菊巌、峯城がいました(表4)[43]。

『前橋繁昌記』の本文冒頭には「衆粋庵逸客冷露画図」とありますので、冷露(霞巌)が1人で描いたかのような印象です。しかし、霞巌のサインがあるのは文中の挿絵31枚中の6枚だけです。この6枚を除いた挿絵25枚のうち4枚にはサインがありません。残りの21枚には霞巌以外の12人のサインがあります。名前は、霞山、冬巌、柳村、芳翠、好魚、露白、真水、柳渓、夏雲、(以下は判読不正確)清見、成器、台郷です[44]。このうち霞山の挿絵は4枚あり、サインでなく落款が押されています。霞山と冬巌の2人は名前から連想すると霞巌の弟子の名前のように思われるのですが、この2人も含めた12人全員が先述した霞巌の弟子の中には見出せません。

また、霞巌とは別に、明治2年ころの前橋在住の画家としては、霞堂、東寧、石渓、東洲、南汀、玉

表４　霞巌の弟子、『前橋繁昌記』挿絵画家、明治２年の画家

霞巌の弟子	
	広陵（五巌、白雲、広雲）、霞堂、狐巌、玉穂（直巌）、東巌、霞松、亀巌、菊巌、峯城
『前橋繁昌記』	
	霞山、冬巌、柳村、芳翠、好魚、露白、真水、柳渓、夏雲、（以下は判読不正確）清見、成器、台郷
明治2年の画家	
	霞堂、東寧、石渓、東洲、南汀、玉穂、東泉

穂、東泉がいました。[12]このうち霞堂と玉穂の２人は霞巌の弟子ですが、７人とも『前橋繁昌記』のサインと異なっています。

では、『前橋繁昌記』の霞巌以外の12人の挿絵画家は誰なのでしょうか。霞巌が何種類もの雅号を使い分けて１人で描いたという可能性もないことはありません。が、31枚も描くのは容易ではありませんし、１人で全部を描いたのなら、各挿絵に雅号を入れずに一括して霞巌と記せば済むことです。画家が描いた下絵を彫った彫物師は１人ではなく４人（鈴木、高春、山内、西村）で彫っています。[44]分担して彫っていることから推測すると、下絵も１人で描いたとするには無理があるでしょう。とすると分担して描いたと考えるのが妥当です。

その場合、依頼の段階で霞巌を含む13人に個別に依頼したか、あるいは霞巌１人に一括して依頼したか、のどちらかでしょう。霞巌は数十人の弟子を持つ立場であったことから考えると、霞巌に一括して依頼した可能性が高いと思われます。そして霞巌は表紙絵と６枚の挿絵を自ら描き、弟子の霞山、冬巌、柳村、芳翠などにも描かせたのでしょう。『前橋繁昌記』の12人の名と霞巌の弟子とが一致しないことについては、『前

橋繁昌記』の雅号は名のある弟子がまだ名の知られない時に使用した雅号かもしれません。あるいは、全く別な弟子だったのかもしれません。それにしても1人も名前が重ならないのは不思議です。1人か2人は重なってもよさそうです。

霞巌の弟子ではなく、霞巌以外の全く別な12人に依頼したのでしょうか。もし、霞巌以外の画家で可能性のある人物を挙げるとすれば、以文会の会員である芳賀金登でしょうか。芳賀は明治22年(1889)に東京美術学校(現・東京芸術大学)に入学しています。[45] しかし、芳賀の美術学校の同級生50人の中には、『前橋繁昌記』の挿絵の雅号の人はいないようですので、芳賀の人脈の可能性はないでしょう。

「衆粋庵逸客冷露」は森霞巌と考えられます。ただし、31枚の挿絵は霞巌1人で描いたのではなく、霞巌以外の人たちも分担して描いたのでしょう。霞巌が挿絵画家全員を代表して「衆粋庵逸客冷露」と称したのでしょう。

12　表紙絵の謎

『前橋繁昌記』のカラーの表紙絵には不思議なことがあります。一般的に普及しているみやま文庫本と、集め得た4つの原本—県内では前橋市立図書館と太田市立図書館、県外では国立国会図書館(デジタルコレクション)と一橋大学附属図書館(深町藤蔵の母校)、の所蔵本—の合計5冊は同一の表紙ではないのです。具体的には図柄と文字が異なります。5冊を比較したものが表5です。

文字では前橋市立図書館本が他の4冊と異なり、図柄では4冊の原本とみやま文庫本とで異なりま

表５　５冊の表紙の比較

	文字			図柄		
	繁昌記配列斜め	前昌記	以文会	細かい描写	花数が多い	蕾あり
国立国会図書館	○	同	同	○	○	○
一橋大学附属図書館	○	同	同	○	○	○
太田市立図書館	○	同	同	○	○	?
前橋市立図書館	×	異	異	○	○	○
みやま文庫	○	同	同	×	×	×

？は判読不能

す。換言すれば、繁昌記は３種類の表紙があることになります。国立国会図書館・一橋大学附属図書館・太田市立図書館の３冊は図柄も文字も同一で１種、前橋市立図書館本は図柄は一緒ですが文字が異なり１種、みやま文庫本は文字は一緒ですが図柄が異なり１種、です。具体的に見ていきます。

まず、表紙の文字の配列と文字そのものの違いです。前橋市立図書館本と、保存状態の良い一橋大学附属図書館本を４冊を代表して示します（図2上と図3上。請求記号等は消去）。

①「繁昌記」の文字の配列が、前橋市立図書館本では「繁昌」が縦に並んでいるが、他の４冊では斜めになっている

②「前」「昌」「記」「以文会」のそれぞれの文字が、前橋市立図書館本だけ他の４冊と異なる

前橋市立図書館本では文字とその配列が他と明

図２　上 前橋市立図書館本表紙　下 みやま文庫本図柄

図３　上 一橋大学附属図書館本表紙　下 同本図柄

らかに違うことが分かります。

次に表紙の図柄です。特に右上にある桜の描き方が違います。みやま文庫本と、4冊の原本を代表して一橋大学附属図書館本を示します（図2下と図3下）。
①桜の花びらの形の描き方は4冊の原本のほうがみやま文庫本より細かく、おしべの数も原本のほうが多い
②右上の桜の花の塊りでは、4冊の原本のほうがみやま文庫本より花が2つ多い。そのためか、みやま文庫本では枝が1本書き足されている
③同じ花の塊りの右下に、4冊の原本には2つ蕾があるがみやま文庫本にはない
この3点以外にも、丸（月？）の中にある風景の位置がみやま文庫本だけ若干異なります。

以上の通り、文字や図柄の違いによって3種類の表紙が存在します。当時の表紙は版画で作成されましたが、文字や図柄の違いは刷りの段階での微妙な差とは言えません。彫りの段階で既に異なっていたのでしょう。

では、前橋市立図書館本とみやま文庫本が他と異なっているのはなぜでしょうか。まずはみやま文庫の違いから考えてみましょう。

みやま文庫は復刻版です。昭和49年（1974）に復刻された際、「(『前橋繁昌記』は）僅かに前橋市立図書館と太田市立中島記念図書館に1冊あるほか、個人で所有する者も極めて少ない」とあります。太田市立中島記念図書館は現在の太田市立図書館です。復刻する際の底本（元の原本）は個人所有本よりも図書館の蔵書を使用したでしょう。とすると、前橋市立図書館か太田市立中島記念図書館のどちら

かになります。そして、「解題を兼ねて」を書いた萩原進は前橋市立図書館長でした。ならば、前橋市立図書館の蔵書を使ったに違いありません。しかし、現在の前橋市立図書館本の表紙はみやま文庫本の表紙とは明らかに違います。文字と配列が異なりますので前橋市立図書館本を底本にした場合にはみやま文庫の表紙にはなりません。だからと言って、太田市立図書館本を使用したとも考えられません。図柄が明らかに異なります。では、なぜみやま文庫本は県内の2冊と異なるのでしょうか。それは、みやま文庫の底本は現在の県内の2冊の原本ではなく、それとは別の原本、例えば所在不明の元の前橋市立図書館本だったと考えるしかありません。

「元の前橋市立図書館本」とはどういうことか。それは、数年前、図柄の差が気になって前橋市立図書館の原本を調べようとしたのですが、原本は所在不明でした。図書館の蔵書目録(46)では原本があることになっていましたので、係の人にいろいろ探していただきましたが結局見つかりませんでした。その後、図書館では改めて原本を購入しています。それが現在の原本です。

今のところ元の前橋市立図書館の原本がみやま文庫の底本だったか確かめようがありません。推測するに、おそらく前橋市立図書館の元の原本は本の状態が悪かったのでしょう。特に、表紙の右上の角の桜の花の塊りはすり切れていたのでしょう。そのため、右上だけでなく、上部の桜の花全体を描き直したのではないでしょうか。桜以外の文字や中央の景色はそれぞれを分割した上で組み合わせたと思われます。その際、文字と丸の絵とが微妙にずれたと考えられます。復刻版作成時のこれらの都合によって、みやま文庫本は他の4冊と異なる図柄になったのでしょう。それは元の原本が見つかれば、はっきりするでしょう。

次に、現在の前橋市立図書館の原本が、他の4冊と文字の配列や文字そのものが異なるのはなぜでしょうか。この違いは、みやま文庫本の表紙の図柄が他の4冊と異なるのとは意味が違います。これだけ大きく異なっていれば、別物と考えられます。この違いは、単純に考えれば、初版と第2版（初版に修正等を加えて出版するもの）、あるいは初版第1刷と第2刷（初版のまま新たに増刷する）の違いでしょう。通常、第2版や第2刷は奥付《おくづけ》に記載されます。一橋大学附属図書館本では未確認ですが、他の4冊の奥付ではいずれも「明治廿四年九月廿一日印刷、明治廿四年九月廿三日出版」とあります。「第2刷」や「第2版」の記載はありません。奥付の通りであれば初版・第1刷しかないことになります。明治24年当時に第2版や第2刷を記載することが慣例になっていたか、また、深町たちがその記載をどれほど意識していたかは不明です。いずれにしても、表紙が異なるのは明らかです。内容は筆者が読んだ限りでは修正はないようです。表紙だけの修正でも第2版と言うのならば、現在の前橋市立図書館本あるいは他の3冊の原本のどちらかが初版でどちらかが第2版です。今のところ、それを確認する手立てはありません。以文会の明治24年の収支決算書からは『前橋繁昌記』に関する情報は得られません。

なお、前橋市立図書館本の表紙の色は他とは多少の違いがあります。保存方法による変色の可能性もあるため、今回は検討から外しましたが、元々異なっていた可能性もあります。

前橋市立図書館にとっては、元の原本が所在不明だったことは「怪我の功名」かもしれません。所在不明の原本が見つかれば、前橋市立図書館には初版と第2版（あるいは第1刷と第2刷）が揃うことになるかもしれないからです。地元の図書館としては有意義でしょう。

13　おわりに

以文会を調べるにあたり、当初は会員93人の名前を見てもせいぜい5～6人しか分かりませんでした。まずは一人一人の人物を特定することから始めました。分かる人物が少しずつ増えていくにつれて、それまでは全く無関係だった人たちが繋がりを持ち始め、それが徐々に以文会という集団になっていきました。その過程はなかなか大変でしたが楽しいものでした。

歴史を調べる楽しみは、自分がまったく知らなかったことを知ったときの驚き、そして喜びです。それは、ささやかな感動と言ってもいいでしょう。今回の以文会については小さな感動の連続でした。これだから歴史研究はおもしろい、そんなことを堪能した以文会と『前橋繁昌記』でした。

今回も宿題が残りました。以文会解散の理由や、『前橋繁昌記』の挿絵画家の詳細や原本の違いの理由は分からずじまいでした。後考を待ちたいと思います。

注

1　保岡申之著、以文会発行、明治24年（1891）。『前橋繁昌記 復刻版』みやま文庫53、1974年

2　「以文会規則」群馬県立文書館所蔵

3　「三余之友」第1号、明治24年（1891）12月31日（群馬県立図書館所蔵）

4　上毛新聞、明治28年（1895）1月11日号

5 豊国覚堂「渋川の以文会」『上毛及上毛人・第61号』１９２２年

6 萩原進『群馬県金融史』群馬大同銀行、１９５２年

7 上毛新聞、明治23年（１８９０）7月3日号

8 丑木幸夫・宮崎俊弥『群馬県の百年』株式会社山川出版社、１９８９年。萩原進『群馬県史・明治時代』高城書店、１９５９年。『群馬県百年史』群馬県、１９７１年。

9 群馬県史編さん委員会『群馬県史・通史編7』群馬県、１９９１年

10 『復刻版上毛之青年全2巻・別冊』不二出版株式会社、１９９３年。以下の「上毛之青年」はこの書による。

11 前橋市史編さん委員会『前橋市史・第4巻』前橋市、１９７９年

12 前橋市史編さん委員会『前橋市史・第5巻』前橋市、１９８４年

13 「上毛之青年・第14号」明治23年（１８９０）2月15日

14 明治23年4月時点での評議員と各人の立場は以下の通り。名前は資料の記載順のまま。「町議」は前橋町の町会議員を示す。
生形柳太郎（町議）、黒崎長左衛門（町議）、猪谷秀麿（町助役）、山本三四郎（町議）、田部井宗七（町議）、松本真三（町長）、高久逸象（町議）、渋谷充（町議）、鷲田迅雄（町議）、松井嘉一郎（町議）、笹治元（町議）、市村愛三（町議）、笹尾精憲（第三十三国立銀行前橋支店頭取）、蜂須長五郎（前・県会議員）、佐藤與三郎（町議）、下村善太郎（町議）、馬場常七（町議）、岩崎作太郎（町議）、村上均平（町助役）、鈴木藤太郎（町議）、安井醇一（第三十九国立銀行頭取、前・県会議員）、津久井茂八（町議）、佐藤市造（町議）、星野耕作（前・県会議員）、江原芳平（上毛物産会社社長、第三十九国立銀行取締役）、荒井友七（元・区長）、荒牧幸内（町議）、手島清三郎（元・区長）、篠原叶（上毛新聞社社長）、深町藤蔵（後述）。

15 竹下の選挙用チラシが、上毛新聞・明治23年（１８９０）5月15日号の付録として残っている。詳細な経歴や推薦文が載っている。

16 正木重之『復刻群馬県政史』あかぎ出版、１９９０年

17 明治23年9月27日の町会議事録の全文は『前橋市議会史・第一巻』前橋市議会、１９９９年、にある。

18 「上毛之青年・第23号」明治23年（１８９０）11月15日

19 「以文会第1回報告書」群馬県立文書館所蔵（Ｐ９２０１-１０４１）

20 明治24年の35銭は現在のいくら相当なのか。簡単に換算できればよいのだが、これが意外と難しい。日本銀行金融研究所の資料や矢野恒太記念会『数字で見る日本の１００年』国税社、などで計算してみるが、消費者物価指数と卸売物価指数との間でも差があり、何よりも、商品ごとの差が大きい。

週刊朝日編『値段史年表』朝日新聞社、1988年、によって、飲食品の明治24年前後の値段を挙げれば、白米10kg67銭、天どん3銭、そば（かけ、もり）1銭2厘、コーヒー1銭5厘であった。これを現在の値段と比較すれば、白米は6千倍ほどだが、天どん、そば、コーヒーは2万~3万倍になる。当時の金額を実感するためには換算したほうが理解しやすいと思われるため、本稿では、白米と他の3品との間をとって1万倍で換算した。

21 湯浅治郎が明治5年（1872）に始めた「便覧舎」が県内最初の図書館と言われる（安中市誌編纂委員会『安中市誌』1964年。『群馬県教育史・第1巻』群馬県教育委員会、1972年、に所収）。全国でも最も早い図書館のひとつである。3千冊の蔵書を揃えていた。知人の利用が多く、無料で閲覧させた。明治6年（1873）には、富岡でも書店主治田文次郎が所蔵する図書等の縦覧所を設け（郵便報知新聞 明治6・11・10。『明治あれこれ』みやま文庫8、1963年、に所収。更に、『群馬県教育史・第1巻』群馬県教育委員会、1972年、に所収）、利用は無料であった。

22 閲覧は有料で1回2銭。（『群馬県教育史・第2巻』群馬県教育委員会、1973年）

23 『前橋市立図書館要覧』1929年

24 岩猿敏生『日本図書館史概説』日外アソシエーツ株式会社、2007年

25 宮沢厚雄『図書館概論』株式会社理想社、2011年

26 タイトルが「以文会」の紹介文。「9月中旬比上毛新聞掲載」と但し書きがあることから上毛新聞への投稿文であろう。上毛新聞の現物は未見。「9月」とは明治24年だろう。それは、この紹介文の文中に「斯年9月5日に前橋南曲輪町より移り北曲輪町第11号官舎に在り」とあるからである。以文会が第11号官舎に移ったのは明治24年9月6日である。

27 表の「出典」は以下の通り。「上毛之青年」は注10による。平野光雄『明治前期東京時計産業の功労者たち』「明治前期東京時計産業の功労者たち」刊行会、1957年。群馬県議会図書館編『群馬県議会議員名鑑』群馬県議会、1966年。『前橋案内』は注39。『前橋市史・第4巻』は注11。明治24年・25年の「群馬県職員録」は群馬県立文書館所蔵。前橋市教育史編さん委員会『前橋市教育史・上巻』前橋市、1986年。『前橋繁昌記』は注1。『紡績界の隠れたる偉人 岡常夫君』は注33。加藤守善・他『敷島小学校百年史』前橋市立敷島小学校、1973年。町田重雄・他『桃井校百年のあゆみ』前橋市立桃井小学校、1973年。『前橋市史・第5巻』は注12。中島尚友『上毛医籍集』煥乎堂、1889年（国立国会図書館デジタルコレクション）。高坂秀司『上野国地誌』黒田矩鎮、1891年（国立国会図書館デジタルコレクション）。群馬県史編さん委員会『群馬県史・資料編21』群馬県、1987年。山岸安次郎『洞上高僧月旦』古香書店、1893年（国立国会図書館デジタルコレクション）。全国営業便覧編『群馬県営業便覧』全国営業便覧、1904年。『東京芸術大学百年史』は注46。『上毛紳士録』は注30。「江北之筆第1号」江北会、1890年（国立国会図書館デジタルコレクション）。「以文会第

1回報告書」は注19。

28 「上毛之青年・第25号」明治24年1月24日

29 『上毛紳士録』上毛と京浜社、1913年

30 深町代五郎には伝七と富八の弟がいた。伝七は竪町（千代田町二丁目）の清水井（和洋紙店）、富八は横山町（千代田町四丁目）の清水井（味噌醤油）を経営。屋号は同じ清水井だった。富八の息子が以文会会員の増五郎である。増五郎と藤蔵は従弟同士である。

31 深町藤蔵『米国商家実見録』博文館、1892年（国立国会図書館デジタルコレクション）

32 絹川太一『紡績界の隠れたる偉人 岡常夫君』日本綿業倶楽部、1942年（国立国会図書館デジタルコレクション）。
　岡の死後、遺族によって100万円（現在の50億円相当）の寄付がなされて建設された綿業会館が大阪市中央区にあり、国の重要文化財になっている。

33 スチュアート・A・マレー著、日暮雅通監訳『図説 図書館の歴史』株式会社原書房、2011年

34 『上毛紳士録』では「明治24年帰朝」となっているが、深町の自著『米国商家実見録』の自叙で「22年の初冬、バンクーバー港に到り加奈陀船に搭して帰国致し候」と述べ、明治22年（1889）10月9日の上毛新聞には「深町藤蔵氏（略）去る7月4日シカゴ府を出発ー紐育《ニューヨーク》府を経てバンクーバー島より帰朝の途に就くべしとの事（略）」とある。そして明治23年（1890）1月結成の前橋倶楽部では評議員として参加していることから、明治22年に帰国していたと考えられる。

35 高橋周楨『近世上毛偉人伝』成功堂、1893年

36 三井銀行就職の時期は、『上毛紳士録』では「明治24年帰朝し、直に聘せられて三井銀行に入り」とある。しかし、明治25年（1892）1月に『以文会第一回報告書』、12月に『米国商家実見録』、明治26年（1893）10月の『近世上毛偉人伝』の跋を書いている。特に『近世上毛偉人伝』の跋の添え書きには「以文会に於て」とある。仮に東京在住でもこれらのことは可能ではあるが、明治24〜25年は以文会の活動が活発であり深町もそこに関わっていたであろうこと、そして明治26年10月時点での「以文会に於て」の語句から、少なくとも明治26年までは前橋に居住していたと考えられる。そして『上毛紳士録』では「(三井銀行) 在勤5年の後、転じて32年日本電気株式会社に入り」とある。逆算すれば、三井銀行入社は明治27年という計算になる。よって本稿では27年に三井銀行入社とした。

37 「上毛青年会雑誌・第1号」上毛青年会、明治22年1月15日

38 「上毛之青年・復刊第5号」明治29年7月26日

39 野条愛助『前橋案内』厩城館、1898年

注44 『前橋繁昌記』の挿絵画家、彫物師

掲載順	風景	ページ	画家	彫物師
1	県社八幡之景	口絵	霞山	高春
2	前橋ステーション道	口絵	—	—
3	旧藩侯入部之図	口絵	霞巌	—
4	知事官舎より出勤の景	口絵	霞山	鈴木
5	群馬県庁之図	3	清見？	—
6	東照宮	10	—	鈴木
7	臨江閣夕涼	13	露白	山内
8	監獄之図	15	—	鈴木
9	楽水園聴虫	17	好魚	山内
10	岩神飛石	21	—	—
11	師範校之景	25	冬巌	—
12	中学校之図	25	夏雲	鈴木
13	刀根川双橋	29	柳村	山内
14	龍海院是字寺	33	成器？	高春
15	横山町八坂神社	*45	柳村	西村
16	神明夜雨	*45	台郷？	山内
17	みそつけまんぢゅうの図	49	柳渓	鈴木
18	三十九銀行之図	52	霞巌	鈴木
19	糸挽工女之図	65	真水	鈴木
20	製糸昇立社	69	霞巌	—
21	製糸交水社之景	70	台郷？	鈴木
22	桐華会社	71	台郷	鈴木
23	熨斗買ノ図	75	霞巌	—
24	愛宕座内部ノ景	81	芳翠	春
25	前橋繭市場全盛図	84	柳村	鈴木
26	演劇敷島座之図	85	霞巌	鈴木
27	前橋停車場之景	87	霞巌？	—
28	上毛馬車鉄道会社之図	88	台郷？	春
29	二子山秋月	93	好魚	山内
30	前橋勧工場之景	97	柳村	鈴木
31	旅人宿住吉屋	97	霞山	—

40 豊国義孝『前橋繁昌記』前橋繁昌記発行所、1907年

41 「以文会図書館の拡張」群馬県立文書館所蔵

42 上毛新聞、明治24年（1891）10月4日号

43 前橋市史編さん委員会『前橋市史・第3巻』前橋市、1975年

44 『前橋繁昌記』の挿絵画家・彫物師

45 財団法人芸術研究振興財団『東京芸術大学百年史 東京美術学校篇第二巻』ぎょうせい、1992年。後年、芳賀は『黒板画教本』（啓成社、1903年）を著し、高崎中学と藤岡中学で図画教員をしている。

46 前橋市立図書館の蔵書検索は、一般に公開されて利用されているものと、図書館員にしか検索できないものの2段階の蔵書検索システムになっている。検索の方法として図書館員独自のものがあることはよくあることだが、前橋市立図書館の場合には方法の問題でなく、蔵書そのものが2種に分類されていて、一般市民（および市外の人）には検索できず図書館員だけが検索できる蔵書があるのである。通常の検索では出て来ないため、市民はその本があることも知らないわけである。これは前橋市立図書館独特な方法であり、管見の限り、他の図書館では採用してない。図書館員にしか検索できないものは「貴重書」が中心のようであるので、貴重書の保存が目的かと思われる。それにしても図書館員だけが検索できて市民ができないのは問題であろう。そのため、『前橋繁昌記』の原本は、通常の蔵書検索では出てこない。他にも『直泰夜話』の原本なども通常の検索では見つけられない。理由があってこういう方法にしているのだろうが、不便なシステムであり、市民ための検索方法になっていない。

11 「前橋市真景図」と「共進会」を探る

図１　前橋市真景図

1　はじめに

前橋の古地図を眺めていると様々なことが想像されて見飽きません。見ていて特に楽しい地図の1つに明治42年（１９０９）12月発行の「前橋市真景図《しんけいず》」（図１）があります。後方に赤城山、左手前に利根川を配し、当時の前橋中心街を南西から俯瞰《ふかん》した珍しい地図です。真景図は、翌年９月に開催される群馬県主催一府《いっぷ》十四県連合共進会（一府とは東京府。以下、共進会と略す）のために作成されたものです。共進会は前橋市の歴史において空前絶後の規模で開催されましたが、現在ではほとんど知られていません。

本稿では、現物は2枚しか確認されていない前橋市真景図と、真景図が作成される契機となった共進会について紹介します。

図２　県庁周辺

左から県庁、県農会、物産陳列所、上野教育会、赤十字支部。建物の名称を加筆。

2　前橋市真景図の内容

実物の真景図はA1判の大きさで、表面《おもて》が真景図で、裏面（本来の趣旨はこちらが表面でしょう）は商店や企業の広告が掲載されています。

内容を少し紹介します。図2は群馬県庁周辺です（読みやすいように建物の名称をゴシックで加筆してあります。以下の図も同じ）。県庁は昔の前橋城をそのまま使用した関係で、周囲が高い土手に囲まれ、更にその周囲には堀があるのが分かります。県農会（農業改良と農業の指導奨励を目的とする団体）の北側の道路が現在の朔太郎通りで、当時の県庁前通りでした。

物産陳列所は県内の物産を陳列した建物で、今の群馬会館の場所です。陳列所になる前は様々な用途で使用されました[1]。最初は、県の衛生所兼医学校でした。衛生所（保健所）の新設は県庁を高崎から前橋に移す際の条件の1つでした。その後、医学校附属病院、県立病院、県立女学校（今の県立前橋女子高校とは別）、師範学校（現・群馬大学教育学部）附属幼稚園・小学校、などに使用されました(1)。この物産陳列所の建物は昭和3年（1928）に相生村《あいおい》（現・桐生市相生町）に移築され、現在は桐生明治館として使用されています。国指定重要文化財です。因みに、萩原朔太郎の父密蔵は県立病院(2)の副院長でした。朔太郎は幼稚園・小学校低学年のときは物産陳列所の建物に通っています(3)。

上野《こうずけ》教育会は県内の教職員の研修団体でした。当時、市内で唯一の図書館を有していました。赤十字支部(2)は日本赤十字社群馬支部であり、看護婦養成などを行いました（病院ではありません）。上野教育会と赤十字支部の2つの建物の南側の道路は斜めの道路でした。そのため、現在の県庁前通りが拡幅されて直線化された際に建物が道路上になるため取り壊されました。

真景図にはまだ未完成の2つのものが書かれています。1つは明治42年5月に着工されて工事中(4)だった「共進会場」（図3）、もう1つが路面電車（図4）です。

「共進会場」は現在の県民会館（ベイシア文化ホール）周辺の場所で、共進会の第1会場（メイン会場）でした。その北にある「女子師範」は群馬県女子師範学校(5)です。現在の群馬大学教育学部附属小学校・特別支援学校・幼稚園の場所です。

図4は現在の国道50号の本町《ほんまち》通りを走る電車です。「農工銀行」は現在の群馬銀行前橋支店の場所、「物産銀行」は群馬銀行の前身の1つであり、現在の前橋プラザ元気21の場所です。「第二銀行」は現在の横浜銀行前橋支店、「八幡社」は現在と同じ位置にある前橋八幡宮です。

共進会と路面電車については後述します。

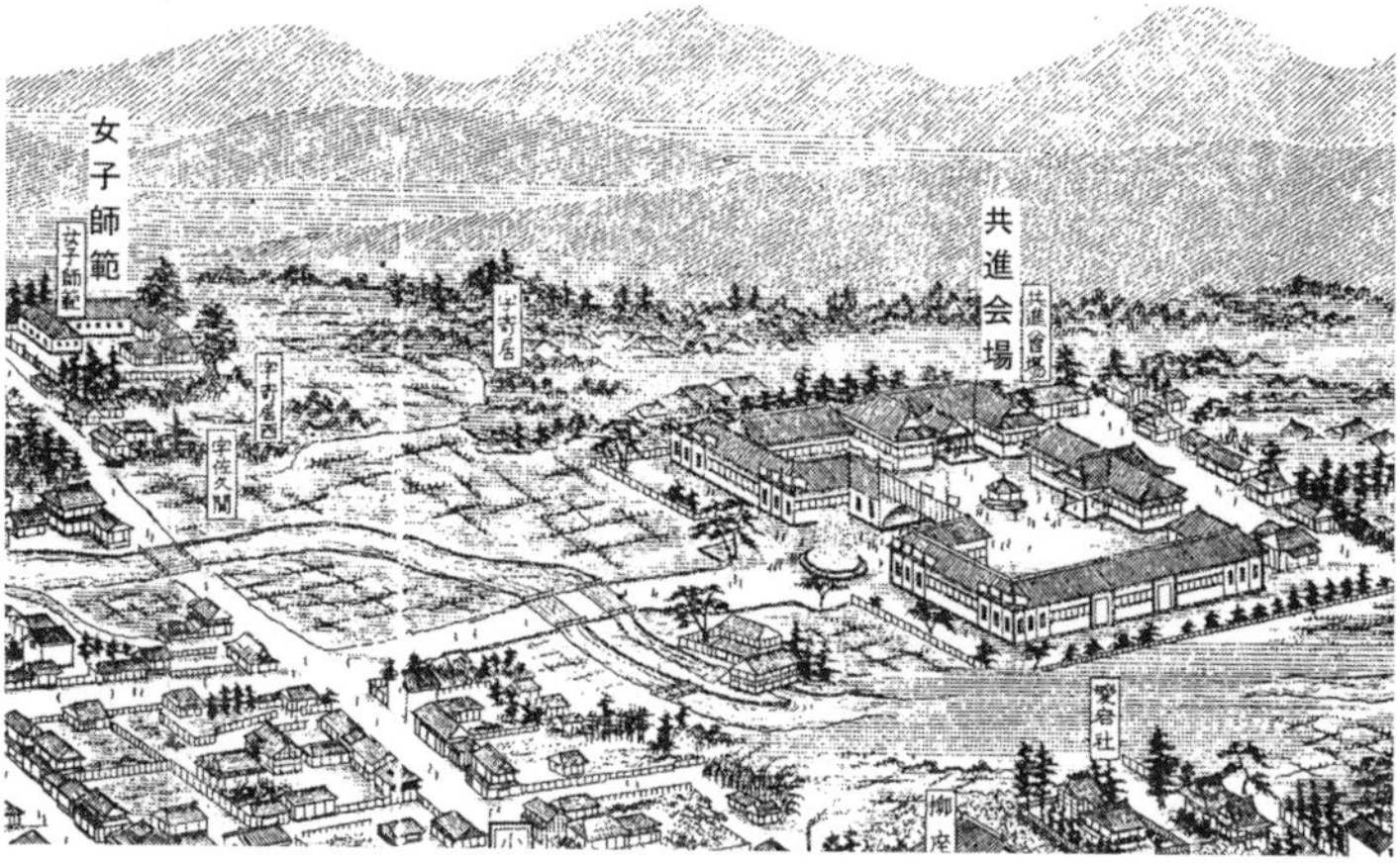

図３　共進会場

第１会場は現在の県民会館周辺一帯。

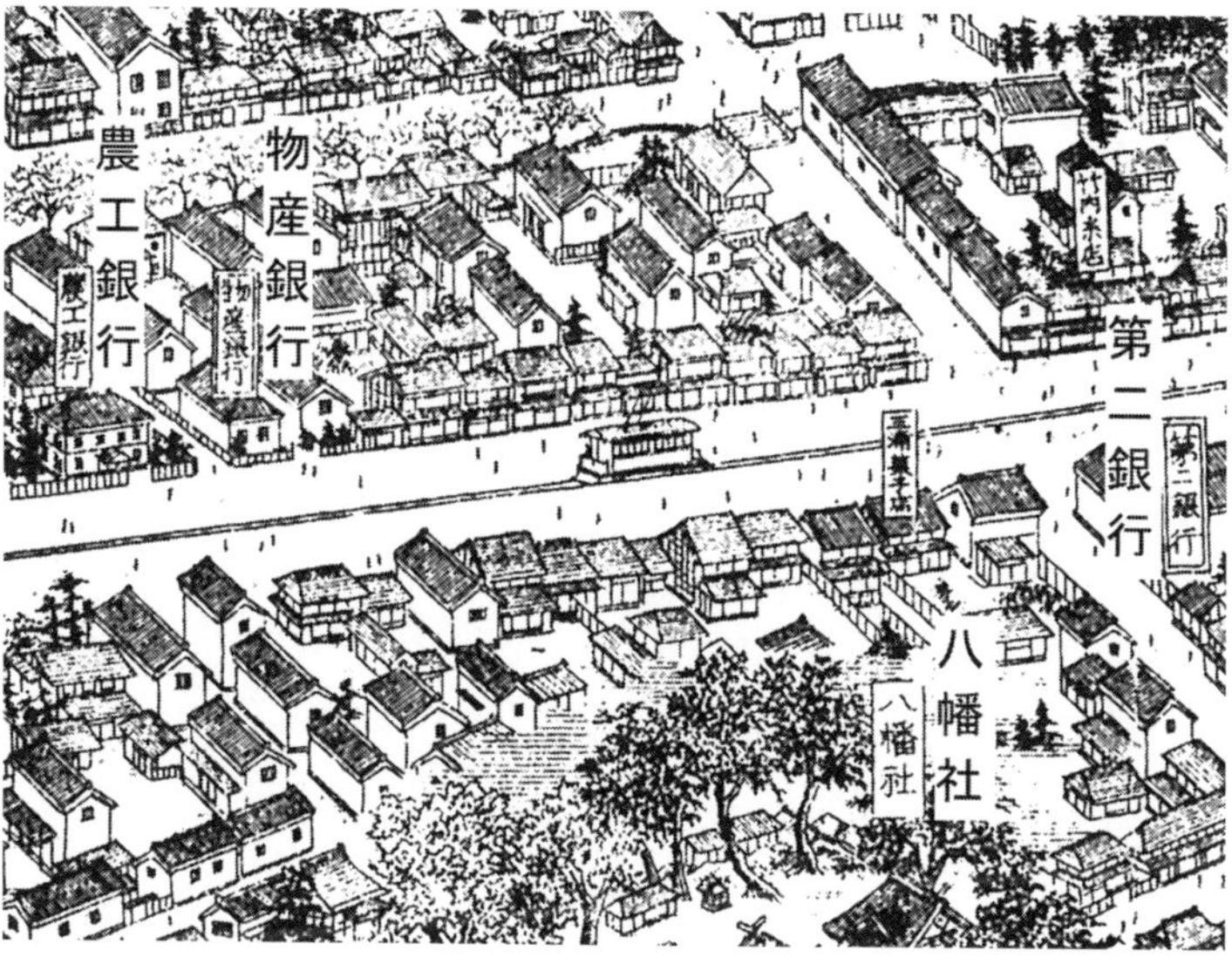

図４　路面電車

現在の本町通りの国道 50 号を通る電車。

3　真景図とは？

さて、タイトルの「真景図」ですが、あまり耳にしない言葉でしょう。絵画史上では、江戸時代後期に使われるようになった言葉です。それまでの日本の風景画は物語上の風景や想像上の中国の風景を描いていたのですが、真景図は自分で見た風景を描くという点で新しい表現方法でした。しかし、単に風景を写実するのではなく、画家が感じる風景の本質や中国の風景のイメージを重ねて表現するのが真景図です。「真景図」の語句が絵画のタイトルとして初めて使用されたのは谷文晁《たにぶんちょう》の「那智真景図」でした。写実に重きを置いて描くものは実景図と呼ばれるようです。(6)

前橋市真景図も写生した上での実景図である点では絵画史の流れの中にあるのですが、明治期になって温泉や名勝などの観光地やイベントの際に土産物として描かれた鳥瞰図《ちょうかんず》も真景図と称されました。前橋市真景図は後者の範疇《はんちゅう》でしょう。

4　前橋市真景図の復刻

平成19年（2007）、NPO法人波宜亭《はぎてい》倶楽部が企画・執筆を担当して前橋市真景図が前橋市から復刻されました。復刻版は原図と同じくA1判の大きさで、片面が真景図の完全復刻でした。もう片面は原図での広告の代わりに、明治40年（1907）の『前橋繁昌記《まえばしはんじょうき》』(7)に所収された写真から選んだ19枚の建物の写真を転載して解説し、併せて共進会や路面電車の解説を付けました。解説文の一部を要約して再掲します。

明治から昭和まで多くの前橋地図があるがほとんどは平面図であり、詳細な俯瞰地図は「前橋市真景図」のみである。現存する「真景図」は前橋文学館所蔵の1枚しかなく極めて貴重なものである。今回、市の「歴史的財産を活かしたまちづくり事業・まちなか100年歴史マップ作製業務」として復刻することとなった。それは、昔のまちの様子・前橋の歴史の一端を知ることで前橋に親しみと愛着をもつ人が多くなってほしい、との考えからである。

発行人である加藤徳重は群馬新聞社の社長であり、前年の明治41年（1908）に出版された『最新前橋案内』の発行兼編集人でもある。群馬新聞社は現在の煥乎堂《かんこどう》の西あたりにあり、政友会の機関紙を発行していた(8)。

「真景図」が発行された明治42年（1909）は前橋の製糸産業が座繰《ざぐり》製糸から器械製糸に移行していた時期であり、製糸業が隆盛していた時期であった。この「真景図」を遡《さかのぼ》ること9年、石原和三郎の「上野《こうずけ》唱歌」（明治33年）の中で謡われた前橋の様子は次のようであった。

まず前橋を尋ねれば　群馬県庁　裁判所
師範学校　中学校　勢多郡役所もここにあり
商業盛《さかん》に土地繁華　生糸の取引とりわけて
四九《しく》の市日《いちび》のにぎわしく　国中一の都会なり

「生糸の取引」とは安政6年（1859）の横浜開港以降の貿易による生糸取引をさし、明治3年（1870）に日本で最初の洋式器械製糸所である前橋藩営製糸所の創設もあった。上質な上州生糸（束ねた生糸・さげ糸）は、当時のロンドンで「マエバシ」と呼ばれるほど評判が高かったという。

歌中の「中学校」は現在の県立前橋高校です。(3)「勢多郡役所」は、広瀬川右岸、厩橋《うまやばし》と比利根橋《ひとねばし》の中間辺りにあり、おおよそ赤城山麓の利根川以東の村々の役所でした。前橋は明治25年（1892）に前橋町から前橋市になりましたが、以前は東群馬郡と南勢多郡に分かれていました。そんな経緯もあり前橋市内にそのまま勢多郡役所が置かれていたのでしょう。「四九の市日」とは4と9の付く日に開かれた市《いち》のことです。

なお、前橋市真景図以外の鳥瞰図として、著名な吉田初三郎が描いたカラーの「勝地群馬」(9)がありま す。この図には群馬県全体が描かれています。吉田初三郎の鳥瞰図は色彩と構図が美しいことで有名です。「勝地群馬」の図は臨江閣《りんこうかく》別館に実物が掲げられています。

5　2枚目の発見

復刻版の発行が呼び水になったのか、予想外の嬉しいことが起こりました。真景図の2枚目の実物が発見されたのです。真景図の表面に広告を出した大野歯科医院に保管されていたのを知人を介して教えていただきました。

新発見版の真景図を見てまず驚いたのは、折りたたんだ地図を包装する畳紙《たとう》（図5）付きだったことです。畳紙のデザインのうち、上の四角の枠は、手前から広瀬川、家並み、赤城山のようにも見えます。大きな丸は団扇《うちわ》でしょうか。色は薄い青色です。今から見ても洒落たデザインです。また、裏の広告欄（図6）は、前橋文学館所蔵版ではほぼ空白なく埋まっているのに対して、新発見版では左下に空きスペースがあった点も異なりました。これは新発見版のほうが古い（初版？）ことを示唆します。

大野博重氏のご意向で波宜亭倶楽部が一時お預かりしていました。しかし、貴重なものゆえ保管は民間団体よりも公の施設が望ましいと考え、大野氏ともご相談の上、前橋市立図書館に寄付しました。その模様は上毛新聞の平成20年（２００８）5月13日に掲載されました。

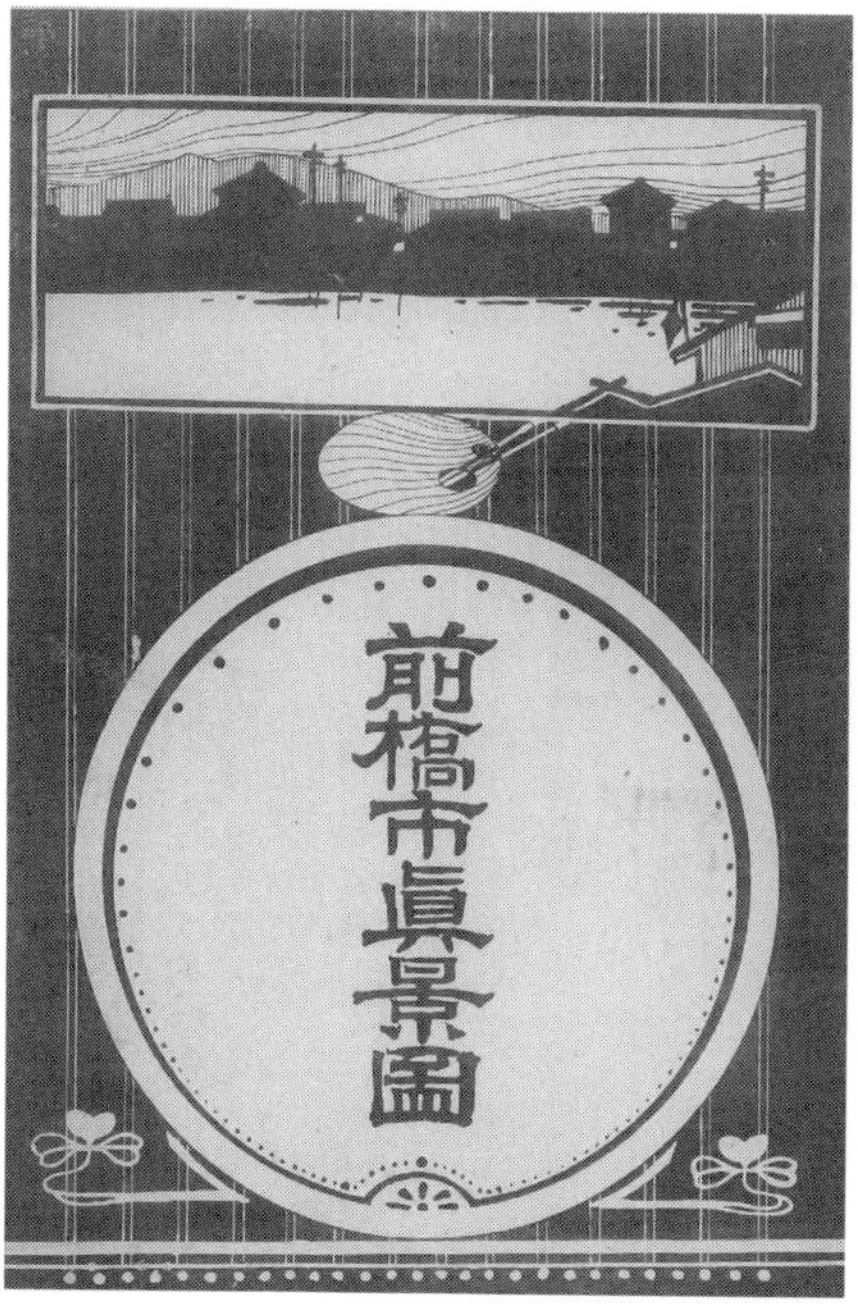

図5　畳紙

復刻版が好評だったため市から増刷の話が出ました。私たちとしては新しく見つかった畳紙を表紙に採用したいことや、第1版から2年しか経っていなかったものの幾つかの建物の名称変更もあって内容を書き換える必要がありました。結局、構成を変えるとともに加筆訂正を行い、増刷でなく第2版として平成21年（２００９）に発行されました。

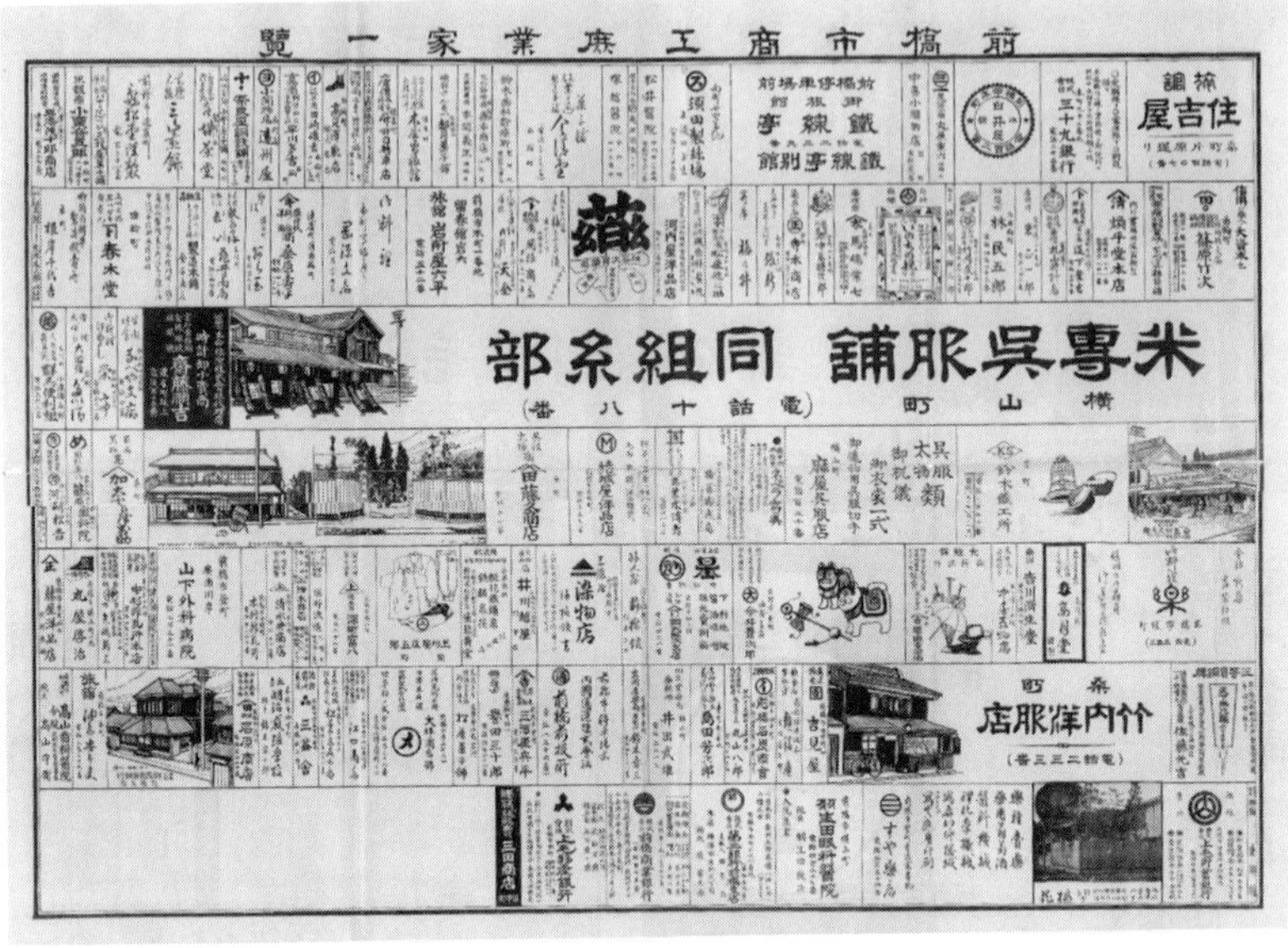

図6　新発見の真景図の裏面
左下の欄が空いている。前橋文学館所蔵の真景図では全面が広告で埋まっていて空白はない。

第1版も第2版も残念ながら残部はないそうです。

6　製作、制作、著作（画）、鐫《せん》について

前橋市真景図の発行人（製作者。制作依頼元。販売人）は前橋市の加藤、著作兼印刷人（制作）は宇都宮市の晃陽社の宇賀神啓一郎、画（著作）は手塚雲乗、鐫（彫り）は伊藤翠岑です。第1版発行当時には加藤については少しだけ判明したのですが、宇賀神、手塚、伊藤については全く不明であり、宿題として残っていました。

それとなくアンテナを張ってきた中で、3人に関係する真景図が以下の4枚あることまでは分かりました。

①『宇都宮市真景図』明治39年（1906）

②『大日本東京全景之図俯瞰図』明治40年（1907）

③『前橋市真景図』明治42年（1909）

④『下野国塩原温泉之真景』大正5年（1916）

①と②の復刻版は入手し、④は原本をお持ちの群馬大学の関戸明子教授にご教示いただきました。

3人の役割は、①では晃陽社の宇賀神が印刷（制作）、「雲乗 手塚文義」（雲乗が雅号で文義が本名か）が著作、②は東京の人物が発行し著作が手塚、③と④は宇賀神が制作（④では製作も）、手塚が著作、伊藤が彫りを担当しています。つまり②以外はほぼ同じメンバーが宇都宮で制作しています。②では手塚が東京に出張したと推定され、手塚は名の知られた画家だったのかもしれません。昭和9年（1934）の『宇都宮商工案内』[10]に、晃陽社印刷所が大正15年（1926）に創設され職工が9人いたことが載っています。栃木県史や宇都宮市史を読んでもそれ以上は不明でした。

本稿を書いていて残念に思ったことは、前橋市真景図は制作も画も鐫も前橋で行われなかったことです。前橋にも真景図を製作する基盤はありました。例えば、『上野国金洞山中之嶽真図』（妙義山の絵図）は前橋の画家・森霞巌《かげん》が描き印刷も前橋市内でした。[11]森は高名な画家であり明治24年（1891）の保岡申之『前橋繁昌記』の表紙や挿絵も描いています。[12]森は明治41年（1908）に亡くなっています。もし森が存命していて前橋市真景図を描いたならば、前橋にとってさらに貴重な真景図になっていたのに、と惜しまれます。

図７　第１会場全景（『群馬県主催一府十四県連合共進会事務報告』より）
正門は会場の西にあった。この図は南西から会場全景を描いている（撮影した？）。

7　共進会(13)

前橋市真景図は明治43年9月の「群馬県主催一府十四県連合共進会」の開催を想定して描かれました。そのためか、作成時には未完成だった共進会の会場と路面電車が描かれていることは既に述べました。

共進会は前橋にとって明治・大正時代を通して最大のイベントでした。東京府と関東・東北の14県（全国の3分の1！）が参加し、農産物、物産品、工業製品などを陳列して競う、物産会、品評会そして博覧会でした。主会場である第1会場（図7）(14)は1万9千坪あり、現在の県立図書館・前橋商工会議所・県民会館（ベイシア文化ホール）・日吉町一号公園・前橋市第一保育所などの一帯（日吉町一丁目）です。ここには各県や県内の物産や工業製品などが陳列されたほか、余興場が会場の内外に設けられ、催し物や飲食店があってにぎわいました。第2会場の「参考館」は現在のNTT東日本前橋本町ビル（本町一丁目）、第3会場の「馬匹《ばひつ》会場」は現在の県立前橋女子高校（紅雲町二丁目）の3カ所でした。高崎でも中央小学校で教育展覧会が開催されています。

共進会は9月17日から60日間開かれ、3つの会場の入場者数は延べ94万人以上でした（1日ごとに集計されていました）。入場料は5銭で、1枚の観覧券で第1会場と第2会場の両方に入場できました。[14]両会場を続けて訪れた人も多かったでしょうから、第1会場の入場者数61万人弱が実質的な入場者数でしょうか。それにしても、当時の前橋の人口が約4万7千人でしたので、いかに多くの参加者があったかが分かります。人口に対する来場者数の比率では令和の現在を含めても空前絶後と思われます。既存の旅館だけでは宿泊客に対応できないため、臨時に宿泊客をとった飲食店も多かったようです。民宿も多かったのではないでしょうか。市内外からの客のため、『群馬県案内』、『前橋市案内』、『前橋商工案内』などが発行されています。また来賓の接待のために貴賓館（臨江閣別館）が建設されました。

従来の共進会は日中だけの開催でしたが、前橋では夜間も開場しました。そのため電力が必要となり「利根発電会社」がつくられました。会場にはイルミネーション（写真1）[15]やサーチライトが設備されていました。写真1の夜景は現在からみれば随分と暗いイルミネーションに見えるでしょうが、当時の電力事情からすればこんな様子だったのでしょう。暗い写真であることを承知で紹介したのは、イルミネーションの明るさよりも周囲の暗さを見ていただきたいためです。この暗さが当時の前橋の様子を端的に物語っていると思われます。だからこそ共進会開催の意義が余計に強く感じられるのです。

サーチライトについて、街中で育った福田貂太郎《てんたろう》が次のように書いています。

「仁丹塔のサーチライトは、燈台のあかりのように回りながら町の方々を照らした。当時は家並みが低かったから、このあかりをさえぎるものもなく、どこ迄も届いた。子供達は、ゆうべはうちの壁をてらしたとか、顔をてらされてまぶしかったとか、話し合っていた」[16]

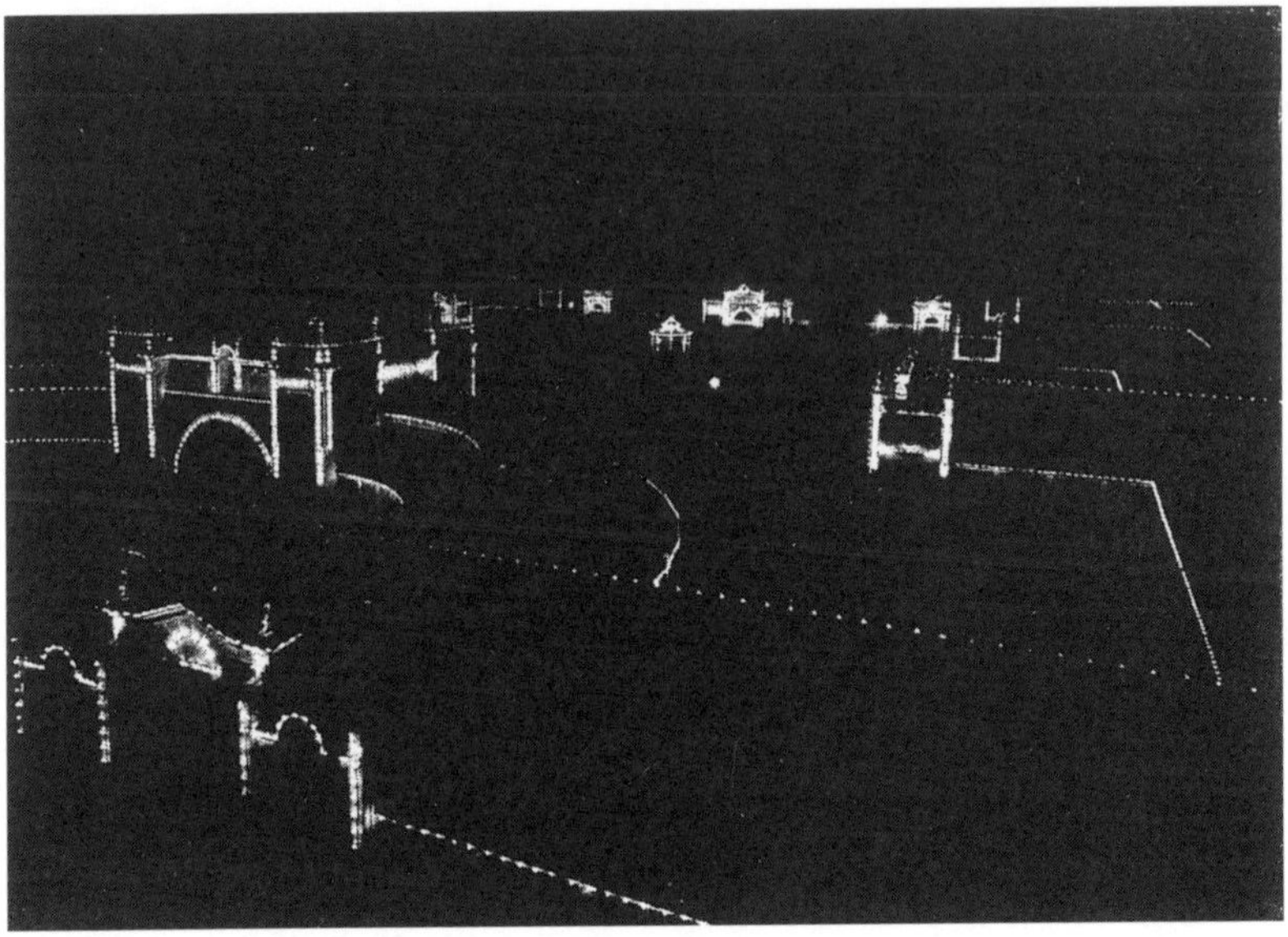

写真１　第１会場夜景（『紀念写真帖』から）

共進会を契機にして、市章が輪貫《わぬき》（旧前橋藩主の松平氏の馬印《うまじるし》）に定められました。一般市民が活動写真（映画）を見たのも、[13] りんごを食べたのも、[13] ピアノの音を聞いたのも、[17] 共進会が初めてでした。共進会開催によって、電灯が市街地に普及し、馬車が電車に変わりました。前橋の近代化が一気に進みました。道路も整備され、それまでは通じていなかった道路、例えば、前橋駅から第3会場（現・県立前橋女子高校）を通り利根橋までの道路などが開通し道路も拡幅されました。[17]

共進会終了後、第1会場跡地には師範学校が県庁南東から移転してきます。第2会場には物産陳列所が県庁東から移転します。

共進会について調べた際、図7の全景図が俯瞰図になっている点が気になりました。この構図の絵をどうやって描いたのか（あるいは撮影したか）。今のようにドローンはありませんの

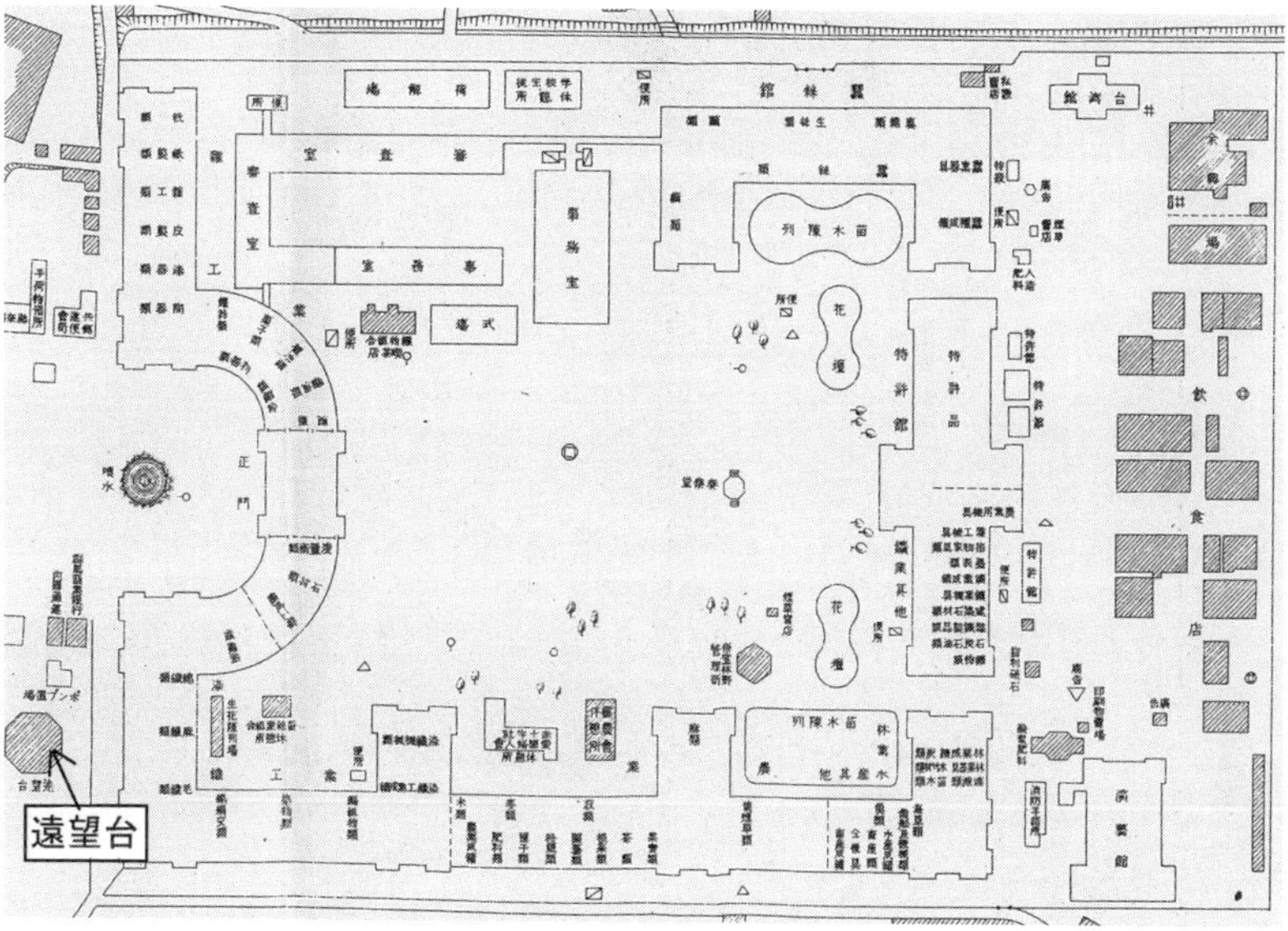

図８　第１会場内の見取図と遠望台（『群馬県主催一府十四県連合共進会事務報告』から）

遠望台は正門の南（図の左下）にあった。

で、どこかの製糸工場の煙突にでも登って描いたかと推定しました。結論としては、「遠望台」でした。遠望台は地図にも記入されていて（図8）[14]、写真（写真2）[15]にも写っています。サーチライトはこの遠望台に設置されていました。つまり、この遠望台が福田貂太郎の書いた「仁丹塔」です。遠望台の高さは不明ですが、写っている人の大きさから推定すると少なくとも15〜20mはあったようです。

お気づきのことと思いますが、図7と写真1は、遠望台のほぼ同じアングルから見た昼と夜の会場の全景です。

当時、この高さの構造物は岩神《いわがみ》村（昭和町三丁目）の測候所（現・前橋地方気象台、現在は大手町に移転。気象観測は現在も昭和町三丁目）の観測台だけです。測候所の観測台は15mでした。両者は1，500mほ

写真2　遠望台（『紀念写真帖』から）
右前方に遠望台がある。左は染織工業館。会場内から南西向きに撮影している。

ど離れていますが2つの間には高いものは何もありません。互いによく見通せたでしょう。共進会前には測候所の観測台だけがひときわ目立っていましたが、共進会開催中は2つの塔が競い合うように並び立っていたことでしょう。

なお、共進会と聞くと思い出されるのが萩原朔太郎の短歌です。朔太郎は詩を書く前は短歌をよく詠んでいました。

前橋の　共進会の裏門の　畑の中にきく　秋の風[18]

「裏門」や「秋の風」の言葉は哀愁を感じさせます。共進会の豪華さやにぎわいとは対照的です。

8　路面電車

前橋のまちなかを路面電車が走っていたことを知る人も少なくなりました。

写真３　電車と前橋駅北口（『大正末から昭和の初め』から）

　明治22年（1889）に前橋駅ができて乗合馬車が前橋駅から渋川まで走るようになりました。乗合馬車は通常の道を馬が引いて走ります。明治23年に、レールの上を馬が引いて走る馬車鉄道に代わり、前橋岩神村と渋川新町間が開通しています。馬車鉄道が路面電車（写真3）[19]になったのが共進会の時でした。路面電車は共進会の開会時から走る予定でしたが間に合わず、名古屋から借りてきて会期中にやっと走りました。前橋駅から北上し、五差路で左折して本町の国道50号を走り、本町一丁目の交差点で右折して国道17号を北に向かいました。1時間に1本の電車でした。当時は上越線がまだありませんので、伊香保、四万《しま》、草津などの温泉地への旅行者はすべて路面電車を利用していました。上越南線（高崎駅〜沼田駅）の開通は大正10年（1921）になってからです。

　長らく親しまれた電車ですが、車社会となっ

写真４　電車の石板

て不要とされ、まずは昭和28年（１９５３）1月に街中の路線である前橋駅と萩町（現・昭和町）との間の電車が運転休止し、昭和29年2月に渋川までの全線が営業廃止になりました。[20]

　路面電車の名残は前橋市内に3つあります。2つは、本町通りの石碑です。前橋駅から北に向かう前橋赤城線の五差路の一画に電車の石板（写真4）があり、国道50号と中央通りの交差点に馬車鉄道の石板（写真5）があります。もう1つは、利根川の親水公園にある大聖牛《おおひじりうし》（写真6）です。大聖牛とは川の流れを制御するための水制工（流れを操作する構造物）であり、通常は丸太《まるた》で三角錐のような形を組み上げます。利根川河川敷にある大聖牛は鉄骨でできています。この鉄骨が電車のレールの再利用なのです。現在は大聖牛の全体の骨格は見えず、下部5分の2くらいに石や土が堆積しています。設置当初はこの場所は利根川の水が流れる川瀬でした。年月を経るに従って大聖牛の下部に徐々に石や土が溜

写真５　馬車鉄道の石板

写真６　レールで組んだ大聖牛（平成 16 年撮影）

この場所には以前は利根川の水が流れていた。大聖牛の下部に徐々に石や土が溜まっていき、土が積もり石の河川敷が土地化していった。

まっていき、土が積もり石の河川敷が土地化していったのです。元々は利根川が流れていた場所ですので、川の水位が少し上がれば水没する場所です。今は立ち入り禁止になっています。

9　おわりに

本稿を書くにあたり手間取ったのは、日本赤十字社群馬支部の建物の変遷、共進会第1会場の広さの確認、そして遠望台でした。答えが見つかるまではちょうどジグソーパズルの1つ1つのピースをどこに入れるかを考えるようなものでした。ぴったり当てはまったときは一気に視界が開けます。気分が晴れるとともに、「こんな簡単なことだったんだ」と気が抜けた気もします。

歴史を調べるということは、そんなことの繰り返しです。諦めればそこで終わりです。無駄なことを調べていることも多々あります。「労多くして功少なし」を実感します。調べるには時間と根気が必要なことは言うまでもありません。「学問に王道なし」とはよく言ったものです。コツコツと積み上げていくしかありません。ただし、私の歴史探訪は学問と言うほどのものではありませんが……。

注

1　『旧群馬県衛生所保存修理工事報告書』桐生市教育委員会、1986年

2　密蔵が勤めた県立病院は、物産陳列所の建物の県立病院ではなく、同じ敷地内に明治15年（1882）に新築された県立病院（前橋市真景図の「赤十字支部」の建物）である。以下、日本赤十字社群馬支部百年史編さん委員会『日本赤十字社群馬支部百年史』1989年、による。

明治18年（1885）に県立病院が閉院されたあとは、県立病院長であった山崎泰輔が病院を借りて前橋病院を経営した。明治27年（1894）に山崎が病院を返却し、同年に日本赤十字社群馬支部が建物等を借り、看護婦養成所第一期速成科を開設している。そして、明治29年（1896）に日本赤十字社群馬支部が県から建物関連一切を購入した。大正2年（1913）、新町（現・朝日町）に病院を開設する。

3　師範学校附属小学校は明治20年（1887）に物産陳列所の建物に移転し、翌年に幼稚科が置かれた。明治27年（1894）に幼稚科が廃され、同年に附属小学校は師範学校敷地内（現在の市役所の建物を中心にした一帯。大手町二丁目）に新築され移転している。朔太郎は明治25年に附属幼稚科に入り、26年に附属小学校に入学する。幼稚園と小学1年生のときは物産陳列所の建物に通ったわけである。

萩原隆『若き日の萩原朔太郎』筑摩書房、1979年に、朔太郎のいとこの栄次が明治25年（1892）に群馬県尋常中学校（現・県立前橋高校。当時は現在の群馬中央病院のところにあった）に通学していたときのことを回顧した文がある。「朔太郎君が始めて幼稚園に通いだす頃＝県庁前の幼稚園、後の物産陳列所、其頃前橋ではめづらしい白ペンキ塗の洋館でした。私は毎朝朔太郎君を、コノ幼稚園まで送って、而して中学校へ行くのでした」

4　群馬県立文書館「企画展 群馬県主催一府十四県連合共進会」群馬県立文書館、1994年

5　小学校の女性教員を養成するため、明治20年（1887）に女子授業生伝習所が開設され、明治34年（1901）に女子尋常科准教員講習科が開校し、群馬県女子師範学校が明治35年（1902）に開校した。開校当初は日本赤十字社群馬支部の建物を仮校舎とし、明治38年（1905）に清王寺村（現在の若宮町、日吉町あたり）に新校舎が落成して移転した。当時、他県では師範学校の女子部などの形がほとんどであったようで、独立した女子師範学校は全国的にも稀であったという。師範学校を「男師」、女子師範を「女師」と呼んだ。当初は全寮制であり、市内の生徒も寄宿舎に入った。男子禁制はもとより、外出時には教師の認印と保証人の証明印が必要だった（群馬県女子師範学校編『創立三十周年記念学校概要』群馬県女子師範学校、1932年）。

6　田沢裕賀・大橋美織『描かれた風景』東京国立博物館、2013年

7　豊国義孝『前橋繁昌記』1907年

8　前橋市史編さん委員会『前橋市史・第5巻』前橋市、1984年、によると、「群馬新聞」は明治32年（1899）の創刊時は「上野民報」、明治33年（1900）に群馬新聞と改名した日刊紙であった。

9　吉田初三郎「勝地群馬」群馬県勝地協会、1936年

10　宮田穣『宇都宮商工案内』宇都宮商工会議所、1934年（国立国会図書館デジタルコレクション）

11　芳賀明子「明治期風景銅版画をめぐって」『埼玉県立文書館紀要第26号』埼玉県立文書館、2013年

12　本書「謎の『以文会』と『前橋繁昌記』の謎」参照

13　前橋市史編さん委員会『前橋市史・第4巻』前橋市、1978年

14　群馬県主催一府十四県連合共進会同馬匹共進会『群馬県主催一府十四県連合共進会事務報告』群馬県主催一府十四県連合共進会同馬匹共進会、1911年。この書は共進会について調べる際の基礎資料。

15　猪谷秀麿撮影『紀念写真帖』群馬県協賛会、1911年

16　福田貂太郎『前橋今昔』前橋観光協会、1976年

17　入沢康平『前橋覚え書・第一集』旧い前橋を語る会、1970年

18　『ソライロノハナ』『萩原朔太郎全集・第15巻』筑摩書房、1988年

19　平田松平撮影『大正末から昭和の初め』平田一夫、1990年

20　住吉町一丁目成年会文化部編集『住吉ものがたり』住吉町一丁目成年会文化部、1982年

12

朔太郎をめぐる不思議４題

―幻の絵画、３番目の家とバラ、父密蔵―

1　はじめに

萩原朔太郎に関しては様々な書籍で種々に書かれていますが、本稿では、これまで専門書でも取り上げられてこなかった4点をご紹介します。

最初は若き日の朔太郎を描いた絵画「詩人と雲雀《ひばり》」です。年齢を重ねてからの朔太郎の肖像画や銅像はありますが、若いときの絵はこれまで知られていません。描かれたのは事実ですが、行方は不詳であり幻の絵画となっています。

次は、朔太郎の3番目の家です。朔太郎は前橋では3つの家に住みました。1番目と2番目の家については間取図《まどりず》が判明していますが、3番目の家の間取図はこれまで確認されていません。本稿で3番目の家の間取図と萩原家ゆかりのバラを紹介します。

最後に朔太郎の父の密蔵についてです。密蔵は前橋市医師会の第3代会長を務めたとされていますが、どうも違うようです。これを確認します。

2　幻の絵画「詩人と雲雀」

「詩人と雲雀」と聞いても、ご存知の方はほとんどいらっしゃらないでしょう。

タイトルの「詩人と雲雀」のうち、詩人とは萩原朔太郎（1886〜1942年）であり、雲雀とは半玉《はんぎょく》（芸者の見習い）を指します。朔太郎と交流のあった東宮七男《とうみやかずお》（1897〜1988年）が昭和37

年（1962）[1]にこの絵画のことを書いています。東宮は詩人であり、詩碑「花なればこそ」が広瀬川河畔、中央前橋駅と久留万橋《くるまばし》のすぐ上流にあります。レンガ積みのお洒落な詩碑です。

　奈良の部屋に「詩人と雲雀」という油絵が永い間掲げられてあった。この絵は眼のぐりっとした額の広い、草色の背広に黒いボヘミヤンネクタイをした赤いトルコ帽の詩人が空を仰いでいるかたわらに振袖姿の一見半玉だということの分かる娘がうつむき加減になって草花をもっている、色彩のつよい、細かいタッチの絵だった。

文中の「奈良」とは奈良宇太次。奈良が「詩人と雲雀」を描きました。奈良は文学青年で朔太郎を敬愛していて、大正2年（1913）ころからの数年間は朔太郎と非常に親しくしていました。大正3年（1914）に室生犀星《むろうさいせい》（詩人・小説家。朔太郎の生涯の友）[2]、翌年に北原白秋（詩人・童謡作家・歌人。朔太郎の詩を世に出した）[3]が前橋に来たときには、奈良も歓迎の席に加わっています。北原白秋との記念撮影にも関わっていると推定されます。[4]絵が得意で、師範学校（現・群馬大学教育学部）時代に描いた「むくどり」という絵が徳江亥之助（弁護士。前橋市議会議長）に買い上げられたといいます。師範学校を卒業して小学校教諭になり、後に講談社に入社しています。

ボヘミアンタイは大正時代に文士《ぶんし》（文筆業の人。作家や小説家）や芸術家が好んで用いました。トルコ帽（トーク）はトルコの男性がかぶっている帽子の型からの名称。写真1はまさにトルコ帽とボヘミアンタイの朔太郎です。この写真は朔太郎の自筆サイン入りで、大正3年（1914）のものです。朔太郎は、トルコ帽とボヘミアンタイの姿で写真撮影していますが、もしかすると、この写真撮影に合わせて奈良が絵を描いたのかもしれません。

写真１　萩原朔太郎（1914年）（群馬県立土屋文明記念文学館所蔵）

写真２　半玉（辰龍？）

「雲雀」は、当時はまだ半玉であった辰龍（辰竜）という芸者です。朔太郎が贔屓《ひいき》にしていました。辰龍は後に前橋の芸妓組合の責任者を務めています。写真２は東宮の文中[1]に掲載された半玉の写真です。キャプションは付いていませんが、文章から推測すると辰龍のようです。

東宮は、昭和41年（１９６６）[5]にもこの絵に触れています。このときは絵のタイトルは書いてありません。また、絵の中の朔太郎を「詩人」ではなく「音楽家」としています。「音楽家」としたのは、当時の朔太郎はマンドリン楽団を結成して県内外で演奏会を開いていたことによるのでしょう[6]。また絵の構図として「麦畑の中に立っている」ことを書き加えています。

「詩人と雲雀」の絵の号数は不明です。また、制作年も不明ですが、朔太郎と奈良が親しかった大正４年（１９１５）前後の可能性が高いと思われます。「詩人と雲雀」は、日本を代表する詩人の30歳ごろ、前橋を代表する芸者の10代の若き日の肖像画です。朔太郎の写真は幼少時から晩年まで多くのものがあり、また、肖像画も晩年のものはありますが、若いときの肖像画は見かけません。「詩人と雲雀」が見つかれば、大きなスクープになるかもしれません。

写真３　小見可憐歌碑

３　絵の所有者

この絵は、朔太郎の取り巻きたちが欲しがったのですが、奈良は決して譲ることはせず、自分で大事に持っていました。しかし、後に「小見可憐《おみかれん》の書斎に掲げられるようになった。飲み代になったのであろう[5]」。

小見可憐（１８８９〜１９３０年）は本名は小見磯太郎。富士見村原之郷で蚕種製造業を営む資産家の長男として生まれました。病弱なこともあってか、短歌にいそしみ、『可憐集』と『白き寝台』（怪我で前橋市内の医院入院中および医院近くの親戚の家で療養中の作品集）の２つの歌集を出し、『群馬文学全集第12巻 群馬の歌人』(7)にも収録されています。大正3年(1914)の室生犀星来橋の折には、朔太郎や奈良などと一緒に犀星を歓待しています。可憐は収集家としても知られ、1室まるごとを書庫としていて、北原白秋、高村光太郎、与謝野鉄幹・晶子夫妻などの短冊や色紙、その他多くの豪華本、蔵書を持っていました。昭和5年(1930)に没し、昭和8年(1933)に歌碑が建立されています。歌碑には次の短歌が刻まれています。

戸をくれば　すなはち見ゆる　向つ家の　軒にざくろの　みの赤き朝

可憐の子孫を探すべく、富士見町の知人などに聞いたところ、可憐の直系の子孫の方はすでにいらっしゃらないようです。大きな手がかりが無くなって落胆しました。それでも手がかりを求めて、『富士見村誌』(8)を読んだところ、手がかりを見つけるどころか逆に絵画探しの困難さが増しました。

昭和22年(1947)9月15日のカスリーン台風で富士見村にて白川が決壊し、富士見村は痛ましい被害を被りました。なかんずく、小見家のある原之郷の被害が大きく、小見家も流失したことが分かりました。小見家に残っていたかもしれない「詩人と雲雀」も流失してしまった可能性が大です。これで「詩人と雲雀」は探し出すのは無理かと思い始めました。

4 「詩人と雲雀」は何処に?

それでも、もしかしたら昭和22年以前に絵が知人や親戚に渡っていないか、と叶わぬ思いをめぐらせました。そのころに行き当たったのが『可憐追想』(9)という本です。可憐の短歌を収めてあるだけでなく、友人や親族が可憐の思い出を綴っています。この本は、道路拡幅などで可憐の歌碑を移動させざるを得なくなった際、歌碑の話に留まらずに、可憐の追悼集として昭和47年（１９７２）に出版されました。現在では、県内の図書館などで所蔵しています。

一縷《いちる》の望みをかけて読んだところ、「詩人と雲雀」そのものに触れた文はありませんでした。が、従弟と考えられる羽鳥始次が「従兄可憐」という一文を書いていました。その中に「（昭和6年・１９３１年ごろ）前橋市内の古本屋で可憐の蔵書を多数見出して吃驚した。全部まとめて買い取ったものだと主人の言だった」という文がありました。「全部まとめて買い取った」ということは、本に限らず、色紙や絵も買い取るはずです。絵は可憐死亡後1年ほどの時期に富士見村の実家から前橋市中の古書店に買い取られたかもしれません。今も残っている可能性が出てきました。

昭和初期からある古い古書店は前橋には2軒だけ。はやる気持ちを抑えて2軒にお聞きしましたが、「何せ80年以上も前のことですからね」とのこと。言われてみればそれも当然です。文献から追っている私にとっての時間は少し前の話なのですが、現実的には82年も前の話です[10]。お店にとっては先代あるいは先々代の時代の話です。有名な画家が描いた絵ならばいざ知らず、画家としては全く無名の奈良が描いたものです。朔太郎が描かれているというだけでは、次代への申し送りはなかったものと思われます。どうも古書店にはなさそうですが、もし古書店から誰かに売られていたならば、今もどこかに存在する可能性はあります。

麦畑の中で、空を仰いでいる男は赤いトルコ帽をかぶり、広い額でぐりっとした眼をし、草色の背広を着て黒いボヘミアンタイを付けている、娘は、振袖姿でうつむき加減にして草花を手に持っている、そんな内容の油絵をどなたかご存知ないでしょうか？

5　朔太郎の1・2番目の家

「詩人と雲雀」が描かれたと思われる大正4年（1915）前後、朔太郎は高等学校を中退して前橋に戻り、生家で生活していました。生家は北曲輪町《きたくるわちょう》69番地（千代田町二丁目1番）。朔太郎が生まれた明治19年（1886）には父密蔵が開業する萩原医院でした。『月に吠える』（大正6年・1917年）を書いたのも結婚（大正8年）したのもこの家のときです。生家は今の前橋テルサの西向かいのマンションの場所です。現在、この一隅に「萩原朔太郎生家跡碑」と生家の屋敷間取図のプレートがあります。この碑は生家の門柱の再利用です。碑の文字は伊藤信吉（詩人。萩原朔太郎研究会初代会長。群馬県立土屋文明記念文学館初代館長）が書いています（るなぱあくのロゴも伊藤の文字です）。生家の模型は前橋文学館で展示されています。

朔太郎の2番目の家は石川町28番地（紅雲町二丁目1番周辺）。大正8年（1919）、密蔵が萩原医院を朔太郎の2番目の妹幸子《ゆきこ》の夫・津久井惣治郎医師に譲って津久井医院に替わります。密蔵や朔太郎らは石川町28番地に転居しました。この家の屋敷間取図は『萩原朔太郎研究会会報・第43号』[11]に掲載されています。家は現在の桃井《もものい》小学校の南にありましたが、昭和25年（1950）からの区画整理および昭和28年（1953）の群馬大橋架橋に伴う道路拡幅によってその大半は道路になっています。

6　３番目の家

３番目の家は北曲輪町71番地（本町一丁目１番）です。生家の斜向《はすむ》かい、現在の日本銀行前橋支店東のマンション敷地内にありました。北側が現在の朔太郎通り、東・西・南は隣家に接していました。この家は、朔太郎が昭和４年（１９２９）に離婚して娘２人を連れて東京から帰郷した家であり、父を看取った家です。この家には終戦後は昭和20年（１９４５）から、朔太郎の４番目の妹の愛子が住んでいました。３つの萩原家のうち最後まで残った建物です。(12)

この土地は明治43年（１９１０）に密蔵が取得しました。密蔵が喀血し、朔太郎が医院を継がないことがはっきりしたことから、山形にいた津久井惣治郎一家を呼び寄せるためでした。戦前までの71番地の住人の変遷は以下の通りです。

明治44年（１９１１）～大正８年（１９１９）　津久井一家
大正８年～昭和２年（１９２７）　密蔵が津久井医院で診療するときに寝泊まり
（大正14年・１９２５年に朔太郎・妻・長女葉子・次女明子《あきらこ》は東京に移住）
昭和２年　　密蔵・母ケイ・妹愛子が石川町から転居してくる
昭和４年（１９２９）離婚した朔太郎・娘２人が東京から移って来る
昭和５年（１９３０）密蔵死去
昭和６年（１９３１）　ケイ・愛子・朔太郎・娘２人が東京に移住し貸家となる

朔太郎は、昭和４年に前橋に戻るときの様子を詩篇「帰郷」に詠いました。現在、敷島公園にある朔太郎最初の詩碑となっています。また、このころ朔太郎が71番地で撮影した写真が3枚残っています。[13]写真4「晩年の父密蔵と妹たち」、写真5「朔太郎母ケイ」、そして鐘楼（鐘撞堂《かねつきどう》ともいう。時報の鐘、兼、火見櫓。火災の際には半鐘を連打して知らせました。後の消防署。本町二丁目1番）です。

戦後はケイと愛子が71番地に住みます。愛子は谷崎潤一郎と交際したこともありましたが、作詞家・佐藤惣之助（湖畔の宿、赤城の子守唄、人生の並木道などを作詞）と結婚し死別した後、詩人の三好達治と短期間の結婚生活を送っています。戦後は71番地の家に下宿人を置くようになっています。[14]昭和36年（1961）から桜井ぬい子氏の家族が3年間、間借りしました。桜井氏によると、他にも間借人がいたと言います。

ケイ亡きあと、昭和44年（1969）に愛子が東京へ転居して家屋が取り壊され、跡地は翌年に「給油所」（ガソリンスタンド）になりました。

7　71番地の資料と屋敷間取図

入手し得た以下のA～Jの10点の資料を総合的に判断した間取図が図1です（2階は略）。

A　土地の登記簿

明治43年（1910）に密蔵が151坪《つぼ》5合《ごう》7勺《しゃく》（500・2㎡）の土地を取得。土地の形は不明です。

B　父たちと庭の写真（写真4）

北の塀、アプローチの敷石、百日紅《さるすべり》、景石、泉水（天水桶）、紅葉、物置などが見えます。

C　母と玄関の写真（写真5）

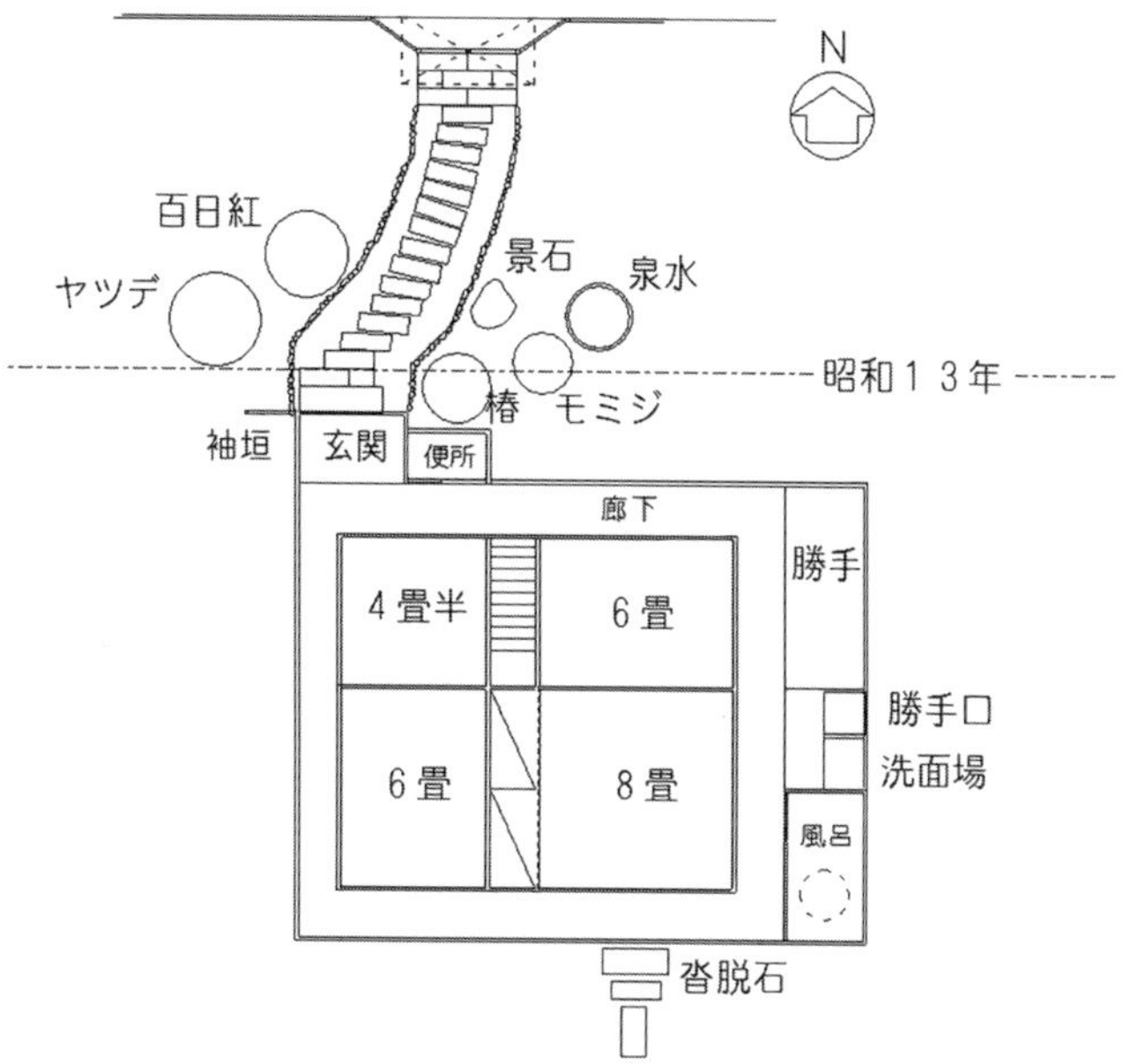

図１　71番地屋敷間取図

北の門（破線）から、アプローチ、北の庭、家屋、南の縁側の沓脱石を描いてある。敷地の形・東西の土地の境界は不明。「昭和13年」の破線は、セットバックの推定位置。

百日紅、敷石、椿（?）、ヤツデ、袖垣などが見え、西の隣家とは距離があるようです。

写真4の密蔵が履く下駄の長さを23㎝とすると、写真4・5から見て、敷石は1尺（約30㎝）×3尺（91㎝）と考えられます。敷石の数は14枚前後であり、門から玄関までは約6・4mとなります。椿（?）は便所の目隠しだったのでしょう。

D　鐘楼の写真[13]

敷地の南東の一角の生垣と物干し竿が写っています。後述する写真Hおよび桜井氏の発言「南の庭に6畳か4畳半の一間《ひとま》の借家が

写真4　晩年の父密蔵と妹たち（前橋文学館所蔵）
後列、密蔵、妹みね、妹愛子、前列甥。百日紅の木の南の位置から屋敷北側の庭を北東向きに撮影。

あった」ことから、南の庭の南北の幅は3・5間《けん》（6・3m）と推定されます。

E　朔太郎の従兄である萩原栄次の手紙[15]

昭和5年（1930）1月に萩原栄次が密蔵の病気見舞いに訪れました。この時の家の様子が手紙に書かれています。家は密蔵が設計、2階は南北ガラス窓、「玄関を上って勝手の方へ行く角に便所がある」、「湯殿《ゆどの》（浴室）は3畳間ほどの土間に、鉄砲風呂が置いてあり、其傍に洗面場を設け、亜鉛製の流しをこしらへてある」、庭に泉水がある、門から玄関迄の庭に太い百日紅がある、と書かれています。

F　葉子の昭和4～5年の回想[16]

勝手は広い板の間があり、汲み上げ式井戸がありました。

G　登記簿

昭和13年（1938）に敷地が104坪

8合2勺（346㎡）に減っています。元の広さのほぼ70％です。昔の県庁前通り（今は朔太郎通り）の拡幅のためです。桜井氏も「門からすぐ玄関だった」と言いますし、後述するJの写真でも塀と玄関の庇が接しています。図1では、セットバックした境界線を「昭和13年」の破線で示しました。土地の所有者は、朔太郎→葉子→明子→石油会社と変わっています。

H　昭和31年（1956）の写真[17]

写真5　朔太郎母ケイ（前橋文学館所蔵）
百日紅の木の北側の位置から玄関を南向きに撮影。

南側の庭から撮った写真では、庭、1階のガラス戸と障子、縁側、沓脱石《くつぬぎいし》、2階のガラス窓が分かります。

I　昭和36年（1961）から間借りしていた桜井ぬい子氏からの聞き取り

朔太郎について一緒に調べてきたNPO法人波宜亭《はぎてい》倶楽部の石関朋江、光山富士子、茂木一彦の3氏とともに桜井氏からの聞き取りと間取図作成を行いました。1階は4室、2階は1室（2室？）で、各室の広さもわかりました。

なお、桜井氏は「西側の廊下に洗い場が付いていた」とのことですが、これは間借人を置くための改築だったと考え、今回の間取図には記載していません。

J　昭和44年（1969）の写真[18]

北側道路から撮影した写真では、2階はガラス窓で、玄関の庇と塀とが近接しています。写真4・5に写っている（門から）玄関までのアプローチとその区間の庭がなくなったのでしょう。

以上のA～Jより、敷地の南北の長さは、北の塀から南の庭の生垣までの長さで、推定23・606mとなります。面積が151坪5合7勺＝500・2㎡ですから、計算では東西の長さは21・2m（12間弱）となります。ただ、東西の土地の境界が不明なため今回は家屋中心の間取図に留め、敷地を含む全体の間取図作成は後考を待ちたいと思います。

8　71番地のバラ[19]

朔太郎に師事した伊藤信吉は、萩原家の家が壊されたときにそこのバラを掘り取って東京に持ち帰りました。伊藤がバラについて書いた文章は3つあります。昭和46年（1971）[20]の最初の記述は次の通りです。

いま前橋をたずねても、（萩原家の）昔の三つの家を見ることはできない。萩原家の人々が一人のこらず上京し、昔の家屋は取りこわされてしまった。（略）私は家を取りこわした跡の一隅から、バラの一茎を根ごと盗んで来た。それが東京の土に根づいて春になると薄いピンクの花を咲かせる。四季咲きのバラである。

ここでは、何番目の家が壊されたときのバラか、いつのことかは書かれていません。16年後の昭和62年（１９８７）の３回目の記述[21]のときに「北曲輪町七十一番地の家が取りこわされたとき」にバラを「掘り取って」きて、「横浜市域の私の家の庭に根づい」たと明記してあります。伊藤は昭和46年には東京都杉並区に住んでいて、昭和62年には横浜に自宅を持っていました。[22]16年以上、バラを大切に育てていたわけです。

71番地の家が壊されたのは昭和44年（１９６９）です。伊藤がバラを「掘り取った」日はいつか。この年の９～10月の出来事は以下の通りです。[23]

９月９日　萩原愛子が71番地から東京に転居
10月上旬　71番地の家が取りこわさた
10月15日　伊藤が前橋での渋谷国忠の告別式に参列（渋谷は元・前橋市立図書館長で萩原朔太郎研究会幹事長）
10月17日　伊藤が前橋で石井繁丸前橋市長と朔太郎の詩碑について相談

この経過から考えると、伊藤がバラを掘り採ったのは昭和44年10月15～17日です。

バラが順調に育っていれば、今は「横浜市域の私の家」にあることになります。そこで、平成24年（２０１２）、伊藤の長男・憲之介氏の横浜のご自宅に茂木一彦氏（造園家）とお伺いしました。バラのことをご夫妻にお尋ねしたところ、富美子夫人が「義父が大切にしていたバラがありますよ。たしか朔太郎か犀星に係るバラだと言っていました」とのこと。早速見せていただくと薄いピンクのバラが庭先で咲いていました。

写真6　里帰りした71番地のバラ

バラの経緯について、伊藤の文と憲之介氏の記憶を総合すると、まずは、昭和44年からは東京都杉並区で育てられ、このときは鉢植えでした。昭和48年（1973）に横浜市港北区に自宅を建てましたので、バラは自宅の庭の土に下ろされました。そこから株分けされて平成8年（1996）から横浜市他区の憲之介宅の庭にも咲いている、という経緯が確認できました。

そして、憲之介宅のバラのうち挿し木用に枝をいただき前橋に里帰りさせました。伊藤信吉没後10年目の年でした。しかし、上手く着かなかったため、再度お願いして、2度目に伺ったときには株分けしていただきました。それを茂木氏が挿し木で増やしてくださり、鉢植えを増やした上で希望者に配布しました。令和2年現在、バラは51年ぶりに再び前橋の地にしっかりと根づいています。色鮮やかなピンクです（写真6）。

9　バラと朔太郎

この71番地のバラと朔太郎との関係ですが、結論としては、朔太郎がこのバラを見たかは不明です。おそらく見た可能性は低いでしょう。先述しましたように71番地には多くの人たちが住んできました。妹津久井幸子家族や朔太郎家族などが住み、誰がバラを植えたか特定するのは難しいでしょう。また、大きくなる木ならば明治時代から残っていても不思議ではありませんが、バラが何十年も残ったとは考えにくいでしょう。その中で1番可能性が高いのは、戦後20年以上住み、そして最後の住人だった愛子が植えたのではないでしょうか。朔太郎との関連は全く不明ですが、萩原家ゆかりのバラであることは確かです。

因みに、朔太郎は作品の中でどれくらい「バラ」の言葉を使用しているのでしょうか。朔太郎が使用した詩語を調べた管邦夫によると、「ばら」の言葉は「青猫」で使用した1回のみであり、「ばらいろ」は「月に吠える」で1回のみです。(24) また、朔太郎が従兄の萩原栄次に宛てた書簡の中にある自作の詩に「一輪させし薔薇《さうび》の香」という一節があります。(15)「そうび」の読みは、古代において中国からの外来種のバラの読み方のようです。

10　父密蔵

写真4と写真5に朔太郎の両親が写っています。

写真7　安井与左衛門功績碑建立寄付者の碑

父密蔵（嘉永5年・1852年～昭和5年・1930年）は大阪の漢方医の家に生まれ、東京大学医学部別課を卒業しています。群馬県立病院に勤務した後に開業しました。医院は繁盛し、整理券を出すほどであり、3人力の人力車に乗り、書生を何人か置くほどでした。母ケイは旧姓・八木。八木家は前橋藩の藩士の家柄で、ケイの父・八木始は群馬県庁の幹部職員で郡長も務めています。元藩主・松平家の相談役でもありました。

密蔵の名前が書物に出る際には、ほとんどが朔太郎の父としてです。しかし、密蔵は前橋市医師会の第3代会長とされ、前橋市の参事（市の執行機関）も務めています[25]。有力者でした。現在、書物以外で密蔵に関連するものを探すと2つあります。1つは前橋市医師会館に飾られている歴代の前橋市医師会長の写真の中に密蔵の写真があります。もう1つは、前橋市中央児童遊園（るなぱあく）にある安井与左衛門功績碑[26]の脇にある「安井翁建碑寄附者」の碑（写真7）に名前があります。寄付者の２番目に「（石川町）萩原密蔵」と彫られています。

密蔵のことを調べている際、奇妙なことに気づきました。前橋市医師会の初期の会長が５年間不在なのです。[27] 調べてみると、その５年間のうちに密蔵も会長を務めていました。密蔵は第３代会長ではなく第２代であることが分かったのです。第３代とされたのは密蔵の最初の会長就任が見落とされ、２度目の会長就任を１度目としたためであることが判明しました。以下、調査の顛末《てんまつ》を記します。

11　明治時代の前橋市医師会長・副会長

前橋市医師会の前身は明治27年（１８９４）創立の前橋医会です。創立時の会長は屋代善夫で、明治40年（１９０７）１月の書物[28]でも会長は屋代善夫であり、副会長は鈴木万三郎となっています。前橋医会は明治40年３月に前橋市医師会として再編成され（前年に制定された医師法に拠って）、会長は屋代、副会長は鈴木がそのまま就きました。

『前橋市医師会史・資料編』（以下、『前医史資料』と略す[27]）では初代・屋代善夫から第２代・鈴木万三郎に交代する大正４年（１９１５）まで８年間あります。当時の役員の任期は２年だったようですので、屋代が明治40年から４期８年続けてから大正４年に鈴木に代わったとすれば何も問題はありません。しかし、屋代はその途中の明治43年（１９１０）２月に鼻腔粘膜丹毒で死去しています。[29] 敗血症を合併したのでしょうか。急性疾患ですので、亡くなるまで会長職にあったと推定されます。屋代は42年３月に再選され、44年３月までの任期だったでしょう。『前医史資料』では屋代の後の会長職は大正４

表１　明治・大正期の前橋市医師会長・副会長

			「前橋市医師会史」年表		史料で確認		推定
西暦	和暦年月		会長	副会長	会長	副会長	会長
	明治						
1906	39	12			屋代善夫	鈴木万三郎	
1907	40	3	屋代善夫	鈴木万三郎			屋代
	41						
	42						
1910	43	2	（屋代死去）				萩原
1911	44	3			萩原密蔵		
		3			岡田養平	鈴木万三郎	岡田
1912	45						小原沢
	大正						
1913	2	3			小原沢錠三郎	鈴木万三郎	
		3			鈴木万三郎	藤波為次郎	鈴木
					（会長改選なし）		
	3						
1915	4		鈴木万三郎	藤波為次郎	（会長改選あり）		藤波
	4	7			藤波為次郎		
	5						
	6		萩原密蔵	山下理作			
1918	7	4			藤波為次郎		
		4			萩原密蔵	山下理作	萩原
1919	8		岡田養平				
	8	3			萩原密蔵		
		3			岡田養平	稲葉　束	岡田
		11			藤波為次郎	飯野桃三郎	藤波
1920	9						
	10		小原沢錠三郎				
	10	2			藤波為次郎		
					（会長改選なし）		
1922	11	2			岡田養平	稲葉　束	岡田
	12		藤波為次郎		（会長改選なし）		
	13	2			岡田養平	稲葉　束	
1925	14		稲葉　束	山下理作	（会長改選なし）		
	14	2			岡田養平		
1926	15	2			岡田養平		
	15	2			稲葉　束	桜井定吉	稲葉

年に鈴木の就任まで丸5年間が空白なのです。

調べ始めたもののなかなか目当ての史料にたどり着けませんでした。最後の手段として、手間がかかるため敬遠していた上毛新聞記事を探すことにしました。昭和57年（1982）の『前医史資料』の編集時にはまだなく、平成3年（1991）に作製された上毛新聞のマイクロフィルム（明治43年9月分から）に当たり、やっと目的の記事をいくつか見つけました。

以下、大正8年の項以外の出典は上毛新聞です。結果は表1の中欄「史料で確認」に示し、また、現時点で推定される歴代会長名を右欄「推定」に記しました。

屋代が死去した明治43年2月からあまり時を空けずに会長選挙があったはずですが、当時の新聞が残されていないため不明です。その後、明治43年11月30日の記事によると、一医師の医風（医師の風紀）を巡って医師会内が紛糾し11月28日に全役員が辞表を出しています。役員氏名は書かれていませんが、翌44年（1911）3月9日の記事には「昨年に萩原会長以下の役員が総辞職する騒動があったが落着した」とあります。当時の医師会で萩原姓は密蔵だけです。明治43年11月に辞表を出したときは萩原密蔵会長であったことになります。副会長は不明です。明治43年11月に萩原が会長であったということは、萩原は屋代の残りの任期、明治43年2月から44年3月まで会長だったと考えて間違いないでしょう。

明治44年3月の役員選挙は大荒れでした。3月10日の記事には「医師会員43名は2派に分かれて暗闘を重ね」とあります。選挙当日の出席者38人の投票では19対19で決戦投票になり、結果、岡田養平会長、鈴木万三郎副会長が選出されました。鈴木が副会長である点は重要です。会長経験者が副会長になることはないため、鈴木は明治44年以前には会長に就いていないことを意味します。

なお、「暗闘」は前橋市医師会に限ったことではなく、大正2年（1913）3月14日の新聞には「高崎医会の暗闘―役員争奪問題起る」との見出しがあります。「暗闘」は新聞記者好みの言葉だったのかもしれません。

明治45年（1912年。12月から大正元年）には役員選挙はなかったはずです。しかし……。

12　大正時代の会長・副会長

大正2年（1913）3月15日には「前橋市医師会総会」の見出しで「小原沢会長開会を宣し鈴木副会長は……」とあります。大正2年3月は明治44年（1911）3月から丸2年目の末です。2年任期なら岡田・鈴木の正副会長のはずです。それが小原沢・鈴木になっています。前年の明治45年・大正元年（1912）3月に本来は役員選挙はなかったはずですが、何らかの理由で選挙があり、会長は岡田から小原沢に交代していたことになります。この大正2年の選挙では「円満に鈴木万三郎氏会長に藤波為三郎氏副会長に当選し」（為三郎は為次郎が正しい）とあり、副会長だった鈴木が会長になっています。

大正3年（1914）3月27日の記事では「前橋医師会総会」との見出しで「鈴木会長開会を宣し」ています。正副会長の選挙はありません。

大正4年（1915）3月3日に前橋市医師会定期総会の予告記事があり、正副会長選挙が議案にあるのですが、選挙結果の記事はありません。同年7月17日の記事に、一医院の開業祝宴で「藤波市医師会長」が祝辞を述べたことが書かれています。藤波為次郎が３月に会長に選ばれていたことになります。副会長は不明です。

大正５年（１９１６）は選挙はなく、大正６年に選挙があったはずですが、該当する記事はありません。

大正７年（１９１８）３月15日の記事に「藤波会長」とあります。大正６年に藤波が会長に再選されて２期目に入っていたと考えられます。同時に「前橋医師会の紛擾《ふんじょう》問題につき藤波会長を除く全役員は（略）総辞職をなすことに決定し」ともあります。この紛擾（紛糾）は容易に収まらず、総会が何回か流会になったり詮衡《せんこう》委員会が組織されたりしました。難産の末、４月20日の臨時総会で会長は萩原密蔵の再登板、副会長・山下理作が決まります。萩原は明治43年に最初に会長に就いたときと同じく、前会長の残りの任期を任されるという巡り合わせになっています。

大正８（１９１９）年３月28日の記事は「萩原会長議長席に着き」とあり、選挙の結果、岡田養平会長、稲葉東副会長になっています。萩原会長は１年で降板しています。

大正８年９月に医師法が改定され、前橋市医師会が11月１日に新発足しました。会長・副会長は岡田・稲葉がスライドしたのでなく、新たに藤波為次郎・飯野桃三郎に変わっています[30]。藤波は再登板です。７ヶ月余りで交代した理由は不明です。それまでは３月開催であった定時総会がこれ以降は２月になっています。

大正９年（１９２０）には医師会総会・選挙の記事はありません。

大正10年（１９２１）２月15日の記事には「前医総会」の見出しで「藤波会長ほか22名出席」とあり

り、会長選挙はありませんでした。先の大正８年11月という期の途中での新発足だったためか、藤波・飯野の任期は大正11年２月までの２年４カ月間だったようです。

大正11年（１９２２）２月14日には「役員改選の前橋医師会は」岡田養平会長、稲葉東副会長が選ばれました。大正８年の医師会新発足の直前の正副会長に戻ったわけです。

ここまでの史料は上毛新聞によりました。これ以降の史料は「集会届《しゅうかいとどけ》」です。集会届とは、県知事宛に会長名で開催前の開会届と終了後の議決届が提出され、群馬県庁と前橋警察署で押印される、というものです。集会届の一部は『前橋市医師会史・通史編』[30]に掲載されていますし、本文にも多く引用されています。原本は群馬県立文書館所蔵です。

大正12年（１９２３）２月22日に定時総会の開会届（役員選挙なし）、６月２日に臨時総会の開会届け、また、７月10日に県知事への意見書などがあり、全て岡田会長名で出されています。

大正13年（１９２４）２月21日の定時総会議決及役員選挙届によると岡田・稲葉が再選されています。

大正14年（１９２５）２月26日の定時総会議決届では役員選挙はありませんでした。

大正15年（１９２６）２月15日に、２月22日の定期総会の開会届が岡田会長名で出されていて議案に役員改選があります。定期総会で稲葉東会長、桜井定吉副会長が選出されたことが２月25日の議決届に記されていて、この届は新会長の稲葉東の名前で出されています。

以上、明治・大正時代の前橋市医師会の正副会長をみてきました。因みに、正副会長の生年月日は、会長は全員が江戸時代生まれで、明治時代生まれは副会長の山下、桜井の２人だけでした（生年が不明の飯野と名前が不明の副会長を除く）。

13　おわりに

本稿での最大の宿題は何といっても「詩人と雲雀」です。現存するか全く不明な点が歯がゆいところですが、現存する可能性はゼロではありません。２０１３年に「詩人と雲雀」について『群馬県医師会報』に投稿しましたが、残念ながら反応はありませんでした。本稿をお読みになった方の中に美術館関係者や美術愛好家の人たちがいることを期待します。あるいは朔太郎に興味のある方で「詩人と雲雀」に関することをご存知の方がいることも期待します。どなたか、「詩人と雲雀」に似た絵画をご覧になった方はいらっしゃらないでしょうか？

また、北曲輪町71番地の間取図も不完全です。本稿で引用した内容とは別な新たなことが判明し、完全な間取図になれば幸いです。

後考を期待したいと思います。

注

1　東宮七男「朔太郎と半玉」『果実』14号、１９６２年。『果実』は県内の文芸雑誌。

2　室生犀星１８８９〜１９６２年。『抒情小曲集』の「ふるさとは遠くにありて思うもの……」は有名である。大正５年（１９１６）にも来橋している。

3　北原白秋１８８５〜１９４２年。童謡の「待ちぼうけ」「からたちの花」「ペチカ」などが今も知られる。朔太郎が詩人として世に知られるきっかけは、大正2年（1913）に白秋が主宰する雑誌『朱欒《ざんぼあ》』に朔太郎の詩を掲載したことから始まる。

4　北原白秋との記念写真は前橋東照宮の敷地内で撮影された。このときの写真の背景に写っていた杉は「会見の杉」として知られたが、令和元年（2019）、枯れて倒木の危険性があるため伐採された。写真を銅板にしたものが前橋文学館前の朔太郎橋の欄干にある。野口武久『詩のふるさと前橋』前橋市観光協会、1977年、によると、写っている6人のうち白秋、朔太郎など5人は特定されているが、左から2番目の人物の名前が不明である。奈良はこの一行に加わっていたと推定されるため、被写体の左から2番目が奈良か、あるいは撮影者がいたはずなので撮影者が奈良か、いずれかであろう。

5　東宮七男「犀星来る」『詩人萩原朔太郎』みやま文庫22、1966年

6　朔太郎は後世には詩人として有名だが、明治44年（1911）にマンドリンを習い、大正5年（1916）からはゴンドラ洋楽会（後、上毛マンドリン倶楽部）を組織して各地で演奏会を開催している。朔太郎は大正6年（1917）の『月に吠える』の出版によって詩人としての地位を確立するが、それ以前は、地元では音楽演奏家として知られていたため、東宮は当時の朔太郎を「音楽家」としたのだろう。

7　有川美亀男編『群馬文学全集第12巻　群馬の歌人』群馬県立土屋文明記念文学館、2002年

8　富士見村誌編纂委員会『富士見村誌』富士見村役場、1954年。
　これは昭和53年（1978）と平成15年（2003）に復刻版が出されている。

9　小見武男編『可憐追想』小見泉・小見求、1972年

10　「幻の絵画『詩人と雲』」の初出は2013年5月の『群馬県医師会報』

11　野口武久「『石川町二十八番地』屋敷間取図について」『萩原朔太郎研究会会報・第43号』萩原朔太郎研究会、1995年

12　朔太郎が住んだ3つの家は、昭和20年（1945）8月5日の前橋空襲の際には被災せずに済んだ。前橋空襲では535名が亡くなり市街地の8割が焼失した。前橋市戦災復興誌編集委員会『戦災と復興』前橋市、1964年、の付録の「前橋市戦災図」（市域のうちで被災した領域を図示したもの）によると、現在の前橋テルサあたりから県庁や市役所の区域が戦災を免れた。この区域が無事であった理由は不明である。個人的な推定として、このあたりには工場など戦争に直接関連する施設が無かったことや、戦争終了後に占領統治をする際に使用する施設が残されたのではないかと思われる。

13　野口武久『萩原朔太郎撮影写真集完全版』みやま文庫193、2009年。
　朔太郎撮影写真集は昭和56年（1981）に2冊出されており、2月の監修萩原朔太郎研究会・編集前橋市立図書館、出版前橋市教育委員会、と、3月の、萩原朔太郎研究会編、出版上毛新聞社、である。

14　萩原葉子『天上の花—三好達治抄—』講談社、1996年

15 萩原隆『若き日の萩原朔太郎』筑摩書房、１９７９年
16 萩原葉子『萩原朔太郎とおだまきの花』新潮社、２００５年
17 伊藤信吉構成解説・大竹新助撮影『萩原朔太郎—日本文学アルバム17—』筑摩書房、１９５６年
18 朝日新聞社前橋支局編『上州の文学紀行』煥乎堂、１９６９年
19 群馬県立土屋文明記念文学館で平成25年（２０１３）に開催された企画展「伊藤信吉没後10年記念展」のリーフレットにバラの顛末「伊藤さん家《ち》のバラ」を寄稿した。その文章を若干加筆修正して再掲する。
20 伊藤信吉「ミカゲ石の門柱」『日本近代文学大系』第37巻付録「月報19」、角川書店、１９７１年
21 バラについて伊藤が書いた2回目の文章である「ミカゲ石の門柱」『私の詩的地帯』彌生書房、１９７３年、にも時期や場所は記されていず、３回目の「萩原家のおもかげ」『郷土望景詩をめぐって』煥乎堂、１９８７年、で初めて71番地のバラと記された。
22 飯塚薫『風の日和—伊藤信吉生涯の足跡』群馬県立土屋文明記念文学館、２００９年
23 『萩原朔太郎研究会会報・第19号』、１９７０年
24 管邦夫編『萩原朔太郎全詩集詩語用例索引』風間書房、１９８６年。
　筑摩書房版『萩原朔太郎全集』の第1巻と第2巻の全詩集から詩語を調査している。
25 前橋市史編さん委員会『前橋市史・第4巻』前橋市、１９７８年
26 本書「前橋の恩人・安井与左衛門政章……」参照。紙ベースの建碑寄付者名簿は「故安井与左衛門氏建碑費収支決算書」群馬県立文書館所蔵、として残っている。
27 前橋市医師会史編さん委員会『前橋市医師会史・資料編』前橋市医師会、１９８２年
28 豊国義孝『前橋繁昌記』前橋繁昌記発行所、１９０７年
29 屋代周二「医療に従事した人々 九 屋代義夫」『前橋市医師会史・資料編』前橋市医師会、１９８２年
30 前橋市医師会史編さん委員会『前橋市医師会史・通史編』前橋市医師会、１９９２年

13

明治の前橋名花「翁藤」は現存するか

1　はじめに

現在の前橋で藤の名所と言えば須賀の園（西片貝町）でしょうか。明治時代の前橋には「翁藤《おきなふじ》」と呼ばれた名花がありました。今残っていれば必ず前橋名所の1つになっていたことでしょう。本稿の主題は「翁藤は現存するのか」ですが、併せて、翁藤と同様に有名だった天野園《あまのえん》の藤と、場所が未特定の萩原朔太郎撮影の藤棚もご紹介します。

まずは翁藤から。

2　謎の翁藤

翁藤関連で現存する物は「翁藤の碑」です。臨江閣《りんこうかく》別館（貴賓館《きひんかん》。大手町三丁目）の南のひょうたん池畔に建っています（写真1）。碑の表面《おもて》に「翁婦知」とあり、裏面に「翁藤移植の記」が刻まれています。

碑があるならば、その碑の近くにある藤が翁藤かと思われるのですが、事はそう簡単ではありません。現在、翁藤の碑のすぐ脇には1本の藤があり、少し離れた場所にも別の藤があります。そして、実はこの周囲にはこの2本のほかにもう1本藤があったのです。更に事を複雑にしているのは、翁藤の碑はずっと同じ位置にあったのではないことです。碑は平成20年（２００８）の第25回全国都市緑化ぐんまフェア（以下、緑化フェアと略す）のときに現在地に移動されたものであり、碑の建立以来ずっと現

写真１　翁藤の碑

在の位置にあったわけではないのです。

かつての前橋名花「翁藤」はどこにあるか。あるいは、そもそも現存するのか。翁藤を追ってみました。

3　翁藤と碑に関する史料

(1)書物に書かれた翁藤

翁藤に関する最も古い史料は明治24年（１８９１）のもので(1)「細ヶ澤《こまかざわ》の藤も古木にて有名なり」（細ヶ沢町とは現在の住吉町の一部）とあります。ただし、この文に続いて「曲がった小径の中を通って人家の庭の隅にあるので遊覧は盛んではない」ともあります。有名ですが訪れにくかったようです。明治31年（１８９８）の史料(2)には「藤は田中町の天野、細ヶ澤町の藤棚」（田中町《たなかまち》とは現在の前橋駅の北側一帯）、明治40年（１９０７）の史料(3)の本文に「翁藤は天野園の藤、石川町の八重藤と共に其名《そのな》高し」（石川町《いしかわちょう》とは現在の前橋市役所の南方一帯）とあるとともに、藤の花房の挿絵が描かれていて、それに添えて「名物や 生糸と鮎と 翁藤」の句があります。これらの史料からは、翁藤は古木として知られていて、明治期中期ころから人気・評判が上がったようです。後世の書物では、「樹齢二百余年、樹幹あたかも臥龍の如く、紫房丈余に及ぶ(4)」、「一株で百四五十坪を被うといわれた翁藤(5)」と書かれています。

その翁藤が大正元年（１９１２）に移植されます。その経緯が碑の裏面の「翁藤移植の記」に書かれています。

(2)大正元年9月の「翁藤移植の記(6)」

碑文の日付は大正元年きく月（菊月、９月）。碑文を抜粋すると「前橋市細ヶ澤町なる翁藤は関東にその名たかくきこえたる春の名所」だったが「群馬商業銀行の都合」で移植されることになり、前橋市長の今鉄平《こんてっぺい》らが惜しんで「利根川のほとりなる公園内」に移した、「花の色のゆかり」を問う人は、この人々の「みやび心」を忘れてはならない、とあります。

「群馬商業銀行」とは、後の安田銀行前橋支店、現在のみずほ銀行前橋支店です。その「都合」とは「倉庫建築のため(4)」であり、倉庫とは「安田の倉庫(5)」のことです。つまり、現在住吉町二丁目にある通称「安田煉瓦倉庫(7)」を建設するため、建設予定地にあった翁藤が移植されたのです。移植先は公園でした。大正元年当時、「公園」と称される場所は前橋公園しかありません（敷島公園は大正11年・１９２２年にできた）。

⑶大正2年（1913）の上毛新聞記事

移植して7カ月後の大正2年4月28日の上毛新聞に「公園の翁藤」の記事があります。「市公園の藤」は「植替《うえかえ》たばかりの今年」は「枝も少く棚も小《ちいさ》く」、「池の岸に形ばかりに植え込ませた」とあります。当時の前橋公園には「池」と呼ばれたのは臨江閣南のひょうたん池しかありません（さちの池は昭和34年・1959年に造られた）。ひょうたん池は臨江閣本館（迎賓館《げいひんかん》）の前庭の池として明治18年（1885）に造成されました。名の知られた翁藤を移植するには風情のある場所を選ぶでしょうから、ひょうたん池はまさに格好の場所だったでしょう。7カ月前に移植するときには枝をかなり落としたでしょうから、「池の岸」に植え替えたばかりの翁藤は「枝も少」なかったのは当然です。

⑷大正11年（1922）の『前橋市案内』(4)

移植して10年後の大正11年の記載は以下の通りです。

翁藤（大正元年に）公園に移植す、樹精ようやく復活して初夏六尺《しゃく》の紫房を垂るるに至れり、傍らに碑ありその由来を現す、

公園に移植して10年経ち、樹の力が復活し初夏に6尺（1・8m）の紫色の房をつけています。藤の傍らに由来を記した碑があるとの記載が重要です。翁藤はひょうたん池の畔に移植されたこと、その傍らに翁藤の碑が建てられていたこと、ここまで分かっていれば翁藤の特定は簡単そうですが……。

確認しておきますと、翁藤は、元は細ヶ沢町にあったが、その場所に前橋商業銀行が担保倉庫を建てるために移植されることになった、翁藤を惜しんだ有志が前橋公園のひょうたん池の岸に大正元年に移

写真2　臥龍のごとき藤
この右手に翁藤の碑がある。

植した、樹幹は臥龍のようであり、当時で樹齢200年とも言われ、1株で140～150坪を被った、移植後に傍らに碑を建てて由来を記した、ということです。

現在、翁藤の碑の傍に、臥龍のごとき藤（写真2）があります。これが翁藤であると断定したいところです。しかし断定は無理なのです。なぜなら、これが翁藤であると特定できる史料がないからです。また、冒頭にも書きましたように、翁藤の碑は既に1回移動されていますし、そもそも大正元年の移植当時の碑の位置が不明なのです。

4　現在のひょうたん池周囲

翁藤を特定する直接的な史料が見つからないため、ひょうたん池周囲の藤の変遷、および翁藤の碑の変遷をたどってみましょう。その前に、これからご紹介する図や写真を理解しやすいよう、ひょうた

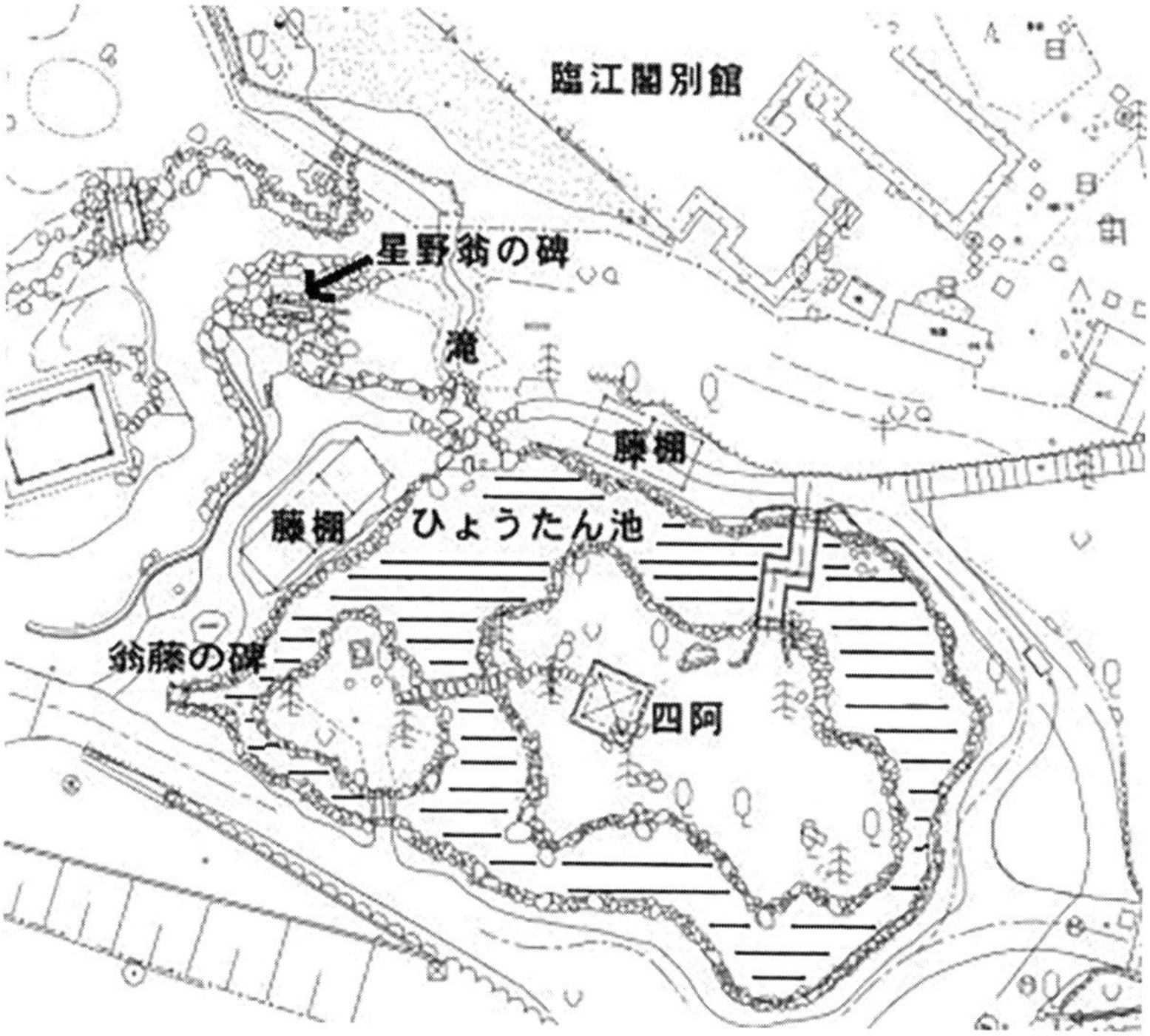

図1　現在のひょうたん池周囲

ん池周囲の現在の位置関係を示します（図1）。

臨江閣及びひょうたん池は群馬県庁の北方にあります。臨江閣は3つの建物からなり、北西から南東に向かって、茶室、本館（迎賓館）、別館（貴賓館）が並んでいます。別館の南にひょうたん池があります。それらの西側一帯には広い日本庭園が続いています。3つの建物は平成30年（2018）に国の重要文化財に指定されています。ひょうたん池の大きさはおよそ1《いっ》反《たん》（330坪、990㎡[2]）です。

茶室、本館は明治17年（1884）、ひょうたん池は明治18年（1885）、別館は明治43年（1910）に造られて以来、建物もひょうたん池もほぼ創建当時のまま保存されてきました。前橋では極めて珍しく、明治時代の風景がほとんど元のまま残っています。西側の広い日本庭園は平成20年（２００８）の緑化フェアのときに造られました。

平成20年の緑化フェアの際に、ひょうたん池周囲には変更がありました。池から続く西側の土地の地形が大きく変化しました。西側は明治時代から平坦な地形でしたが、緑化フェアを機に造成し直され、新たな日本庭園造営のため土が盛られて高くなっています。それに伴い、２つの碑が移動しています。ひょうたん池の西にあった星野翁碑（星野長太郎の顕彰碑）が北に、北西にあった翁藤の碑が南に移動されました。

図で確認していただきたいのは、別館の南にあるひょうたん池に流れ落ちる小さな滝は明治時代から現在まで同様に在ること、ひょうたん池周囲には現在は北の畔と西の畔に2つの藤棚があること、そして西の藤棚の脇に翁藤の碑があること、の3点です。

5　ひょうたん池周囲の藤

まずは、ひょうたん池周囲の藤や藤棚の経緯について、史料を手がかりに翁藤を探ります。

(1)明治31年（1898）の『前橋案内』(8)

ひょうたん池の描写の中に「風呂川の水、園に回流し来たってここに落ち、一小瀑（小さな滝）をなす」、池の周囲に小道があり「（小道に）沿うて松柳桜梅を点栽す」とあります。植えられた木として松・柳・桜・梅が挙げられています。当時はこの4種を植えるのが主流だったのかもしれません。藤は入っていません。藤が入っていれば明らかに藤があった根拠になります。が、藤が入っていないからといって藤がなかった根拠にはなりませんので、藤の有無は不明です。

⑵明治43年（1910）の臨江閣別館とひょうたん池

大広間が180畳という当時としては破格の広さの臨江閣別館は、明治43年、一府十四県連合共進会[9]が前橋（と高崎）で開催されるにあたり、全国各地からの訪問客の接待所として建築されました。建築中の別館の写真（写真3）が史料[10]にあります。

写真3は前橋東照宮側から北に向かって撮影されています。写真の上（奥）に別館、中央左が空き地、右にひょうたん池と飛び石、手前がひょうたん池から流れ出る水路です。写真中央の斜めの材木（?）の右に臨江閣から流れ落ちる白い小さな滝があり、その右手に藤棚が見えます。この滝と藤棚は現在も同じ位置にあります。つまり、写真中央右の藤棚は翁藤が移植される大正元年（1912）以前からありましたので、この藤棚は翁藤ではありません。また、池の西畔には藤棚が無かったことも分かります。明治43年の別の写真4[11]では、ひょうたん池の西側の空き地の風景がよく分かり、池の西側には藤棚がないことが確認できます。

写真３　明治 43 年に建設中の別館とひょうたん池（『前橋市小史』から）

写真４　ひょうたん池の西の空き地（『一府十四県連合共進会紀念写真帖』から）

(3)大正2年（1913）の上毛新聞記事

大正2年9月27日の上毛新聞に、翌日に臨江閣で開催される上毛新聞8千号記念祝賀会の会場の様子を予告した記事があります。

式後大園遊会は幽邃《ゆうすい》（奥深く静か）たる貴賓館南方の池畔《ちはん》に於いて開かる、臨江閣（本館のこと）と貴賓館（別館）の間を通りて瀑布《たき》（滝）脇の小径《こみち》を下れば右手藤棚の下に新玉《あらたま》のそば、立野屋《たてのや》の汁粉《しるこ》、生ビール店軒《みせのき》を並べ、其南方《そのなんぽう》東向きに原嶋屋《はらしまや》の焼饅頭《やきまんじゅう》、間《あいだ》を距《へだ》て鈴木青物店《あおものてん》の水菓子《みずがし》（略）

当時、臨江閣本館と別館の間を通って瀑布（滝）の脇からひょうたん池に下りる小道がありました（現在は無い）。ここで注目すべきは、滝と小道を下った「右手（西側）藤棚」です。滝の右手藤棚は明治43年にはありませんから、大正元年移植の翁藤の可能性があります。また、右手藤棚の下には、そば、しるこ、ビールを売る屋台が3軒（2軒？）出店することです。この藤棚はそれなりの長さがあったこと、及びその南に東向き（ひょうたん池側向き）に店が並ぶだけのスペースがあったことになります。

(4)大正4年（1915）の『前橋公園池周囲近傍平面図』（図2）[12]

ひょうたん池周囲を描いた大正4年の平面図は、精緻さには欠けますが位置関係は分かります。図面中央の上部に臨江閣別館の建物の一部が見え、池の周囲には3つの棚（藤棚）があります。1つ目は池の北側の黒く太い線の大きな棚A（現存する）、2つ目は池から少し離れた北西に薄い線で描かれ「藤

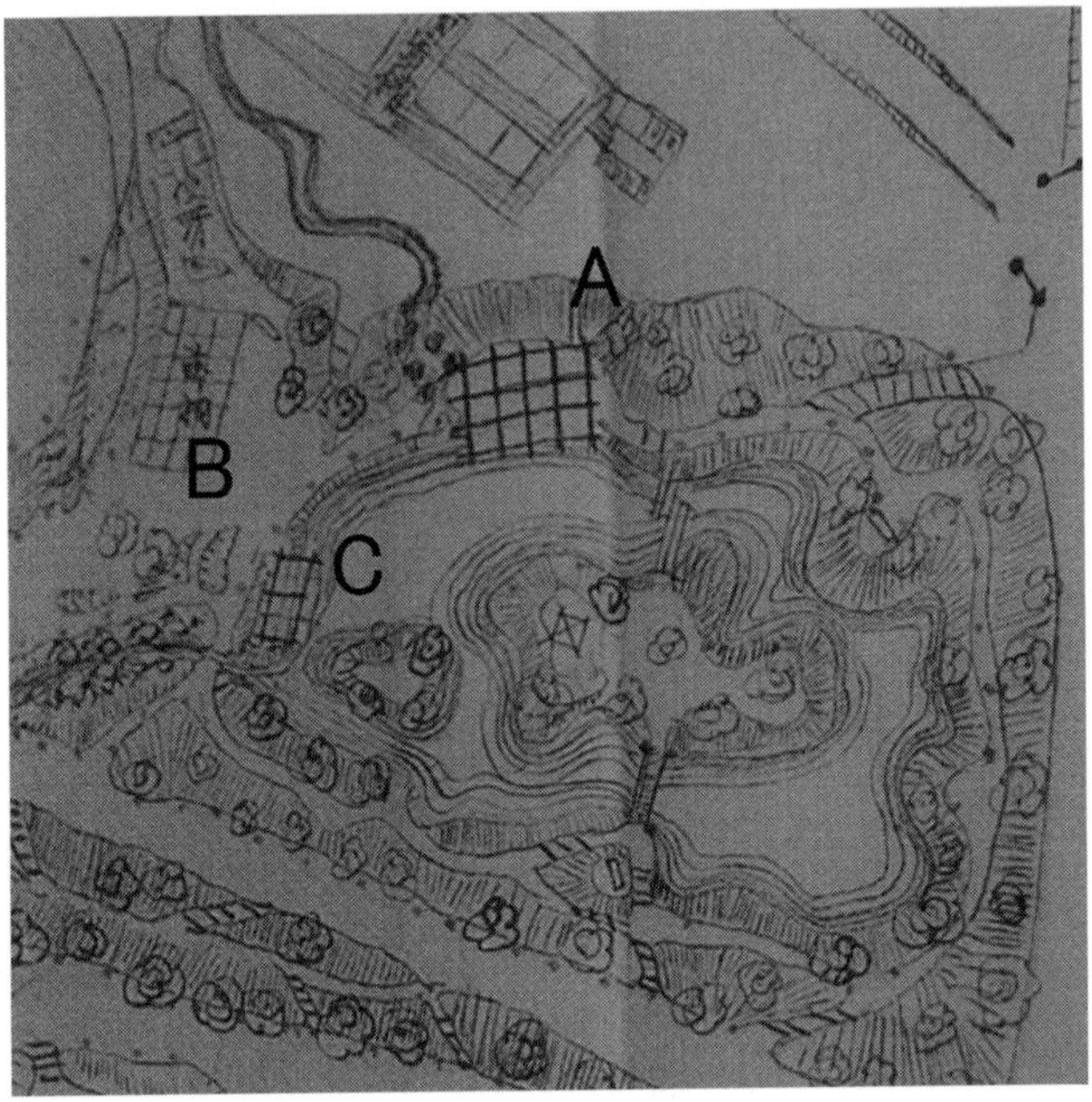

図２　大正４年　『前橋公園池周囲近傍平面図』（上毛新聞社『上州風・創刊号』から転載）
ひょうたん池周囲の３つの藤棚。Ａ～Ｃを加筆。

棚」の文字が読めるＢ（現存しない）、３つ目は池の西側の畔に太い線の小さな棚Ｃ（現存する）です。

３つとも写真に残っています。Ａは明治43年の写真３に写っています。Ｂは『大正末から昭和の初め』（写真５）[13]と『目でみる群馬県の大正時代』[14]に写っています。写真５はひょうたん池の西にあった水泳場（後述）側から写したものです。写真の左奥に藤棚Ｂが見えます。この藤棚Ｂが大正２年（１９１３）の上毛新聞記事の「右手藤棚」に該当します。藤棚の南方《なんぽう》東向きに屋台を出せるのはＢだけです。Ｃは、大正末期に萩原朔太郎が撮影した藤棚越しのひょうたん池の写真に写っています（写真６）[15]。

写真５　水泳場（『大正末から昭和の初め』から）
左奥に藤棚Ｂが見える。

　ＢとＣは明治43年の写真３には無かったことから、ＢかＣが翁藤と考えられます。
　昭和16年（１９４１）にひょうたん池の藤を描いた絵葉書が残されています（図３）。福田《ふくだ》貂太郎《てんたろう》が「新選前橋八景」の１つとして描いた「前橋公園」[20]です。左手奥に四阿《あずまや》、右に道が見えますので、池の南西から東方向を描いたことが分かります。この絵では手前左に藤棚Ｃが描かれています。切断された主幹の切り株とその脇から左横に伸びる２～３本の枝が見えます。藤が左横に向かって伸びている点は現在の写真２の藤の樹形と似ています。注目されるのは切断された根元の太さです。福田は新選前橋八景の他の７枚の絵も割と写実的に描いていますので、この根元も実際の状態に近いでしょう。明治43年（１９１０）にはここには藤はありませんでした（写真

写真６　朔太郎撮影「藤棚と池」（前橋文学館所蔵）
藤棚Ｃの下からひょうたん池と四阿を写している。

新選前橋八景　前橋公園　福田貂太郎氏筆

図３　福田貂太郎画、絵葉書「前橋公園」（群馬県立図書館所蔵）

表１　史料で各藤棚が確認できる年

西暦	和暦	藤棚A	藤棚B	藤棚C
1910	明治43年	○	—	—
1912	大正元年		（翁藤の移植）	
1913	大正2年		○	
1915	大正4年	○	○	○
	大正末期			○
	大正末～昭和初期		○	
1941	昭和16年			○
	現在	○	—	○

３・４）。明治43年から昭和16年（１９４１）までは31年間です。苗木を植えたのなら、この期間に幹がこの太さまで成長することはないでしょう。とすると、どこからか移植され、移植後に幹が枯れるなどして切断されたと考えられます。移植が大正元年なら藤棚Ｃが翁藤です。ただし、それを確定する史料はありません。

３つの藤棚が史料上で確認できる年を表１に示します。大正４年の平面図を除いては３つの藤棚を同時に確認できる史料はありません。特に、Ｂがいつなくなったかが不明です。Ｂについては、次項で取り上げる「翁藤の碑」の位置から推定します。

6　翁藤の碑

翁藤を特定するためのもう１つの鍵が「翁藤の碑」の位置です。史料に[4]「（翁藤の）傍らに碑あり、その由来を現す」とある通り、碑の場所が重要です。

現在の翁藤の碑はひょうたん池の西の畔にあります（図

1）。それ以前は、臨江閣別館の南の崖のすぐ下、現在地から北に25ｍほど離れた場所にありました（図4の★印）。現在の星野翁碑のずっと左奥です。そのときの翁藤の碑を平成15年（２００３）に撮影したものが写真7です。ひょうたん池を背にして北西方向を撮影しています。写真右側の坂の上（北東）が臨江閣別館で、前方（北西）は旧競輪場跡地の駐車場でした。碑は、何も無い空き地の片隅に、南東向きに置かれていました。今は写真1の通り、石の上に丁寧に設置されていますが、平成15年ごろは碑の半分が宙に浮いていて、放置されたような状態でした。写真7の左手（図4の▲印の位置）にあった星野翁碑も漫然と置かれていた印象でした。

写真7の碑の設置状態が不自然であることから、位置や向きを変えられた可能性が高いと考えられます。変更されたとした場合、藤棚Aは碑からは距離がありますので、Aから移動されたとは考えにくいでしょう。この点からもやはりBかCが翁藤と考えられます。

碑の位置については、昭和59年（１９８４）の臨江閣の調査報告書中[16]の図面など、いくつかの図に、平成15年の写真7の付近に碑らしき印があります。その中で、最も翁藤の碑らしいマークがあるのは、先にも引用しました大正4年の平面図（図5）です。藤棚Bの右上角にある長方形の印が碑ではないでしょうか。丸を付けたマークが翁藤の碑であるなら、藤棚Bが翁藤となります。ただし、碑の向きは違っています。大正4年の図5では南西向きですが、平成15年の写真7は南東向きです。また、碑は移動したようです。図5の丸の位置に比べると、写真7の位置（図4の★）は北西側に移っているように見えます。

碑が移動・操作されたとすると、原因としては、ひょうたん池の西にあった水泳場、茶店《ちゃみせ》、競輪場の

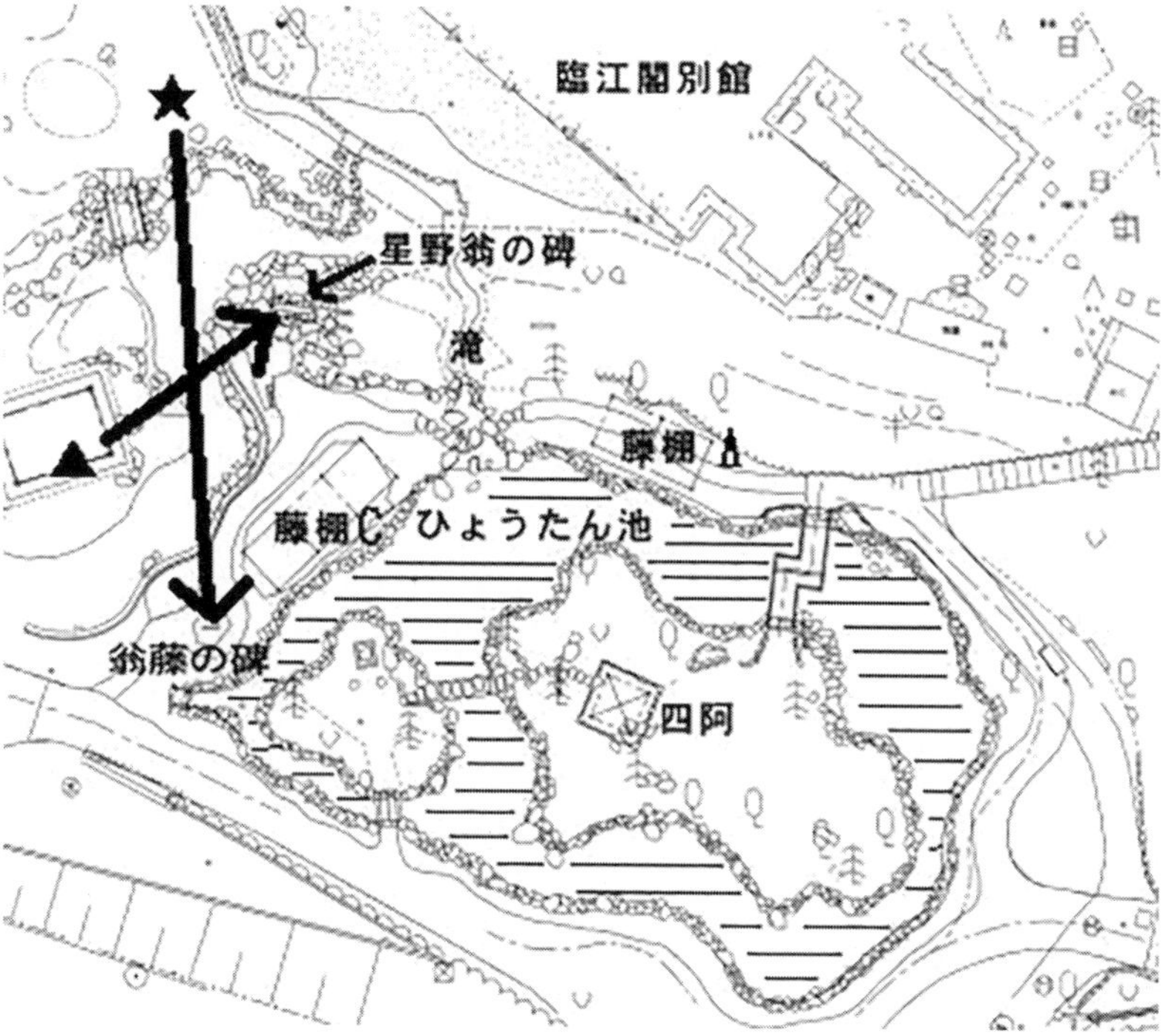

図4　平成15年の翁藤の碑★と星野翁碑▲

図1に★と▲を加筆。矢印は平成20年の緑化フェア時の工事による移動を示す。

影響でしょう。碑の移動・操作は藤棚Bが消えたこととも関連しているのでしょう。

翁藤の移植以後、ひょうたん池の西の区域には、大正9年（1920）に作られ昭和22年（1947）まで続いた水泳場がありました（写真5）[13]。水泳場は利根川での子どもの水難事故を防ぐために作られ、大きさは直径が50mほどの楕円形のプールでした。プールの渕は石垣で[17]、底には玉石が敷かれていました[18]。その後、[19]昭和9年（1934）推定の地図に、水泳場とひょうたん池の中間に茶店と思われる建物があります（図6）。水泳場に来る子どもたちや公園への来園者を相手に

写真７　平成15年の翁藤の碑（近藤 久 撮影）

した茶店があったようです。場所は写真５の左奥の藤棚あたりであり、大正４年の藤棚Ｂ（図２）の場所でしょう。ここに茶店があれば藤棚Ｂと碑の移動や撤去があったかもしれません。

水泳場が閉場されて３年後、昭和25年（１９５０）に競輪場ができました。水泳場を含む西側一帯の広さでした。競輪場建設の工事は藤棚や碑の位置にも当然影響したでしょう。昭和34年（１９５９）の地図[21]ではしっかりとした茶店があります。競輪場への客となれば水泳場のときよりもはるかに多くの来客があったでしょう。店の規模も格段に大きくなったはずです。となると、藤棚Ｂも近くにあった碑も邪魔になりますので、移動や撤去になったのではないでしょうか。

以上のことより、碑が動かされたとすると、水泳場があった昭和の初期か、あるいは

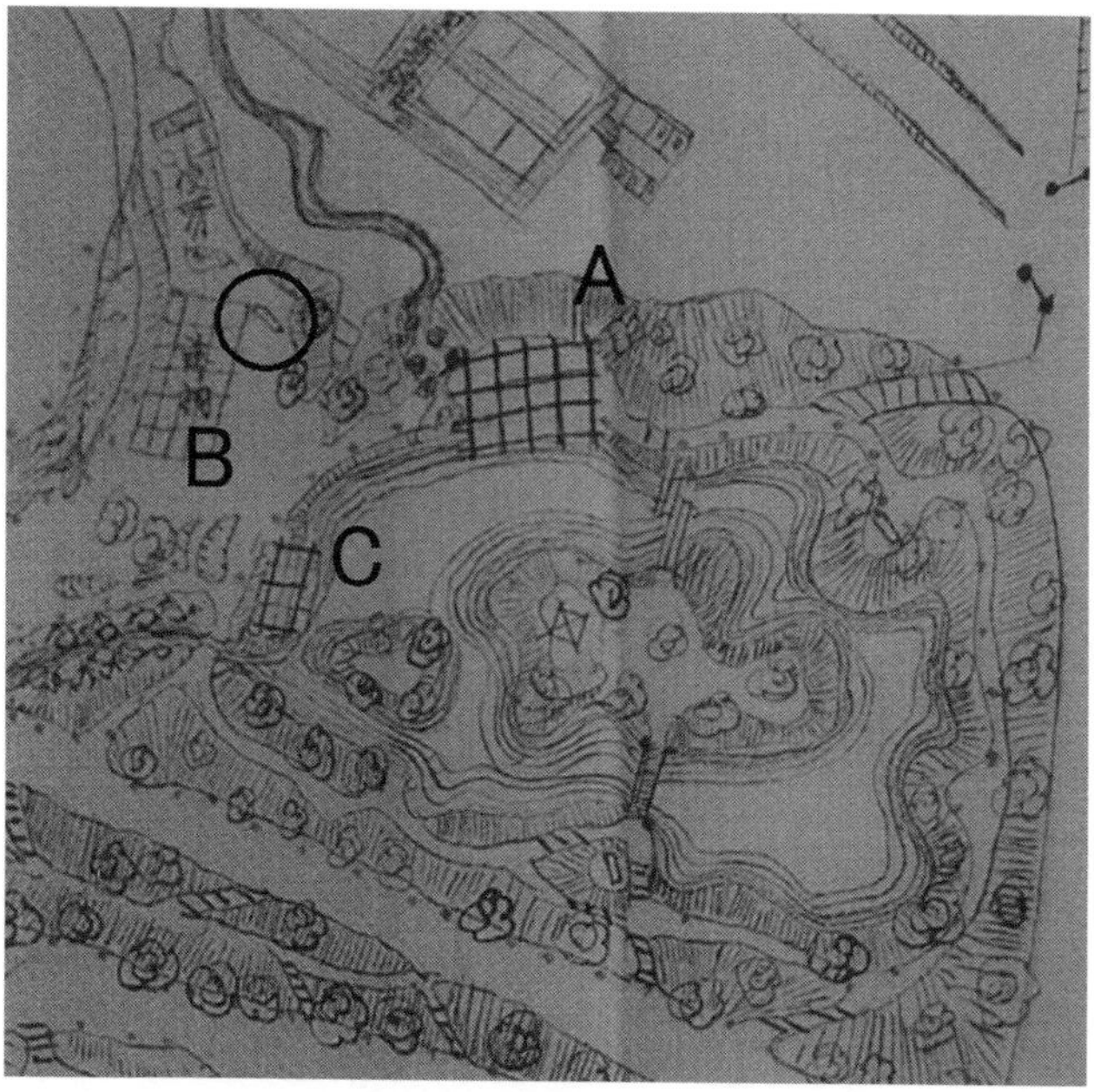

図５　図２「大正４年のひょうたん池周囲」に加筆
丸印で囲んだ細長い印が翁藤の碑か。

競輪場が建設された昭和25年のいずれかでしょう。そして、その時に藤棚も併せて撤去されたのでしょう。撤去された場合、藤棚Bの藤はどうなったのでしょうか？ そのまま廃棄されたかもしれませんが、どこかに移植されたかもしれません。不明です。

7　翁藤は現存するか

これまでみてきたところでは、翁藤は今は現存していない藤棚Bも現存している藤棚Cも、どちらも可能性があるということです。

藤棚Bが翁藤である根拠は、

①大正４年の平面図で藤棚Bの傍らに翁藤の碑らしい印があること（図5）

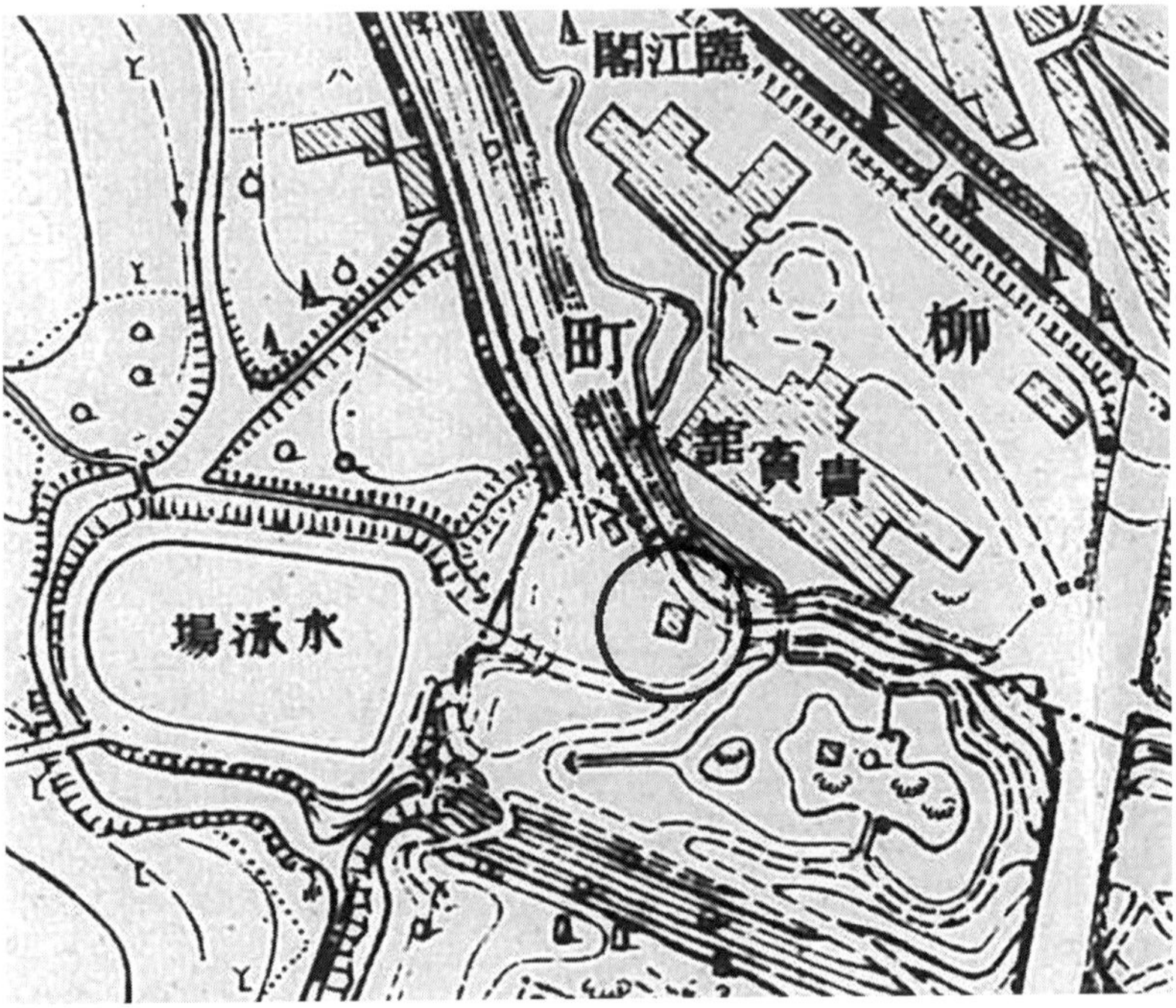

図6　水泳場と茶店？（「『前橋市三千分一地形図』前橋市教育委員会文化財保護課所蔵）
中央の丸で囲んだ四角のものが茶店か。

②その碑は大正4年から平成15年までの間に移動・操作はあったものの、ひょうたん池の北西の場所にあり続けたらしいこと

です。ただし、大正4年の図での翁藤の碑らしき印は翁藤の碑と確定できるものではありません。Bについてはそれ以上は肯定も否定もできません。

一方、藤棚Cが翁藤である根拠は、

①史料にある「樹幹あたかも臥龍の如く」の記述に合うこと（藤の幹は臥龍のようになりやすいのかもしれませんが）

②大正2年の上毛新聞の記事の「棚も小く」、「池の岸に形ば

かりに植え込ませた」の文と大正4年の平面図に書かれた池の岸の小さな棚Cは合致

③福田貂太郎の絵葉書にある主幹の太さから藤棚Cは移植されたものと考えられること

です。特に③が大きな根拠です。逆に、藤棚Cは翁藤ではないとの否定的な根拠は、現在の幹の細さと碑から離れた位置にあったことの2点です。前者は、翁藤の樹齢は300年になりますので現存する幹は細すぎるという点ですが、本来の太い幹が切断された結果（図3の絵葉書）と考えれば筋は通りそうです。後者は、平成15年時点での翁藤の碑が藤棚Cから離れた場所にあったことですが、これは大正元年の移植時の碑の位置が不明であり、また、平成15年の碑の位置も移動された結果の可能性が高いため、否定する根拠としては弱いかもしれません。

　1つの仮説として次の経緯も想定されます。大正元年に翁藤は藤棚Bの場所に移植され、碑がその傍らに建てられた↓昭和初期に茶店（？）建設のために藤棚Bは撤去され、藤B（翁藤）は藤棚Cの場所に移植され、碑は若干移動させられ向きも変えられたものの藤棚Bの近くに残された↓昭和16年までに藤C（翁藤）の本来の主幹が切断され太い切り株になり、横に伸びた枝が残った↓平成15年には碑が大正元年・昭和初期の位置の近くにあり、藤C（翁藤）は昭和16年の枝が成長した↓現在は、藤棚C（翁藤）は横に伸び、その脇に碑が移された、ということになるでしょうか。要するに、翁藤と碑は当初は藤棚Bの場所にあったが、藤は藤棚Cの場所に移り、碑は近くの場所にあったが向きが変えられた、と考えるものです。

　現存するCを翁藤としたい気持ちはありますが、願望が強すぎると判断を誤ることになります。読者の方のお考えはいかがでしょうか？

これも後考を待ちたいと思います。

以下、藤の話題を2つ。

8　天野園の藤

前橋の藤として、翁藤と同様に有名だったのが天野園（天野藤園）の藤です。

天野園は前橋駅北口のすぐ北、現存する上毛倉庫の北東にありました。明治から昭和の初めまで、前橋で1、2の観光地であり行楽地でした。史料[1][22][23]によると、天野園は藤とあやめの名所であり、藤の房は5尺（1・5m）とも7尺（2・1m）とも言われました（写真8）。約2千坪の敷地には、養鯉と観光のための大きな池があり、園内の眺望も良く、県外からも多くの見物客が訪れていました。2階建ての建物には大小の客室があり、大衆的な値段の団子や鯉料理が出されていました。前橋駅から天野園までボンボリが灯《とも》り、人力車で乗り込むこともできました。

9　朔太郎撮影の別の藤棚

『萩原朔太郎撮影写真集』[15]に「遊園地」と題された（編集した野口武久による命名）写真9があります。池と藤棚が撮影されています。野口は、撮影地は天野藤園ではなく、不明としています。ではどこなのか。池の中の藤棚の支柱が3列もあること、撮影場所では池の幅が狭くなっていること、そして、

写真８　天野園の藤（個人所蔵）
主幹の姿から藤の花の華やかさが想像できる。

池を見る見物客の奥にはガラス戸の見物・休憩の部屋があります。現存する藤園の中で探してみると、この構図は東京の亀戸天神の池と藤に似ているように思われます（新型コロナウイルス感染症による自粛のため確認に行けず）。

朔太郎は浅草で写真を撮影したり映画館に行ったりしていました。亀戸は浅草から近いので偶然立ち寄って撮影したのかもしれません。あるいは、大正2年4月28日の上毛新聞に「亀井戸の藤」が写真入りで紹介されていますので、これを見て撮影を思い立ったのかもしれません。

藤棚と池が写っているのは写真6のひょうたん池と共通しています。ともに焦点は池に合わせているように見えます。撮影の主題は藤や人物ではなく、池の水面《みなも》の煌《きら》めきだったのかもしれません。平成28年（２０１６）に朔太郎の写真について講演した萩原朔美氏（前橋文学館館

写真９　朔太郎撮影「遊園地」（前橋文学館所蔵）
藤棚のある公園。

長）が、ひょうたん池の藤棚の写真（写真6）について、そんな内容を話したように記憶しています。池に映える光を捉えようとしたという点は、クロード・モネの睡蓮の絵を想起させます。

注

1　保岡伸之『前橋繁昌記』以文会、1891年。
　原文は「天野の藤」を紹介した後に「細ヶ澤の藤も古木にて有名なり、然れども曲籬小逕《きょくりしょうけい》の中を通り人家《じんか》の園隅にあるものなれば斯く遊観《ゆうかん》の盛なし」とある。細ヶ沢《こまかざわ》町とは現・住吉町一丁目。「天野の藤」とは前橋駅北東にあった2千坪の広さの天野藤園（本文で後述）のこと。

2　野條愛助『前橋案内』野條愛助、1898年。
　原文は「藤は田中町の天野、細ヶ澤町の藤棚、石川町の日野等にして源氏楼（萩の餅）には白藤花あり」。「石川町の日野」は正確には不明だが、豊国義孝『前橋繁昌記』（注3）に「石川町の八重藤」とあることから、石川町の日野という家にあった八重藤が有名だったのだろう。「源氏楼（萩の餅）」とは波宜亭《はぎてい》のことで、前橋市中央児童遊園（るなぱあく）のトンネルのあたりにあった茶店。萩原朔太郎が詩篇「波宜亭」に詠んでいて、五色の「萩の餅」が有名だった。

3　豊国義孝『前橋繁昌記』前橋繁昌記発行所、1907年

4　前橋商工会議所編『前橋市案内』前橋商工会議所、1922年

5　酒井松男『前橋新風土記』前橋風俗研究会、1953年

6　移植の記の全文は以下の通り。「前橋市細ヶ澤町なる翁藤は関東にその名たかくきこえたる春の名所なりしが、こたび群馬商業銀行の都合によりてこれを他にうつし植わることとはなりぬ、志かるにかかる名所の世に絶えなんことを歎き、前橋市長の今鉄平ぬしをはじめ市の志ある人々あひはかりて、衆と倶に楽しむの意よりおのかじゝ費用を出して利根川のほとりなる公園内にうつして、藤の花ぶさ永き世の春の眺めとはなりぬ、今よりのち来む年ごとに咲く花の色のゆかりにとひこむ人よ、ゆめ此人々のみやび心をなわすれたまひそ」。文中の「おのかじゝ」は誤読かもしれない。「己《お》のが自恃《じじ》」か。

7　旧安田銀行担保倉庫。この倉庫は大正2年（1913）に群馬商業銀行付属前橋倉庫として建設されたこと、平成16年（2004）に登録有形文化財に指定されたことが文化庁のホームページの中の「国指定文化財等データベース」にある。

8　前記の注2『前橋案内』にひょうたん池の描写がある。「それ歩を移して閣（臨江閣）の東より南に逍遥せんか、旧隍《きゅうこう》（古い空堀）を拓きて池となせしものあり、大きさ一反《たん》ばかり、風呂川の水、園に回流し来たってここに落ち一小瀑をなす、漣漪瀲灔細鱗潑々《れんいれんねんさいりんはつはつ》（さざなみがきらめき、小さな魚が飛び跳ねる）たり、池心《ちしん》（池の中心）小島あり、島上密樹あり鬱々として一小亭を包む、池辺径あり、迂回数百歩、径に沿うて松柳桜梅を点栽す、その紅影翠光常に水上に落ちて閑雅幽邃《ゆうすい》（物静かで奥深い）また一小仙寰《せんかん》（世俗を離れた場所）也」。空堀の跡に一反（330坪、990㎡）の池、小さな滝、池の中心に小島（＝中州）、小島に小亭（＝あずまや）、池の周辺に小道。明治18年（1885）から現在まで同じ風景が続いている。

9　本書「『前橋市真景図』と……」参照

10　前橋市『前橋市小史』前橋市、1954年

11　猪谷秀麿撮影『一府十四県連合共進会紀念写真帖』群馬県協賛会、1911年

12　前橋市所蔵『前橋公園池周囲近傍平面図』大正4年（1915）。
　この図は、平成11年（1999）には前橋市が所蔵していた図面であり、『上州風・創刊号』上毛新聞社、1999年、に掲載された。現在は原本の所在は不明のようである。

13　平田松平撮影『大正末から昭和の初め』平田一夫、1990年

14 関俊治・松本夜詩夫編『目でみる群馬県の大正時代』国書刊行会、１９８６年

15 野口武久編『萩原朔太郎撮影写真集―完全版―』みやま文庫１９３、２００９年。

朔太郎の写真に写る四阿は朔太郎の時代とほぼ同じに残っている。平成20年の緑化フェアの際、四阿は当初の予定では茅葺の建物に変わるはずだった。それは朔太郎が撮影した風景が大きく変わることを意味した。朔太郎の写真を知り、かつ工事に関わっていた茂木一彦が、設計図を描いた設計事務所と交渉し、今の形で残すこととなった。茂木の働きによって風景が残されたのである。平成28年（２０１６）、朔太郎の孫の萩原朔美氏（前橋文学館館長）が、企画展・萩原朔太郎生誕１３０周年記念「心の郷愁を撮りたい―１００年間の定点観測―朔太郎・朔美写真展」のために、朔太郎の撮影した場所を巡った。その際、朔太郎の時代のまま四阿が残っていることに感激したことを講演会で熱く語っていた。講演会終了後、萩原氏に茂木のことを伝えたところ、「その経緯は是非どこかに書いておいて欲しい」とのことだった。

また、朔太郎は、ひょうたん池側から前橋市中央児童遊園（るなぱあく）のトンネルも撮影している。トンネルの形はアーチ型（馬蹄形）で、内部も出入口周囲も丸い玉石を積み上げてあってなかなか雰囲気があった。このトンネルが平成24年（２０１２）に改修された。トンネルのコンクリートが経年劣化で脆くなったためである。改修にあたり、前橋市から波宜亭倶楽部にも相談があった。市の案では、通常の道路のトンネルのように、形は台形にして、トンネルの脇もコンクリート板様にすることになっていた。市の案では朔太郎の写真の風情が全く失われてしまうと考え、私たちは朔太郎の写真と同じままに改修できないか、市と何回か話し合った。いろいろ討議する中、トンネルの長さが2倍に延びるため、元の出入口の大きさではトンネルが細くなり過ぎることや、形をアーチ型にするには高さが不足（トンネルと上の道路との間隔がとれない）とのことだった。結局、妥協案として、形は現在の半円形の出入口となった。また、旧トンネルで使用されていた玉石の再利用もお願いした。それは了解していただいたが、規模が大きくなった分、旧トンネルで使用されていた石の量では新トンネルには足らないため、るなぱあく側は玉石を再利用するものの、ひょうたん池側は当初の案のコンクリート板様のものを使用する予定だった。しかし、石が積み上がっていく様子を見た市の担当者が再考し、他県から玉石を取り寄せ、ひょうたん池側も玉石で施工された。なお、旧トンネルの上部にあった石の欄干も再利用されている。新旧の石が使われているので、見た目にも石の古さの差が分かる。

16 日本大学生産工学部建築工学科編『前橋市臨江閣修理基本調査報告書』１９８４年

17 佐藤寅雄『岩神風土記』佐藤寅雄、２００４年

18 岩淵忍『前橋今昔あれこれ』岩淵忍、２００２年

19 昭和９年（１９３４）推定『前橋市三千分一地形図』前橋市教育委員会文化財保護課所蔵

20　前橋市立図書館、群馬県立図書館所蔵。市立図書館では昭和16年（１９４１）作成となっているが、県立図書館は不詳となっている。

21　『前橋市・高崎市住宅明細地図』日本地図編集社、１９５９年

22　入沢康平『田中町百年の風雪』入沢康平、１９６６年

23　創立１００周年記念事業特別委員会年史・名鑑委員会編『夢 出会い 前橋 県都を支えて―前橋商工会議所創立百周年記念誌・写真集編―』前橋商工会議所、１９９８年

おわりに

本書の出版に至るまで、様々な方々のご協力、ご教示をいただきました。特に、私の拙い話を聞いて適切なアドバイスをいただき、図の作成等もしてくださった茂木一彦氏には大変お世話になりました。また、小島純一氏にも多くの貴重なアドバイスをいただきました。記して感謝致します。

取材・資料提供などでご協力・ご教示いただきました方々を以下に記し、御礼に代えさせていただきます（五十音順、敬称略）。なお、お名前を出すことを希望されない方々もいらっしゃいましたが、その方々にも御礼申し上げます。

新井隆人、石関朋江、伊藤憲之介・富美子、川越市教育委員会文化財保護課、川島町役場、煥乎堂、群馬県立土屋文明記念文学館、群馬県立図書館、群馬県立文書館、群馬県立歴史博物館、光山富士子、小嶋圭、駒形義夫、近藤久、桜井ぬい子、篠木れい子、正幸寺、上毛新聞社、鈴木令子、関戸明子、田代和美、利根川徹、速水美智子、一橋大学附属図書館、姫路市立城郭研究室、深町真嗣、福田折江、福田千鶴、堀田弘之、前橋市、前橋市教育委員会文化財保護課、前橋市立図書館、前橋文学館、みやま文庫、龍海院

最後に、引用文献を執筆された先人の方々、及び、これまで前橋の歴史の研究に携わった方々に本書を捧げます。それらの先行研究があったればこそ拙著が世に出ることができました。

令和2年11月　　野本　文幸

筆者略歴

野本文幸　のもと・ふみゆき

1950年前橋生まれ。北海道大学医学部医学科を卒業、群馬大学医学部附属病院・前橋赤十字病院に勤務。現在、野本クリニック院長、特定非営利活動法人まやはし理事長、『前橋風』編集人。

著書：『お父さん子育てしてますか』（朝日新聞社）、『朔太郎と前橋』（共著）（前橋文学館）、『写真で見る　るなぱあくの歴史』（ＮＰＯ法人まやはし）、前橋学ブックレット『酒井忠清申渡状を繙く』（上毛新聞社）など。

前橋歴史断簡

—知られざる13の謎に挑む—

2020年（令和2）12月15日　初版発行

著者　野 本　文 幸

発行　上毛新聞社デジタルビジネス局出版部

〒371-8666 前橋市古市町1-50-21

Tel 027-254-9966　Fax 027-254-9965
